U0809053

Northwest Higher Education Review

西北高教评论

第六卷

宋 觉 主编

中国社会科学出版社

图书在版编目(CIP)数据

西北高教评论．第六卷／宋觉主编．—北京：中国社会科学出版社，2019.12

ISBN 978-7-5203-6274-0

Ⅰ.①西…　Ⅱ.①宋…　Ⅲ.①高等教育—文集　Ⅳ.①G64-53

中国版本图书馆CIP数据核字(2020)第059224号

出 版 人　赵剑英
责任编辑　任　明
责任校对　王　龙
责任印制　郝美娜

出　　版　中国社会科学出版社
社　　址　北京鼓楼西大街甲158号
邮　　编　100720
网　　址　http://www.csspw.cn
发 行 部　010-84083685
门 市 部　010-84029450
经　　销　新华书店及其他书店

印刷装订　北京君升印刷有限公司
版　　次　2019年12月第1版
印　　次　2019年12月第1次印刷

开　　本　710×1000　1/16
印　　张　23.5
插　　页　2
字　　数　385千字
定　　价　110.00元

凡购买中国社会科学出版社图书，如有质量问题请与本社营销中心联系调换
电话：010-84083683
版权所有　侵权必究

主办单位： 西北政法大学

主　　编： 宋　觉

常务副主编： 闫亚林

副 主 编： 王若梅　宋鸿雁

编委会委员（按姓氏笔画排列）：

王　涛	王　瀚	王军哲	王志刚	王洪才
王若梅	支希哲	邓志辉	司晓宏	田建荣
白　华	刘江南	闫亚林	孙　华	杨　涛
杨旭东	张立杰	张师伟	张晓云	苏三庆
李维民	宋　觉	宋鸿雁	陈　鹏	陈万强
陆根书	范永斌	苗润才	罗　云	庞青山
周海涛	周朝成	郑庆华	郝　瑜	姚聪莉
胡莉芳	袁　宁	袁本涛	贾　宇	郭　华
郭　捷	郭立宏	郭线庐	眭依凡	崔　岩
崔智林	阎光才	蒋　凯	董小龙	

编 辑 部： 郭艳利　吕润平

英文编辑： 刘红岭

网络编辑： 朱凤翔　余　涛

目　录

特　稿

高教理论

高教管理

教学成果

教学研究

比较研究

校史钩沉

Contents

特 稿

学问的自得

——在中国传统哲学价值论学术研讨会上的发言

赵馥洁*

十分感谢刘进田院长和价值哲学研究院举办这次研讨会，使我们有机会相聚！衷心欢迎各位领导和专家学者光临会议，提供思想智慧和学术见解！

这次研讨会的主题是讨论中国传统哲学价值论，会议的宗旨是进一步推动中国传统哲学价值论的研究。推动中国传统哲学价值论的研究，具有重要的学科意义和学术价值。

第一，有益于不断激发价值哲学的学科生命力。改革开放 40 年来价值哲学在理论和实践上都取得了巨大发展，发生了重大影响，其学科生命力洋溢于人文社科、社会实践和社会生活各个领域。而这种学科要持续发展，必须不断激发其生命力。激发价值哲学的学科生命力的途径有二，一是汲取实践经验的源泉，二是汲取哲学思想的资源。所谓汲取哲学思想的资源，就是深入研究价值哲学学科的各个分支，包括马克思主义价值论、西方哲学价值论和中国传统哲学价值论。由于中国传统哲学价值论是价值哲学的重要学科分支，所以，研究中国传统哲学价值论是激发其价值哲学学科活力的重要方面。

第二，有益于深化和拓展对中国哲学史的研究。价值论是中国哲学史的重要学科论域，是中国哲学史的核心内容，是中国传统哲学本质特色的体现。因此，深化和拓展对中国哲学史的研究，必须深入研究中国传统哲学价值论。

第三，有益于保持和发展陕西省在哲学研究领域的重要特色和突出优势。价值哲学及中国传统哲学价值论是陕西学者筚路蓝褛，以启山林，经过 40 年努力而积淀和凝练的哲学学科的重要特色和突出优势，这种特色

---

* 赵馥洁：西北政法大学资深教授，中华传统文化教研中心主任，博士研究生导师，主要研究方向：价值哲学、中国传统哲学价值论和文化安全。

和优势只有通过学科建设和学术研究才能保持和发展。中国传统哲学价值论研究的推进是保持和发展陕西省在哲学研究领域的重要特色和突出优势的重要途径。

第四，有益于承传和发展西北政法大学中国传统哲学价值论研究的学科基础，进而培育和增强哲学学科的重要特色和优势。经过三十多年辛勤工作，我们在中国传统哲学价值论领域的学科建设、学术研究和人才培养方面已经奠定了较好的基础。这一基础既有学科建设价值，又有学统承传价值。推进中国传统哲学价值论研究对西北政法大学进一步培育和增强哲学学科的重要特色和优势，优化和加强哲学学科建设具有重要意义。

这些意义的实现都需要学者聚焦方向，集中精力、收拾精神、耐得寂寞地进行研究。为了给有志于研究者以参考、借鉴，现概括介绍一下自己几十年来研究的体会心得。

1. 学科论域的自爱之情。中国传统哲学价值论是一个学科论域，而不是一种学说。学科是研究的对象、领域和范围，而学说则是研究者提出的学术见解和学术观点。要形成自己的学说观点，首先要对自己研究的学科论域执着、热爱，每一学科和论域在学科群的构成中皆有其客观位置。而研究者要出成果有成就，必须有一种主体情感和主观评价。就是要认为自己从事的学科最重要最宝贵最美好最可爱。甚至要持有一种“王婆卖瓜，自卖自夸”的价值观，怀有一种“情人眼里出西施”的痴迷感，才有可能把它做好！我自从选定了哲学专业方向，进而确定了中国传统哲学价值论这一学科论域之后，对它是情有独钟，一往情深，始终不渝，从一而终。我曾有诗云：“心中地籁连天籁，眼里情人是美人。”表达的就是对自己选择的学科论域的眷恋自爱之情。一个研究者没有对自己研究对象和领域的执着热爱是不可能做出好成果、取得好成绩的。

2. 学说观点的自知之明。学者在某学科或论域深入研究、辛勤耕耘而获得的学术见解和学术观点的系统化就是学说。简言之，学说就是学者自己的学术见解和学术观点。如果说，一个学者对自己研究的对象和领域要无限热爱的话，那么对自己的学说和学术观点的评价则要慎重、清醒和冷静。因为个人的认识总是会有局限的。我研究中国传统哲学价值论形成的学术观点都凝结在自己的著作和论文中。包括中国传统哲学本质上是价值哲学；中国哲学价值论的结构特征、基本原理、观念体系、学派取向、范畴系列、思维方式；中国传统价值观的演变历程、演变规律；中国哲学的本体论、认识论、历史观，人性论中必然与应然的融通，等等。这些观点当然有重要的学术价值和意义。然而，我并不认为这些观点是绝对正确、完美无缺、无懈可击、无疵可求的，而是仅以一家之言、个人之见来看待它，并不断地与前辈学者的已有观点相比较，与当代学者的各种观点相参照。尽力发现它需要拓展、深化、提升、完善的地方；审视它引证资料的充实性；反思它论证逻辑的严密性；斟酌它文字表述的准确性。尽量做到心中自明，心中有数，及时修正，尽力完善。决不固执己见，避免故步自封。如果说对研究的学科、领域要充满“热风吹雨洒江天”一般的热情，那么对个人的学说观点则应抱着“冷眼向洋看世界”般的清醒和冷静。此之谓学说观点的自知之明。

3. 学术方法的自觉之用。学科论域引导研究的视野，学术观点启示研究的方法。我在传统哲学价值论研究过程中自觉化理论为方法。以价值论为方法研究理论和现实中的诸多问题，都很有收获。中国哲学史的学派特点、发展阶段、思想观点、范畴命题以及哲学家的人生追求、理想目标、终极关怀，如果用价值论方法去观照，会有许多新的发现。例如我用真理与价值相融合的方法研究孔子的“道”、观照各家的理想人格和理想社会，就有很多新的发现。此乃学术方法的自觉之用。

4. 学问心态的自得之乐。当一个学者对自己研究的学科论域保持着自爱的情感、对自己的学术观点达到了自知的认识、对自己研究问题的学术方法达到了自觉的运用，那么他的学问心态就进入自得之乐的境界了。自得之乐的境界就是孔子说的“好之乐之”的境界（孔子：“知之者不如好之者，好之者不如乐之者。”《论语·雍也》），就是孟子说的“深造自得”的境界（孟子说：“君子深造之以道，欲其自得之也，自得之则居之安；居之安则资之深；资之深，则取之左右逢源，故子欲其自得之也。”《孟子·离娄下》），就是陶渊明说的“会意欣然”的境界（陶渊明《五柳先生传》云：“好读书，不求甚解，每有会意，便欣然忘食。”）。“自得之乐”就是一个学者在研究学问的过程中，自己学有所得、学有所获、学有所悟之后而感到的快乐、愉悦心态。自得之乐的境界是一个学者学科选择、学说研究、学术应用和学问人生高度统一的境界，是学者的学业追求与人生志趣合一无碍的境界，是学者德与业、道与术、知与行、体与用融会贯通的境界。因此，自得之乐的学问境界是治学的至上境界。与这种至上境界，我的距离还相当遥远。但我愿竭毕生之力，不断追求。虽不能至，心向往之！

高教理论

教学相长：大学优秀青年教师的美好学术生活

张师伟　吕润平[*]

摘　要：大学就其本质来说，既是一个承担创造知识的学术机构，也是一个承担人才培养的教学机构。大学教师普遍地承担着研究学术和培养人才的双重使命，卓越的大学教师甚至是合格的大学教师都必须也必然是研究者和教育者双重使命的承担者。因此，大学中的青年教师特别是优秀的青年教师也必须要兼顾研究与教学的双重职责。大学用来培养高质量卓越人才的最宝贵资源就是学术，大学教师只有在学术上有一定贡献，才能合格地承担起卓越人才培养的责任。从这个意义上讲，优秀青年教师必须要过上美好的学术生活。大学优秀青年教师美好的学术生活贯彻着教学相长的原则，将出色的学术研究与卓越人才的培养在工作中结合起来，形成一个良性互动的循环，既从人才培养的教学工作中汲取学术研究的养分，也向教学环节输送着优秀的学术成果。

关键词：大学优秀青年教师；美好学术生活；学术研究；人才培养；教学相长

大学作为一种承担特定社会职责的学术机构，从一开始就具有高级人才培养的职能，虽然今天的大学在职能上已经大大地丰富了，远远地超越了它一开始就具有的学术研究与人才培养职能。有的学者认为“传统的教学、科研和社会服务三大职能说已经无法涵盖今日高等教育发展的新趋势，必须适时地补充‘知识转化’、‘促进就业’和‘终身教育’等新三

---

* 张师伟：西北政法大学政治与公共管理学院教授，中华法系与法治文明研究院、文化与价值哲学研究院兼职研究员，博士研究生导师，主要研究方向：政治学理论、中国政治思想。吕润平：西北政法大学高等教育研究所，馆员，主要研究方向：教育学、图书情报学。

大职能”。[①] 但是，学术研究和人才培养却毕竟关乎大学的本质规定性，是它的核心职能。大学如果不进行学术研究，就无疑把自己混同于仅仅进行知识传授的初等教育机构，而无缘于所谓高等教育机构，但大学如果不培养人才，就又把自己混同于一般的科学研究机构，而不能跻身于高等教育机构。大学在学术研究和教学之外所承担的社会服务则是一种附属性的职能。这类附属职能的实现或者以学术研究，为社会提供应用性知识、技术等的智力支持，或者以人才培养，为社会的有关从业者提供短期性或针对性的培训，但该职能之所以能够实现还是依赖于大学的学术研究与人才培养职能，其中学术研究职能更具有基础性的地位。因为一个在学术上无所成就的大学根本谈不上能进行高质量的社会服务，所以“学术性是现代大学的本质属性”。[②] 大学的传承文明职能也同样离不开大学的学术研究，不学无术的大学能传承什么文明？答案是不言而喻的。学术研究和人才培养是大学的内生职能，它只能发生在教师和学生身上，属于大学职能的正业；而社会服务和传承文明则主要面向大学之外，它只能是大学的副业。大学及大学中的教师如果不潜心于学术研究和人才培养，而倾心于社会服务等，则显然就有了不务正业的嫌疑。大学发展的“根本在于提升内在品质”，[③] 一所大学及其教师如果均不务正业，不安心于过好自己的学术生活，那么这样的大学和其中绝大多数教师就根本没有发展起来的机会。

美好的社会需要美好的大学，美好的大学离不开美好的学术生活。在中国社会的各个阶层及各个方面都已经倾心于要过好自己的美好生活时，大学也必须使自己变得美好起来，要在大学内部倡导并实现教师学生共同的美好生活，而美好大学及美好大学生活的核心就是要有美好的学术生活。大学的学术生活美好与否，当然需要在大学中及时而普遍地提倡美好学术生活，但相对于已经在学术上麻痹甚至是麻木了的老资历者而言，美好学术生活对于他们已经基本没有什么吸引力了。因为他们的职业生涯或者已经完全没有后劲，已经完全没有了美好的未来，“教师群体是职业懈

---

① 王洪才：《大学“新三大职能”说的缘起与意蕴》，《厦门大学学报》（哲学社会科学版）2010 年第 4 期。

② 别敦荣、徐梅：《去行政化改革与回归现代大学本质》，《中国高等教育》2011 年第 11 期。

③ 何玉海：《世界一流大学建设重在提升内在品质》，《教育研究》2018 年第 1 期。

怠的高发人群之一”,[①] 不足为怪。但大学中青年教师却既有发展的欲望和条件，也有对美好学术生活的向往，但凡没有失去发展愿望和仍然对未来有美好愿景的青年教师，都具有成为优秀青年教师的机会。优秀青年教师就是大学的未来，谁抓住了优秀青年教师，谁就抓住了大学的未来。什么样的青年教师，可以成为优秀的青年教师？青年教师要怎样做，才可能成为优秀的青年教师？这就是我们今天要讨论的问题，而问题的答案也是非常清晰的。那就是：只有能过上美好学术生活的青年教师，才可以成为优秀的青年教师；青年教师只有通过美好的学术生活才能成为优秀的青年教师！大学优秀青年教师的美好学术生活是什么样的呢？简而言之就是教学相长的样子！

一　学以为教：大学优秀青年教师学术研究的定位

大学之所以是一个不同于初等教育机构的高等教育机构，就在于它所培养的高级人才需要具备一定程度的学术素养，不仅能够系统完整地掌握与社会职业分工相对应的某种专业知识，而且还要具备自主更新某种专业知识的能力，更要有通过自身专业实践以增加某种专业知识的能力。如果大学所培养的高级人才仅仅是学习了一些书本知识，而不具备一定的学术素养与能力，那么他就不可能在自己的职业生涯进行与时俱进的创造性劳动，并由此而达到职业生涯中的某种辉煌。如果大学所培养的高级人才仅仅只能在自己职业生涯中做一个书本知识的搬运工，那么他就只能听任自己所掌握的专业知识自然而然而又日益迅速地被淘汰掉。从这个意义上看，真正高水平的大学及真正高质量的人才培养，就不能只是进行着书本知识的传授，不能满足于在专业知识的传授中“授人以鱼”，而要在专业知识的传授中实现“授人以渔”，就必须要有一大批能在自己的专业领域中捕鱼有术的学术型教师，真正开展研究性教学，以培养创新型卓越人才。[②] 所以如此，既是因为任何一个专业领域的教材，即便是所谓的权威性教材，也是在传播着专业领域里的虽然很成熟，但却也比较陈旧的专门知识，不仅许多知识在写入教材的时候，就已经不是专业领域的前沿知识

① 姜波：《高校教师职业懈怠调查分析》，《中国成人教育》2018 年第 8 期。

② 芦峰、郝娟：《研究性教学与高校创新型人才的培养》，《教育科学》2011 年第 5 期。

了，甚至已经在专业领域中显得颇为陈旧了，而且教材的建设还普遍地存在着“知识生长性视角下教材发展的‘相对滞后’、知识规范性检视下教材结构的‘理法不足’、知识特色性关照下教材建设的‘个性欠缺’等问题”。[①] 教材里的一些关键或重点知识往往成为束缚人们进一步探讨的知识枷锁。所以如此，也是因为学习专业知识的最有效方式就是按照专业思维的要求进行专业领域的探索，可以说学习捕鱼的最佳途径就是捕鱼，用学科领域专业知识探索创新的方式来进行专业知识的学习，才是最有效地提高专业领域学术素养与能力的最佳途径。这种路径的人才培养模式“以学生为中心，以能力培养为导向，将科研与教学相融合，有利于培养学生的科学探究能力和批判性思维能力，是培养拔尖创新人才的有效方式”。[②] 如果将“授人以渔”和“授人以鱼”的专业教学结果做个比较，那么“授人以渔”显然有利于研究性学习的展开，而“授人以鱼”则又毫无疑问是阻遏了研究性学习的进行。

大学培养人才的效果如何，在根本上取决于大学生研究性学习展开的情况如何。优秀的大学之所以在学术研究和人才培养上取得卓越的成就，就在于它们在大学体制的宏观层面和教师学生互动的微观层面上，都很好地贯彻了学术研究和人才培养相结合的原则，不仅以科研促教学、以科研补教学，而且直接将科研融入了教师的教和学生的学当中。科学史上许多声名卓著的科学巨匠及支撑起现代社会大厦的重大理论成果，都是由青年科学家完成的，而他们所以能取得如此巨大成就的根本，就在于他们在大学中的学习生活充满了探索与发现的学术研究要素。许多重大的科学研究成果或者是酝酿或萌芽于大学时代的专业学习，也有许多重大的科学研究成果是奠基于大学时代的研究性学习基础上，并由大学受教育中的研究能力卓越者在安定的环境中自主完成的。爱因斯坦狭义相对论的创立就是最典型的例证。[③] 如果承担大学中人才培养重任的教学工作，只是传播权威化的书本知识，那么就不仅会在实践中阻遏学生的研究性学习，而且还会

---

① 靳玉乐、张善超：《教材建设 40 年：知识变革的检讨与展望》，《课程・教材・教法》2018 年第 6 期。

② 莫甲凤：《研究性学习在拔尖创新人才培养中的实现路径——以华南理工大学为例》，《高等工程教育研究》2018 年第 3 期。

③ 李醒民：《激动人心的年代——世纪之交物理学革命的历史考察和哲学探讨》，四川人民出版社 1984 年版，第 153—159 页。

在实践中以教材及教师的权威阻滞和扼杀有重大创新价值的学术成果产生。牛顿作为理论物理学界的权威，在19世纪后半期的德国大学中享有崇高地位，牛顿物理学经过两个世纪的完善，在许多物理学大家看来，已经解决了物理世界的所有理论问题，理论物理学已经没有什么空间了，普朗克的导师认为普朗克立志进行理论学研究不过是“断送自己的前途”，因为“理论物理学已经终结”，[①] 但普朗克在理论物理学中却创建了量子物理学，取得了重大的成就。这个典故在一定程度上表明作为一种将学术研究与人才培养相结合的大学体制，19世纪德国大学生动形象地展现了学术研究在卓越人才培养方面的巨大优势。

不学无以为教，大学中的青年教师特别是优秀青年教师，要在卓越人才培养中真正发挥积极作用，就不能把自己安放在单纯进行课堂教学的定位上，而必须要同时进行与课程教学相对应的学术研究，不如此，就不足以承担起培养卓越人才的重任。这是因为大学的课堂教学，如果只是满足于具体专业知识的传授，那么日益普及的互联网就会冲淡课堂教学的作用，因为互联网上的搜索引擎及大数据可以提供个人想要的任何具体专业知识，任何教材及课堂在这方面都无法与互联网的大数据相比。青年教师如果只满足于传授某个版本教材的书本知识，按照标准的教材做教学材料，进行课堂教学的准备，那么他在这门课程专业知识方面的造诣，就很可能远远滞后于习惯于从互联网获得专业知识的学生，而他所主讲的课程及课堂教学也就很难吸引住学生。互联网上慕课的吸引力永远都大于课堂教学，这既是因为互联网慕课可以提供任何一门专业知识的前沿，也是因为互联网慕课可以提供关于一个问题的多种分析方法及多样观点，还因为互联网提供知识的趣味性也远大于课堂教学。这就在一定程度上彰显出，即使是从单纯的课堂教学效果来看，青年教师也面临着不进行学术研究，就不足以进行有效的教学活动的尴尬。这也意味着优秀青年教师在卓越人才培养中的积极作用，必须要建立在自身所拥有的一定优质学术研究成果的基础上，特别是要建立在优秀青年教师所具有的关于某个专业的比较完整且前沿的学科知识体系的基础上，“要树立以学生为中心的教育教学理念，投入更多的时间精力，提高学习知识的能力；转变教学方式，提高传

---

① 李醒民：《激动人心的年代——世纪之交物理学革命的历史考察和哲学探讨》，四川人民出版社1984年版，第14页。

播知识的能力，致力科教融合，提高创新知识的能力”。① 只有如此，优秀青年教师才能以学科知识的完整性和系统性来克服学生通过互联网慕课获得的有关知识的碎片性，② 培养学生具有扎实的专业基础知识和系统完整的专业思维，才能培养比较合格的专业人才。如果要培养卓越的专业人才，优秀青年教师还必须在自身的学术研究上表现出相当的前沿性和优越性，这样才能用专业知识的前沿性来克服教材中专业知识滞后性的不足，以培养真正卓越的高级人才。

既然在卓越人才培养中教师特别是青年教师面临着不学无以为教的窘境，那么，优秀青年教师就要真正从学以为教的高度，来认识学术研究和教学活动的关系，并在正确处理两者关系的基础上，规划好自己的学术研究。一般来说，大学青年教师都在专业上受到了充分的训练，但自己长期训练的内容又毕竟与现实中所从事的学科专业有些区别，甚至是隔阂。这一方面是因为青年教师所从事的专业教学的基础学科，在知识内容及研究方法上已经有了明显的更新，青年教师在求学时代所接受的相关基础学科知识、内容及研究方法已经有些老化；另一方面则因为青年教师求学时代所从事的学科与从教以后的学科不一致，存在着实质上的跨学科。因此，大学优秀青年教师在规划自己学术研究的时候，就要充分地做好学术研究的工作计划，妥当地处理好三个重要的关系。第一，所学和所教的关系，即优秀青年教师要妥当地处理自己求学时代所涉及学科与从教以后所涉及学科的关系。如果两者在学科内容上是完全一致的，那自然很妥当；但如果两者是不一致的，那么就要适当地进行跨学科转移，将学术研究重点转向自己的从教学科，尽量实现所教和所学的一致。第二，学科基础、研究方法和研究特色之间的关系，即优秀青年教师要在自己的学术研究中将学术研究的学术基础打得厚实一点，既要打牢本专业本学科的学术基础，也要适当地将学术基础拓展到本学科的近亲学科领域，在此基础上开创出自己的特色研究领域来，将自己的特色阵地建立起来。费孝通先生在《社会调查自白》中阐述关于学术基础与专门研究的关系，即“应当是在广

① 王平祥：《慕课背景下高校教师增强课堂吸引力的探讨》，《中国大学教学》2017 年第 9 期。

② 陈晓强：《知识碎片化：〈大学语文〉慕课的实践困惑及反思》，《高教探索》2018 年第 3 期。

泛的学术基础上去搞专门学科的，有了一定的基础才能进入研究阶段”。[①] 第三，学术研究和成果检验之间的关系，即优秀青年教师要在自己的学生研究中大胆地探索和钻研，真正深入地研究理论或实践中的真问题，并将自己的研究范式、研究方法通过成果写作呈现出来，或者运用于教学中，观察其教学效果，或者公开发表于会议或刊物，接受学术批评。勤耕耘、真研究、多写作，反复地接受批评性检验，这是大学优秀青年教师的特色化学术研究及学术阵地快速建立和成长起来的一个常规路径。

二　教以广学：大学优秀青年教师教学活动的追求

教学活动既是大学培养人才的基本路径之一，也是大学生努力学习专业知识和掌握专业技能的基本路径之一，还是大学教师的一个基本业务内容。但大学教师的教学活动却并不是一个简单的知识传授甚至是传递活动，而是一个伴随着研究性探索活动的知识创新与知识传递融合为一的活动。一般来说，“大学的教学具有研究性”，“大学教学提倡学生的自我发现、自我探索，注重培养学生探索精神、创新精神，促进大学高深学问的发展”。[②] 在青年教师的成长中，因为他们本身就已经获得了较为扎实厚重的学术训练，并已经在一定的领域中学有专长，或者是获得了相应专业的博士学位，或者是发表了若干专业研究成果，从而形成了具有一定学术倾向的专家性特征。但他们在进入大学工作之后，却不得不去讲授自己并不太熟悉的专业课程内容，许多青年教师还在专业领域进行跨专业的阵地转移，以至于准备课程讲授及讲授课程的教学工作占据了他们太多的精力，并在工作实践中越来越偏离了自己原有的学术阵地。学术研究的工作距离他们越来越远，而教学则越来越成为一种工作负担，虽然不甘心退出学术研究的阵地，但面对越来越重的教学工作，教学与科研严重分离的结果就是造成青年教师的发展困境。“高校青年教师教学与科研协同发展面临着一些困境，例如，教学成果评价与科研成果评价不相同、教学时间与科研时间分配不均衡、教学能力与科研能力发展不同步、职称晋升与职业

① 费孝通：《费孝通文集》（第十卷），群言出版社1999年版，第8页。

② 胡艺玲、王慧慧、朱雅琴：《大学教学本质：研究性教学师生角色的厘定》，《教书育人》（高教论坛）2018年第3期。

发展之间不协调等。”[①] 青年教师中发展不太顺利和不太好的那一部分人大概都陷入了教学工作的泥淖中，一方面抱怨着越发沉重的教学工作，另一方面又私下羡慕那些能日渐减少教学工作重负，并将精力主要集中在学术研究上，发展较好的优秀青年教师。科研与教学之间的良性互动在中国高等教育发展中具有特别重要的意义和价值。[②] 优秀青年教师可以在工作中率性而为，科研成果多，教学效果好，职称高，待遇高，他们在大学中备受关注也备受重视，简直是可以任性的一些人。任性还是认命，看起来似乎是优秀青年教师与其他青年教师的实质区别，但他们之间的这种实质区别实际上却根源于他们是否有一个正确的教学活动观及是否在工作实践中正确地处理好教学与研究的互动关系，做到以学术研究服务于教学的学以为教和以教学工作助推学术研究的教以广学的良性循环，其中教以广学占据着决定性的地位。

大学教师特别是优秀青年教师，要达成以教学工作促进学术研究工作的教以广学的发展结果，就必须要有一个正确的教学活动观，以便能正确地处理好教学过程中教师与学生的教学互动关系，正确地处理好教学参考书及学科知识最新前沿探索之间的关系，正确地处理好课程内容教学与教学新技术之间的关系，而且还必须在自己的教学实践中贯彻和落实自己的教学活动观，追求专业课堂教学活动的最优效果，不仅要做到“教学内容最优化”，还要提供“最优化教学条件的创设方法”，落实“对学生进行因材施教的途径”[③]。这就要求任何一个专业课程的讲授者，都要站在完整系统的专业知识基础上来看待某一门具体的课程，既要将某门课程的具体知识放在完整的专业知识网络上来进行分析，从而能够更加明晰地把握具体某门课程在专业知识体系中的地位与作用等，并时刻以专业知识最近更新的情况来促进某门具体课程的教学；也要在某门课程的讲授过程中时时注意做好与专业知识整体网络的内容衔接，一方面尽可能利用学生已有的专业知识来有效地促进课程学习，另一方面也促进学生将某门课程具

① 王晶：《高校青年教师教学与科研协同发展面临的困境及消解》，《河南工程学院学报》（社会科学版）2018 年第 3 期。

② 田宝强、宋云波：《高校教学与科研协调发展与良性互动关系研究》，《教育教学论坛》2017 年第 49 期。

③ 王春华：《巴班斯基教学过程最优化理论评析》，《山东社会科学》2012 年第 10 期。

体知识融入专业知识的整体网络之中去，以达到使学生能融会贯通地进行专业知识学习的最优化效果，即“每一个学生在掌握教学内容方面都达到他在该时期内实际可能达到的最高水平”。① 为了要达到优良的教学效果，教师就首先要具有完整系统且前沿的专业知识网络，否则就不仅不能正确地看待某门课程在专业人才培养中的地位与作用等，而且自己也不能站在完整系统前沿专业知识的基础上来深度、灵活、有创意地掌握某门课程的具体知识。如果是这样，那么教师就不仅不能在自己的专业课程教学中实现优良的教学效果，反而还会在自己的日常工作中割裂教学与科研的联系，表现为科研和教学“在时间和精力分配上有冲突”。② 教师或者是片面强调科研而有意忽视教学，或者是片面倾力于教学而几乎无暇开展科研。因为割裂了教学与科研的联系，就违反了教学相长规律，所以两者在实践结果上都不会达到一个最优化的发展。如果在青年教师的教学活动中没有相应的学术研究，那么一定的专业课程教学，无疑就成了“以其昏昏使人昭昭”，课程教学的效果必然很差；如果教师没有将教学对学科及学术的需求反映在自己的学术研究中，那么他的研究则只能是运行在固定路线上的缆车，难以运行出新的成果，从而在根本上限制了学术研究中创新的可能范围及可能高度。

大学优秀青年教师自己的教学活动中要达成教以广学的发展，就必须要尊重并遵循教学相长的规律，为此就首先需要站在教学需要的角度来规划好自己的学术研究，特别是要关注教学内容所必需的学科补白。有的学者从教学内容所需的学科补白角度进入学术阵地，取得了卓越的成果。中国政治思想史领域中的刘泽华学派即开始于这种“学科补白”的学术研究，③ 不仅出于对中国政治思想史专业者在20世纪60年代“研究者寥寥无几”的“学科补白”，而且“自认为”“从事中国古代史教学与研究是

① 王洁：《基于巴班斯基最优化理论的经济学大课堂教学问题探讨》，《科教导刊》（中旬刊）2011年第11期。

② 李永刚：《难解的谜题：高校教师教学与科研关系研究的几种新视角》，《教育学报》2016年第5期。

③ 刘泽华：《中国的王权主义：传统社会与思想特点考察》，上海人民出版社2000年版，《自序》第1页。

不能忽视思想史的，尤其不能忽视政治思想”。① 站在教学需要的角度，实际上，也就是站在了专业知识学习和传授的角度。这当然就要求青年教师首先是通过自己的学术研究，完整灵活地掌握已有的课程知识体系，进一步钻研和深化已有的专业课程知识体系，将自己围绕某门专业课程进行学术钻研的所得融入教学过程中，在教学过程中建构起一种研究性学习的模式，用学术研究的知识创新模式来进行知识传授，将学生学习的过程变成一次知识重新创新的过程。这既可以增加专业知识学习的趣味性，又可以充分又感性地展现知识自身的理论性及逻辑性，并有益于学生牢固且灵活地掌握某门课程的具体知识内容。青年教师教学也因此而具备了研究性教学的典型特征，“研究性教学基于建构主义学习理论，主张从问题出发，通过小组合作、分析研讨、实践发现等方式促进学生深度学习”。② 站在了教学需要的角度上，在某种程度上也就是站在了学科知识优化的角度上，这当然首先还是因为大学某门课程的内容体系必须用最前沿的学科知识来补充，优化与某门具体课程相对应的学科知识体系在教学工作中具有十分重要的地位，否则就不能培养卓越甚至是合格的专业人才；如果青年教师足够幸运，所承担的教学课程主要是传授一门新兴学科的知识体系，那么他为专业课程教学进行的必要学术研究，就具有了学科补白的性质，具有了更大的客观必要性，因为不进行起码的学术研究，本门课程的知识体系就不能完善到可以讲授的起码程度。在此，一门课程的知识传授也就伴随着一个学科知识体系渐趋成熟的过程，并在过程中具有了研究性学习的性质，这既表现为教学过程中学生对概念的定义及理论逻辑探讨的积极参与，也表现为学生在教学过程中在专业课程知识及理论上所表现出来的批判意识和批评精神。刘泽华先生的《先秦政治思想史》著作，就是在“教学相长”的互动过程中经学生的学术批评锤炼出来的。③ 这种批判意识和批判精神，一方面，在一定程度上相当有利于学生个性化地掌握某门具体专业课程的基础知识及基本理论；另一方面，也相当有助于青年

---

① 刘泽华：《中国的王权主义：传统社会与思想特点考察》，上海人民出版社 2000 年版，《自序》第 1 页。

② 慕容勋：《大学研究性教学的探索与实践》，《当代教育实践与教学研究》2018 年第 8 期。

③ 刘泽华：《中国政治思想史集》（第一集），人民出版社 2007 年版，第 461 页。

教师在一定学科知识领域开展特色化的前沿学术研究。

大学中的青年教师一般都是教学工作的中坚力量，在专业人才培养中承担着主要的课程教学工作。那么，在繁重的教学工作任务之下，青年教师要如何才能做到教以广学呢？这首先就要求青年教师要站在完整学科知识的高度来看待某门专业课程的教学。因为只有完整掌握了与某个专业相对应的学科知识体系，才能从学术的角度来梳理某个课程的学术内容，并在掌握其学术内容的基础上，做到个性化创意地传授某门专业课程知识，以实现人才培养在结果上所要求的灵活巩固地掌握专业知识体系与专业能力的结果。有关的教学实践表明“学科知识结构体系图教学法是一种切实可行而有效的教学方法”。① 青年教师具备了完整的学科知识体系，就在课程教学中处于居高临下的地位，既可以高瞻远瞩，及时将学科知识的前沿内容吸纳进课程教学，充实教学内容，也可以将课程教学过程中发现的问题及时地在学术研究中提出来，谋求并积极实现学科知识体系的及时更新。这就要求教师要在实践中做到“更新知识，拓宽结构，完善自我”。② 教以广学还要求青年教师要在课程教学中表现出明显的研究方法论意识，将学科领域常用及前沿的研究方法和研究范式引入教学过程，有效地将学生学习专业课程的方式引导到研究性学习的路径上来。只有学生在课程教学过程中学会了学科领域的专业性研究方法，并遵循着学科领域规范的研究范式来进行研究性学习，他们才能在研究性学习中站在专业研究者的立场，运用专业研究的方法，来反思、检讨和批判有关的专业概念及理论逻辑，从而实现个性化牢固灵活地掌握完整且前沿专业知识的高效学习结果。这个结果主要是“通过与研究相类似的认知方式和心理过程来进行”的③。另外，当学生可以开展有效的研究性学习的时候，青年教师的课程讲授方式也就变成了引导性的了，这就更有条件来更好地进行教学和科研相统一的课程教学工作了。值得注意的是，学生的专业思维还处在形成过程中，还没有被既定的知识、理论及权威潜移默化地固化，从而

---

① 黎精明、吴依玲：《学科知识结构体系图教学法探微——以财务管理课程教学实践为例》，《财会月刊》2015 年第 18 期。

② 姜巧玲：《更新知识，拓宽结构，完善自我——谈高校教师知识结构的调整》，《现代技能开发》2001 年第 10 期。

③ 刘方：《高校研究性学习实施中应当处理好的几对关系》，《内蒙古师范大学学报》（教育科学版）2008 年第 1 期。

具有更为灵活的专业创新性，虽然学生还不具备成熟解决专业难题的条件，但他们提出的专业问题及观察、分析、研究的角度，却很可能具有重大学术价值。“引导性教学和自主性学习相结合”的教学过程，“既促进了学生学习的主动性，培养了学生的综合分析能力，又保证了教师所‘教’的内容更易被学生接受，而不是学过就忘，同时也能从学生给出的解答中‘学’到自己疏忽的知识内容”。① 因此，卓有成效地研究性教与研究性学的统一，就为青年教师以卓越教学来实现科研出色，创造了极为有利的条件，其中课程教学工作研究性的程度在根本上决定着青年教师教以广学效果的实现程度。

三　教学相长：大学优秀青年教师的学术生活完善

学术研究和教学活动是现代大学生活的基本内容，而教师和学生又是大学生活中的基本行为主体。大学中的其他人员可以轻易地更换工作单位的性质，而不改变工作的内容，比如行政人员、财务人员、管理人员等随便换个性质不同的工作单位，都可以延续其原来工作的内容；但教师和学生如离开大学这类组织，就得承担迥然不同的工作内容。什么是好的大学及好的大学教育，固然不能不考虑行政、后勤及管理等方面的要素，但一般绝不会单纯以行政或后勤、管理等为标准来判断大学及大学教育的质量。什么是真正好的大学课堂？什么是真正好的大学教育？虽然是每个身在大学之中的人都应该好好思考的重大问题，但真正在大学中负有重大领导责任并决定大学命运和前途的人，却未见得能在实践中把握住它的要害。因为好大学既要追求“培养大批优秀人才”，也要为经济社会发展重大问题的解决“提供理论指引和策略”，还要能“传承本民族的优秀文化”“融合优秀的异质文化”，更要“能充分吸纳办学资源并能充分利用办学资源”。② 但在实践中，大学的好坏常常用大学排名和教学评估来决定，大学的领导层及有关部门也大多以此来作为大学好坏的决定标准。从大学排名情况来看，科学研究常常成为衡量大学好坏的重要尺度，但凡是

① 朱熠民、杨振国：《教学相长，与时俱进——交互式教学在材料科学导论课程中的实践与改革》，《大学教育》2017 年第 11 期。

② 汪明义：《什么样的大学是好的大学?》，《中国高等教育》2010 年第 23 期。

能有效提高体现大学科学研究指标影响力的要素，都会在大学对教师及学生的考核中明显地体现出来，如重要期刊发表的科研成果数量、科研项目的经费数额、获得科研奖励的等级及数量等。科研项目申请、科研成果发表及科研奖励获取，成为压在教师身上的重重负担，在有关部门的精细精准管理下，教师的科学研究不仅索然无味，而且还变成要按照规格迅速生产成果的工具，学生的科研发表则成为学生获得学位的通关器。“全球大学排名已经形成‘专政式’的系统控制，主宰了高等教育的系统重构。”① 从上级教育行政部门的要求来看，人才培养和本科教学又成了衡量大学好坏的硬指标，提出了各种要求明确的课程教学要求。这既让管理部门在教学质量的要求上陷入了形式主义陷阱，也给日常教学工作带来了繁重的负担。教师的科学研究和教学活动在实践中被管理者的要求给生生地割裂了。这既造成了青年教师的精力投入困境，又造成了他们工作质量的下滑，高端的科学研究无从深入，教学工作的人才培养效果，也是盛名之下其实难副。

一个精力旺盛的青年，被科研的压力、教学的乏味及学业准备不足的学生包围着，一天天精疲力竭地煎熬着，如此的大学生活如何美好得起来呢？不仅没有学术内容的大学生活，不可能美好起来，而且没有美好的学术生活的大学也不可能好起来。美好的大学生活需要美好的学术生活，而美好的学术生活却并不完全决定于大学的管理。即使大学的管理非常现代化，大学的学术生活也不会很自然地来到青年教师的身旁，纵然同事们的学术生活都不错，作为其中一员的青年教师也很有可能缺乏美好的学术生活。同理，即使大学的管理很差，同事们的学术生活很不好，作为其中一员的青年教师也可以争取实现自己学术生活的美好。因为一个青年教师是否可以过上美好的学术生活，在根本上是取决于自己的志向选择及学术修行的。青年教师要实现自己对美好学术生活的追求，就必须要首先有这个追求，以学术作为志业而不是职业，自我激励，自我鞭策，淡泊名利，耐得住寂寞。② 青年教师如果连对美好学术生活的追求都失落了，那么他也

① 李军、田小红、张升芸：《全球大学排名、科研评估与高等教育重构——中国内地、香港和日本的案例比较》，《高等教育研究》2017 年第 6 期。

② 张译文：《职业与志业——新青年教师的抉择》，《科教导刊》（上旬刊）2010 年第 10 期。

就在根本上失去了在未来职业发展中变得优秀起来的机会。从这个意义上说，志向选择与意志坚持是大学青年教师是否能获得优异发展的第一要求。有些青年教师只是在大学的教学中讨生活，他们在学术上既缺乏训练，又没有专业志向，还不准备进行充分的投入。他们实际上是放弃了自己的学术兴趣，从而也并没有要过学术生活的打算，那么他们自然不会成为大学青年教师中的优秀者，即便他们获得标志性的荣誉奖励或考核优秀的结果，也不能改变他们并不优秀的现实结果。有的青年教师只是想过得好一些，并为此而进行着面向评职或晋级的各种努力，职称及晋级的结果虽然可以巧取，但自己却并不为自己的科学研究和教学而快乐，他们更倾心于一种没有学术的生活，学术生活对于他们而言着实是一种负担。大学教师是职业倦怠的高发人群，青年教师很容易被裹挟到职业倦怠的状态中去。在现实中，“大学教师被绑架上道德神坛，又被抛入沉闷无聊的机械化劳作中”，“道德绑架导致大学教师的情感衰竭，机械劳作导致大学教师的人格解体”，而当“大学教师在‘道德神人’与‘工作机器’两种非人状态中备受煎熬”时，大学教师的职业倦怠也就在“尊严迷失后的空虚感和无意义感”中产生了。① 只有真正爱好学术，甚至是爱上学术的青年教师，才会真正虔诚地去追求一种美好的学术生活，才能在结果上造成一种让自己心安理得、心旷神怡的美好学术生活，才能在工作中将自己的美好学术生活传递给学生，实现一种快乐的学习生活。“作为大学青年教师，对事业的执着追求主要表现在两个方面：一是对知识的追求，二是对知识传播的热情”，“做一个对职业执着追求的人，在当下显得尤为重要”。②

不论是大学的美好学术生活，还是个人的美好学术生活，都是一种让科研探索自由地飞的状态。从这个意义上说，美好的学术生活不论在哪个层次或哪个方面，都离不开人格独立和学术自由。“大学学者的独立人格是指在大学中从事学术活动的自由个体所具有的独立特质，其内部包含了

---

① 李莹莹、方明宝、唐海滨：《大学教师职业倦怠的发生机制：一种尊严论的检视》，《高教探索》2015 年第 4 期。

② 李宜江：《大学青年教师学术与生活境遇的历史文化学考察》，《当代教育与文化》2014 年第 4 期。

双重独立”，即“人的独立和学的独立”①。青年教师如果没有独立的人格，就会常常用外来的烦琐标准来要求自己，并任由异己的外在权力来支配、主宰、控制自己的学术研究及教学行为，唯其马首是瞻。这就必然会让自己的精力被异己的管理所耗光，以至于把自己的宝贵工作精力都投入到了对外在异己力量的无穷无尽的各种紧跟中，既让自己精疲力竭，又导致自己庸庸碌碌，还一无所成。青年教师在自己的工作中应该坚持人格的独立，特别是在面对异己力量之不当要求或不良引诱的时候，要具有充分的学术自信，坚持自己作为学者所应有的治学的权利。只有人格独立，才有学术自由，否则连学术都没有了，还遑论什么学术自由呢？实际上，学术自由既可以在异己力量的作为空隙中充分实现，也可以在异己力量根本无法触及的纯粹个人层面实现。这既是指学术研究和教学活动可以在异己力量所提倡的有些方面得到实现，即在异己力量倡导、支持的方面，顺势而为，积极努力，个人的学术自由可以在结果上实现得更充分一些；也是指学者可以在异己力量还没有涉及的问题或领域中进行自由地探索，异己力量对有些学术问题的限制规定往往是在学术问题开始讨论之后，而在学术问题刚刚讨论之初，则完全没有限制，从而这个时候在这个问题上的讨论就无疑是完全自由的；更是指即便有些学术问题在实践中受到了讨论的限制，但再强的异己力量也不能进入学者的心里，从而任何学者都可以在探索中保持思想深处的学术自由，“学术研究无禁区”就是肯定这种学理探索的心理自由。学术自由的学者在学术中所说的内容必须真实真诚，而他并没有必要真诚地说出他所知道的一切真实。德国哲学家康德曾说“一个人所说必须真实，但他没有义务必须把全部真实都说出来”。② 但不管外在环境如何，青年教师都必须要拥有一颗学人的追求，追问、探索和回答真问题，追求知识的新颖、完备及精巧，否则就会淹没在周围的各种异己力量之中，彻底失去变得优秀起来的希望。

大学中真正优秀的青年教师，实际上始终生活在一个共同探索的学术共同体中。学术共同体“是指具有相同或相近的价值取向、文化生活、内在精神和具有特殊技能的人，为了共同的价值理念、目标与兴趣”，并

① 刘晶、张楚廷：《论大学学者的独立人格——从人的独立到学的独立》，《高等教育研究》2015 年第 9 期。

② 转引李泽厚《批判哲学的批判——康德述评》，人民出版社 1979 年版，第 13 页。

"遵循一定规范构成的群体"。[①] 这类学术共同体，青年教师从其进入某个学术领域的时候，就开始在自己的周围形成。最初是青年教师在获得学位过程中的硕士生导师与博士生导师，他们承担着将青年学生引导到某个专业领域的某个分支学科上，传授给青年学生一定的学术基础知识、基本理论和学术研究的基本功，并将蕴含特定方法论及观点体系的特定学术传统传递给青年学生。然后是青年学生在学业成长过程中的同专业同导师学友，通过导师组织的共同学术活动，青年学生在学术上逐步融入了这个特定的学术共同体，并通过这个学术共同体和学术界建立了密切的学术联系，不仅扩大了学术交流和学术交往的范围，而且还深化了学术交流的程度，提升了学术交流的层次与水平。青年学生毕业后进入大学，成为大学的青年教师。从此以后，青年教师能否在其职业生涯中达到优秀的程度，在很大程度上就取决于他从此以后所容身的大学。大学作为学术共同体，[②] 在根本上决定了青年教师可能的发展空间。一般来说，如果青年教师所从事的学术研究与其学生时代的学业有密切的联系性及很好的连续性，那么，他在青年时期所容身于其中的学术共同体就会给他以很大的动力和助力，从而大大提高他成为优秀青年教师的机会。但是如果大学青年教师的学术研究与其学生时代的学业的连续性并不太好，那么他也不仅不应该斩断其与学生时代所容身的学术共同体的联系，反而还有意识地强化学术联系，这可以保证和促进他在新的学术研究领域做出特色性的成就；同时也要积极地加入并容身于和他现有学术研究领域密切相关的学术共同体，和其中为数不少的卓越学者结成学友关系，进入学术前沿，建构学术阵地，做出特色性的个人贡献。优秀青年教师的成长和他在学术领域的特色贡献密不可分，没有特色贡献，就成不了优秀青年教师，特色贡献做成了，即使他没有获得什么级别的奖励，也难以掩盖其优秀的实质。大学中的"师生学术共同体是大学中的重要组织"，[③] 如果青年教师能在教学中把学生也吸纳进自己的探讨过程，把所教学生也组建为一个小规模的学术共同体，他成长的步伐就会更快，未来的成就也会更大。

---

① 刘道玉：《大学是学术共同体》，《书屋》2018 年第 4 期。

② 同上。

③ 蒋晓虹：《大学师生学术共同体新构摭论》，《高教发展与评估》2011 年第 5 期。

Complementation of Teaching and Learning: Good Academic Life of Excellent University Young Teachers

Zhang Shiwei Lv Runping

Abstract: Substantively, Universities are both an academic institution and an education institution. University teachers universally take both responsibilities of academic research and talents cultivation, extraordinary even qualified teachers must be researchers and teachers at same time. As such, young teachers must resume both responsibilities. The most valued resource to educate qualified students is the academic scholarship, universities teachers would be qualified for teaching only when they make certain contribution in scholarship. From this aspect, excellent university young teachers must live a good academic life. This life should observe the principle of complementation of teaching and learning, combine excellent research and excellent teaching together, so the two functions go both well, taking the resource of research from teaching and conveying the funding of academic research to teaching as well.

Keywords: excellent university young teachers; good academic life; research; teaching; complementation of teaching and learning

教学质量监督机制的本校省察及其完善建构
——以“机制设计理论”为视角*

步洋洋　李　锟**

摘　要：西北政法大学现行的教学质量监督机制以结果性监督为主，注重和强调结果，具有封闭性、统一性等特征，存在监督内容、监督方式、监督对象和监督主体单一化、监督过程静态化等问题，不仅没有依靠大数据背景下的多种现代化信息传播手段，造成教学信息反馈和传达的渠道不顺畅，而且过分注重教学质量的测评结果，忽视了教学质量监督体系本身和监督过程的操作。为建构符合本校办学特色之教学质量监督机制的基本雏形及其运行机制，团队将现有教学质量评估与监督之缺陷、成因问题的分析置于大数据的时代背景之下，参照管理学之“机制设计理论”的基本要义，辅之以实证调研的数据统计，用以增强教学质量监督的合理性与公正性，促进教育质量监督与教师可持续发展目标的互利共赢、圆融自洽。

关键词：教学质量监督；机制；不足；成因；完善路径

引　言

教学质量监督是检验教学效果，考察教学质量的重要方式。尤其是在兼具理论性和实用性的法学教育中，如何通过“全流程监督”检验课前、课上、课外及课后的教学质量成为法学教学改革的重中之重。对此，2017年7月18日，“立格联盟”发布了《立格联盟院校法学专业教学质量标

---

* 基金项目：西北政法大学校级教学改革研究项目《大数据背景下的教学质量监督机制研究——以西北政法大学为例》（项目编号：XJY201831）。

** 步洋洋：西北政法大学刑事法学院讲师，法学博士，主要研究方向：刑事诉讼法、证据法。李锟：西北政法大学刑事法学院讲师，主要研究方向：刑事诉讼法、证据法。

准》，分别从法学教学的适用范围、培养目标、培养规格、课程体系、教学规范、教师队伍、教学条件、教学效果和质量保障体系等十个方面构建了“立格联盟”院校法学专业教学质量的标准体系。① 近年来，教育部也一直致力于探索并建立了一套符合我国国情的、以院校评估为先导的高校教学质量评估和监督体系。然而，事实上，我国目前的高校教学质量评估却并没有因校而异，采取的各项监督指标、监督标准和监督程序都是笼统划一的，难以充分发挥教学质量监督对教学课程的诊断作用，进而评判出课程的优劣得失，为课程管理者改革课程提供依据，促进教学课程的全面建设和科学管理。是故，在法学教学规范、质量评估体系得以建立的时代背景下，如何因地制宜地结合时代语义评估本校教学质量，建立行之有效的教学监督机制，如何通过教学质量监控体系的有效运行，形成建设、评价、改革的良性循环机制，寻求符合西北政法大学实际情况的本科教育模式与途径，并在此一质量监督机制下以监促建、以监促改、以监促管，就成为高校教学层面亟待解决的核心议题之一。

一　我校教学质量监督的既有不足及成因分析

通过教学效果评价促进法学教学质量提升是我国法学教育持续关注的主题。随着域外法学教学理念和方法的“引介”，以及我国法学教育的自主探索，法学教育界开始关注教学质量评估，并且开始构建教学评估的原则、制度及其运作程序。② 然而，在以评估为主导的教学质量监控模式下，法学教学质量的评估主体、方法、程序及效果存在滞后性、单一性等缺陷，制约了法学教育管理部门对法学教育现状的评查，不利于教学质量的改进和提升。以西北政法大学的本科生、教师以及教学行政人员为样本，项目团队进行了数据调研，通过电子问卷就“我校教学质量监督现状”进行调查，共收到452份信息反馈问卷，其中学生样本399份，比例为88.27%，教师样本和教学行政人员样本比例较低，分别为5.97%和

---

① 黄进：《关于〈立格联盟院校法学专业教学质量标准〉的说明》，《中国法学教育研究》2018年第3期。

② 霍存福、何志鹏：《法学专业教学质量评估的制度构想》，《法制与社会发展》2002年第6期。

1.99%。该项电子问卷调查主要围绕着“您认为我校现有的教学监督质量机制是否有效”“您认为学生参与评教是否为有效的教学质量监督方式”“您认为教学质量监督的内容应包括哪些”“您认为我校现有教学质量监督的主要问题有哪些”“您认为我校现有教学监督问题的成因有哪些”及“为了提升教学监督效果，您认为现阶段哪一因素是至关重要的”几方面内容对样本进行调查。经过对调查数据的统计、分析，我校教学质量监督的既有不足和成因主要体现在如下几个方面。

（一）我校教学质量监督制度的既有不足

教学监督是提高教学质量、评价教学效果的要素。对教学监督现状的考察需要纳入我国教学评价的整体中，进行系统性的反思。通过梳理已有的研究成果，我们发现，对于高校教学质量监督，大多院校已经形成质量评价及监督体系的基本框架。但是，我国现行的课程监督体系因受到传统的泰勒课程评估理论的影响，是以结果性监督为主，注重和强调结果，具有封闭性、统一性等特征，存在监督内容、监督方式、监督对象和监督主体单一化、监督过程静态化等问题，不仅没有依靠大数据背景下的多种现代化信息传播手段，造成教学信息反馈和传达的渠道不顺畅，而且过分注重教学质量的测评结果，忽视了教学质量监控体系本身和监控过程的操作，监控体系的合理性和操作过程的公正性受到质疑。以西北政法大学的教学评价体制为例，前述电子问卷的调查结果表明，我校当下的教学质量评价和监督体制中主要存在着以下不足。

第一，注重教学结果的评价，忽略教学过程的监督。当前，我国高等教育教学质量以事后“评估”为主，教学过程的监督普遍缺位。根据教学评估的主体、介入方式及影响不同，可以将其划分为外部评估与内部评估。外部评估依托于官方机关和民间力量，对学校及专业的评价效果影响深远，备受重视。相对外部评估，内部评估则以学校内部机构为主体，评估效力相对有限。在理论上，对这种以评估为主的教学质量监督方式存在五种不同的看法，即虚无主义观、声誉观、资源观、产出观、增值观。[①]这些不同的观念背后是对大学的办学条件、学术水平、科研成果或毕业生

---

① 白逸仙：《走向“以学生为中心”的评估模式——以中国〈本科教学质量报告〉与美国NSSE为比较对象》，《中国高教研究》2014年第11期。

成就等资源投入或产出指标的评价，过于注重教育的外部因素，忽视了教育教学实践过程和学生学习结果等核心问题。[①] 可见，在教学现有的效果评估的模式下，无论是外部的综合评价还是内部的教学监控均存在着滞后性，无法对教学活动、教学过程及质量进行实质性的评价，更遑论对教学过程的监督。法学教育质量的评价现状亦如此。但值得注意的是，2018年9月17日，教育部、中央政法委联合出台了《教育部中央政法委关于坚持德法兼修实施卓越法治人才教育培养计划2.0的意见》，其中就法学教学质量的改进方案中明确指出："以专业认证为抓手，明确质量目标，细化质量标准，强化过程监控和质量评价，切实推动法学教育内涵式发展和法治人才培养能力稳步提升。"[②] 可见，在提升法学教学质量进程中，需要转变监督、评价视角，由结果评判变为过程监控，进而促进法学教学质量的优化。

第二，偏重主观评价，忽略客观评价。教学质量监督中的主观评价与客观评价分别对应着社会调查方法中的定性分析和定量分析。事实上，主观评价与和客观评价无法完全割裂，即使是纯客观的量化分析依然存在主观判断空间。然而，在人文社科领域尤其是法学领域的教学研究和评估中，普遍存在着量化分析的规范性不足、数据收集与分析不全面等现象。现有的教学质量评估和监督逐渐开始借鉴问卷调查、数据分析等方式，但其适用的科学性、系统性仍存在提高的空间。例如，对法学教学质量展开调查的主体以高校法学教师为主，无论是现有的教学研究成果还是教学评价实践均以定性分析、理论反思及制度建构为主，基于全样本、大数据的分析和应用尚不多见。而且，即使部分成果使用了量化分析，但在数据统计、挖掘及分析方面仍有待提高。因此，在教学准备、教学过程以及教学设备逐步信息化、数据化的背景下，如果教学质量评估和监督的手段不能及时跟进，那么教学监督效果的客观性和真实性自然无法保障。

第三，监督主体相对单一，缺乏多元的参与主体。在我国，能够参与到教学评价和监督的主体大致有政府机构、校外社会力量、校内的行政管

① 白逸仙：《走向"以学生为中心"的评估模式——以中国〈本科教学质量报告〉与美国NSSE为比较对象》，《中国高教研究》2014年第11期。

② 《教育部中央政法委关于坚持德法兼修实施卓越法治人才教育培养计划2.0的意见》（教高〔2018〕6号）。

理机关、教师及学生五类。在理想状态下，这几类主体基于不同的权力资源、知识背景、利害关系等可以对教学效果进行综合而全面的监督和评估。但实践中，受到监督成本、对象及方法等多方面因素制约，成为教学质量评价的主体只有教师和学生两类。这一方面无法给予校外社会力量、同行专业教师及行政主管部门充分的参与空间，使得教学监督形式化严重，监督效果不佳；另一方面，由于学生与教师之间存在“信息不对称”，学生并不尽能客观评价教师教学方式和内容的优劣。如果严重依靠“以学生为主导”的教学监督模式，则无法准确发觉教师教学过程中的“盲点”和“瑕疵”。尽管多元化的监督主体会耗费教学资源，却会提高大学教育的质量，理应受到重视。

第四，评价后的整改、反馈机制欠缺。不管是教学评价还是教学监督，其最终目的均是为了获取教学实践中的不足，以促进教学方式和内容的改善，提高教学质量。因此，无论何种评价和监督方式都是为了对教学实践中的问题进行准确“把脉”，及时反馈于教师，以提高教学的水平和质量。在现有的教学评价体制下，教学监督制度不但具有形式化，而且缺乏信息反馈、跟踪调查和整改情况的再审查机制，使得教育评价和监督的效果大打折扣。具体而言，教学质量评估教师组随堂听课的评价数据一般在每学期末由教务管理部门进行汇总、分析，通常会给出整体情况说明，任课教师无法及时了解评估教师对课程的评价，不利于他们根据评价意见改进教学。

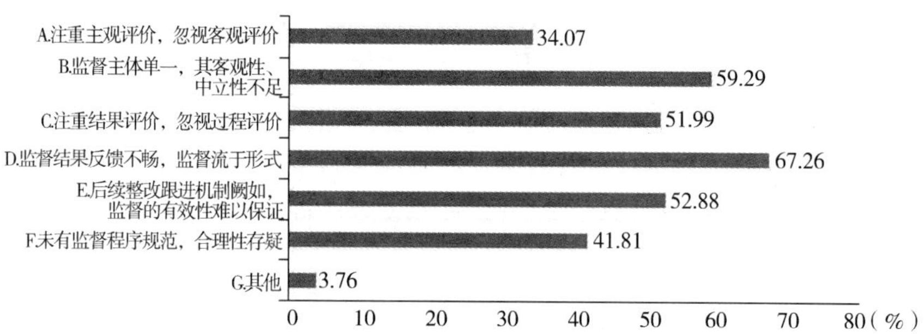

图 1　受访者关于“我校现有教学质量监督的主要问题”作答统计（受访人数：452 人）

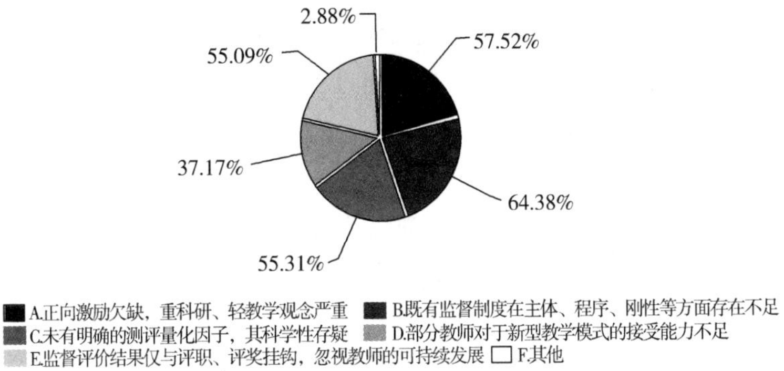

图 2　受访者关于“我校现有教学质量监督问题成因”作答统计（受访人数：452 人）

（二）我校教学质量监督乏力的原因分析

通过上图可以看出，我校教学监督在方式、程序及规范本身等多个维度存在问题，其原因是多重的，其中既有主观原因，又有客观原因；既有内在原因，又有外部原因，综合了机制本体与机制运行的两个维度。从团队展开的电子问卷调查结果来看，55%以上的受访样本将我校教学质量监督的既有问题之成因归咎于“既有监督制度在主体、程序、刚性等方面存在不足”（64.38%）、“正向激励欠缺，重科研、轻教学观念严重”（57.52%）、“未有明确的测评量化因子，其科学性存疑”（55.31%）以及“监督评价结果仅与评职、评奖挂钩，忽视教师的可持续发展”（55.09%）四个主要方面。“部分教师对新型教学模式接受能力不足”（37.17%）和“其他”（2.88%）两个选项不是主要原因。综合前述问卷调查的统计结果，我们认为，我校教学质量监督既有问题之成因主要可以概括为如下几个层面：首先，在理念层面，部分人员未能高度重视教学及其监督方式在大学教育中的重要性。由于教学监督并不能给学校和教师个体带来充足的正向激励，反而会加重教师和学校教学主管部门的负担，因而“形式化”的监督制度更适宜“生存”。其次，现在教学质量监督制度在本体层面存在固有缺陷。例如，教学监督制度中应吸纳多元的监督主体，邀请中立的社会力量参与评教。在方法上，当前教学监督的调查方法略显单一，未能将定性与定量调查相结合，大数据技术应用未能得到重视。再次，在制度运行的配套动力机制层面，部分教师将过多精力投入科研项目当中导致忽视了教学质量监控体系本身和监控过程的操作，教学质量评估的目的得不到有效实现，在调研过程中许多学生表示任课教师本身学术水平较高但授课方式仍有待提高，亟待改进，教学质量不过关。此外，部分高校教师由于自身年龄原因，对于新事物的接受能力较差，新型教学模式改革过程中所涉及的大数据运用如传统课堂与慕课课堂的衔接问题无法被很好地处理，与此相对应，部分学生对于教学质量关注度不够，与老师的配合度不高，影响教学质量监督。最后，现有监督机制的后续因应乏力。事实上，教学评估抑或是教学监督的规范化、制度化早已在部分高等院校建立，且在不断地完善和健全。但相关制度和规则未能有效推行，在很大程度上溯源于评估机制与参评人员无法获得有效的信息回馈，无法调动参评人员的积极性，使得评估机制难以真正落实达到应有效果，从而使得机制流于形式。评估与监督运行的结果只用于评职、评奖等诸如此类的利益分配，却忽视了对于被评价者不足之处的改进和对其未来发展的关怀，不利于教师的进步和可持续发展。

二　管理学视域下之“机制设计理论”的基本镜鉴

在我国现有的高等教育权力架构、育人理念及资源配置的基础下，在相关规范、制度相对健全的前提下，有必要借鉴经济学中的“机制设计理论”、管理学中的“动力机制”理论，为教学质量监督机制的设立提供理论上的支持和制度设计上的范本。

（一）管理学中的“机制”

作为阐释事物本质、构成及运行的方式，“机制”广泛应用于经济学、管理学、社会学领域。“‘机制’一词在机械学中原指机器的构造和动作原理。生物学和医学通过类比借用这一名词，在研究某一种生物功能（例如光合作用或肌肉收缩）时，常说分析它的机制，意思是说要揭示有关生物结构、组成部分的相互关系，以及其间发生的各种变化过程的物理、化学性质和相互联系。所以阐明一种事物的机制，是意味着对它从现象的描述到本质的认识说明。在经济上也常常借用这种词义来说明某种经济活动的功能。”① 例如，市场机制就是指市场中供给与需求的结构，以及购买力、供给力与价格变动之间的关系等。需求是动力，生产是基础，二者又互为作用。进行市场调查与预测，只有充分研究市场机制，才能做出正确的判断与决策。可见，在管理学中，机制是分析和揭示组织及其运行方式的工具，其能展示系统内部要素间的耦合关系与作用机理。为加深对机制的理解，我们通常是从静态和动态两个方面进行考察：静态机制是指要素之间的相互关联和结构方式；动态机制是指要素之间的作用关系和运行功能。②

从“机制”的文义与理论解释可知，管理学中的机制构建需要从以下方面展开：第一，区分制度与机制的异同。按照《现代汉语词典》的解释，制度是制定出让大家共同遵守的办事规程或行动准则，具有规范性。而机制重在体现特定组织内部的结构和关系，是制度的践行和运作，具有实效性。在相关制度和规则初步建立后，应当从动态的角度设计制度的贯彻落实路径。第二，对机制的理解和设计需要考量组织及其运行的现实情况，分析制度运行的动力与阻力。

（二）以激励和约束为核心的机制设计

激励和约束是现代管理学的价值追求，相关制度和机制的建立也应围绕着如何激励和约束组织及其构成人员而展开。“现代管理是以人为中心的协调活动，又以调动人的积极性达到组织目标和培养教育人为主要目的。特别是随着人类进入知识经济时代，人力资本的地位在企业越来越高，而管理激励与约束作为直接对人进行管理的手段和方式，其不仅是现代管理中不可缺少的基本职能，也是现代管理的核心职能。”③ 无论是激励机制还是约束机制都以组织及其个体价值实现的最大化为目标。管理学注重对人工作动力的激发、引导和强化，却不能站在系统整体的高度研究组织中人的动力问题，而是应当由内而外、由微观到宏观观察和设计具体的运行方式。

因此，在机制的设计过程，我们一方面需要从激励的角度，明确或者

---

① 吉林工业大学管理学院：《现代管理大辞典》，辽宁人民出版社 1987 年版。

② 郝英奇：《管理系统动力机制研究》，博士学位论文，天津大学，2006 年。

③ 侯光明、李存金：《现代管理激励与约束机制》，高等教育出版社 2002 年版，第 44 页。

激发被管理者的需要，准确寻求到机制运行的动力源；另一方面，需要建立约束机制，以规范制度运行中的失灵或者外部制约因素，及时反馈、矫正原始的机制设计。结合机制设计理论和价值追求，机制设计的过程和要素大致包括以下方面：

第一，一个有效的机制设计应当有明确的价值目的，即需要确立明确的系统目标。这是因为无论是制度激励还是制度约束均需要明确的目标和方向，否则制度运行就会出现价值冲突、设计冗余与偏离等问题。例如，在企业的机制设计中，通常将效益作为首要的系统目标，但也会兼顾企业的文化和品位等；在司法制度中，公正通常为制度或者机制设计的首要因素，亦会同时考量秩序、效率等价值；在法学教学体制中，"德法兼修"则是当前法学教学的重要目标，如何培养兼具法学理论修养、法学思维及法律实践的复合型人才是法学教育的基本要求。因此，机制设立之处应明确该系统的价值追求、制度目标，进而围绕着该核心理念展开具体设计。

第二，机制设计要激发组织活力，实现系统目标最大化。也就是说，机制设计要具有明确的动力机制，激励机制与信息反馈机制，注重实效性。从经济学的角度看，机制设计理论的基本思想是按照理性经济人的角度展开机制设计，从而实现其预期的目标，它主张资源的有效配置要符合激励相容原则，以满足各博弈主体的需求并且符合有限资源的本质属性。①

第三，在以激励和约束机制为核心的管理中，需要多层次、多阶段的运转体系。如果从管理机制和约束机制的构成看，一个完整的管理激励和约束机制应当由目标、管理主体与客体、环境与资源分析、需求分析、机制设计、原则、资源、方式、方法、效果、评估、反馈等内容构成（如图 3 所示）。② 可见，机制的设计需要考量资源、成本、方法及反馈等多种内容，是系统性的设计。

---

① 林海岸：《全媒体时代学校德育机制的困境与改进——机制设计理论的视角》，《中小学德育》2019 年第 4 期。

② 侯光明、李存金：《现代管理激励与约束机制》，高等教育出版社 2002 年版，第 76 页。此外，还有观点将管理机制设计的步骤划分为四个方面：倾向分析（分析被管理者的目标追求）、回报分析（管理者提供的满足被管理者需求的对应物）、状态分析（衡量被管理者的工作业绩）、状态与回报连接（根据工作表现对被管理者给予报偿）。参见郝英奇《管理系统动力机制研究》，博士学位论文，天津大学，2006 年。

第四，在机制运行过程中，既需要围绕机制设计的目标进行整体推进，还需要及时的分析、反馈及整改，以解决机制运行中可能出现的挑战和阻力。从图3可知，在管理者与被管理者之间的机制设计是一项系统工程，需要不断地分析和反馈信息、资源及构成要素。从内部来看，在机制设计前需要明确管理者与被管理者之间的权力配置、管理模式及相互作用方式，以制定机制运行的动力、方向及规则。从外部来看，设计者需要考虑机制设计的环境、资源及需要，以节约机制设计的成本，确保机制有效运行。

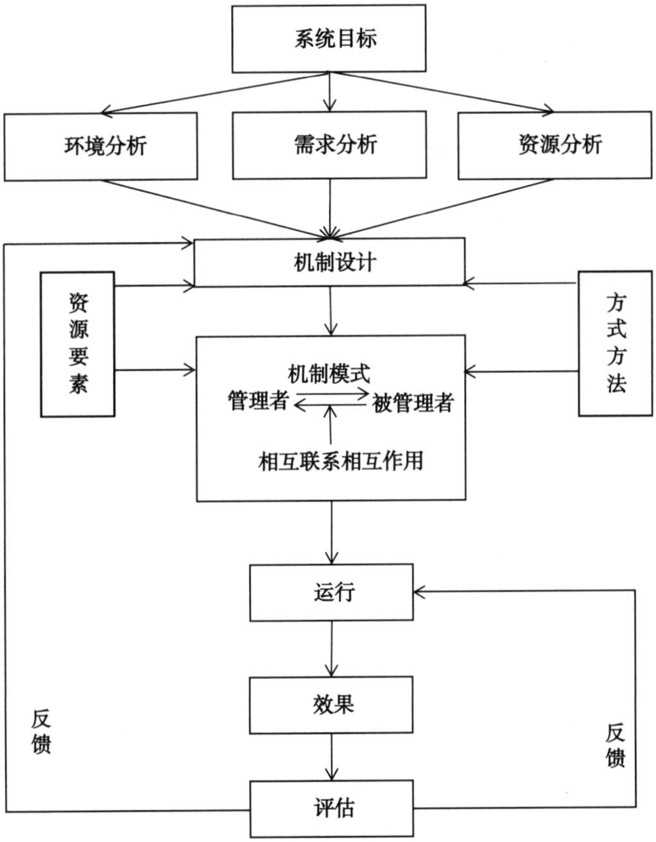

图3　管理激励与约束机制体系

三　“机制设计理论”下的教学质量监督机制之完善路径

高校的教学工作具有其特殊属性。大数据时代背景下的教学质量监督和评价体系之合理建构当以充分考虑教学工作的特殊属性，坚持以人为本的理念，确保学生评价的核心地位，同时要保护教师的个性和特色。提高体系实施的有效性，要切实提高教师教学业绩和人才培养质量，促进教师个人和学校的共同发展。为此，应当建构一套以教师可持续发展和学生的学习投入为中心的教学质量监控体系。在理念构建过程中，采用什么样的手段，通过什么样的方法对教学质量作以评测、监督就显得尤为重要。

如前文所述，我国当前的法学教学监督体制发挥促进法学教学质量提升的功能，而且在监督理念、程序、方法及效力等方面存在失衡和错位，无法对法学教学的理论性和实践性进行实质评估，更与“德法兼修”的教学目标相去甚远。因此，构建以“过程监控”为核心的监督机制具有现实性和必要性。“过程监控”为核心教学监督机制旨在改变以往以结果评估为导向的评价方式，丰富监督的主体、程序及方法，注重监督机制的激励性、实效性及经济性。根据管理学中的激励和约束机制的设计过程可知，制度设计者需要考虑规则制定、机制设计是否具有正向激励，以提高机制运行效益；与此同时，还需要注重对被管理者的约束，明确“失范”的惩罚机制，以实现制度设计的原始目的。教学质量监督机制设计的最终目标是为了改变以往单一滞后的教学评价体制，实现全流程的教学监督，促进教学质量的提升。借鉴管理学的机制设计原理，结合法学学科及教学方法的特殊性，教学监督机制的设计需要从动力来源、工作效应、成效评价、信息反馈、回应完善这六方面展开（参见图 2）。

第一，监督动力机制。教学质量融入高校教师晋升的评价体制，为教学监督机制提供动力来源。从组织社会学的角度看，“平面化结构的考核、监督的成本非常大。由于没有固定职位提供激励、期待，个人的行为就容易失去规范”。[①] 当前，“重科研轻教学”“重结果轻过程”的评价机制使得教师教学质量参差不齐、教学监督机制“形式化”，不但使得教学监督改革“举步维艰”，而且业已阻碍了教学监督制度的有效运行。因此，教学监督机制的动力机制关乎制度运行的长效性和实质性，应当成为改革的首要环节。

通常而言，动力机制是深藏于组织行为背后的看不见的手，是各种软性要素的耦合关系，是诱发、引导、强化组织成员积极性的制度体系。动

① 周雪光：《组织社会学十五讲》，社会科学文献出版社 2003 年版，第 216—217 页。

力机制由权力、责任、利益三个要素构成，围绕实现组织目标的需要，将要素在组织成员之间进行配置，并以制度规范的形式固定下来。[①] 在影响动力机制的要素中，利益直接激励着的行动者，是动力的初始来源；责任是动力的附着点，追求利益的动力附着在责任上，通过履行责任而实现组织目标；权力则是履行责任的必要保障。[②] 在具体的教学监督机制中，需要以教学质量作为教师评奖、晋升的重要依据，并且明确教学评估和教学监督所带来的利益与职业荣誉，激励教师工作重心的转移，确保教学监督过程机制的有力贯彻。例如，在教师职称评选和晋升中，学校管理层应当考虑教师是否自觉接受和配合教学改革；是否注重教学活动的多样性；是否积极配合学生评教、教学督导以及教学质量评估。与此同时，如果教师未能积极参加教学质量检验、全程教学监督以及教学质量整改，或者教学效果存在严重问题，应当受到相应的“利益损害”。

对教学监督机制动力源的设计，一方面应着眼于对教师利益的激励和引导，使得“被管理者”能够积极主动地接受监督、配合监督甚至主动地参与到教学监督机制的设计中；另一方面，也需要校级管理机关、院级管理机关及教研室的支持和配合，将教师教学置于学校发展的首要位置，坚持“教学质量为本”的育人理念，实现“以监促学”的目标。

第二，监督运行机制。监督运行机制是对教学监督的流程和内容进行的设计。从阶段上看，教学质量监督要注重监督的过程性，确保监督效能的实现。换言之，教学监督应当从学期末的综合考评转变为贯穿教学始终的全程监督。从教师的角度看，教学监督包括授课资格、课程准备、讲授过程、课下答疑、考试成绩与分析报告。只有对教师的教学活动进行全程“跟踪”，才能获取教师教学的实质效果。从学生的角度看，全程的教学监督离不开学生配合和反馈，根据学生对教师授课方式、内容及知识讲授效果的反馈，可以及时发现教师教学的优点与不足。从内容上看，就法学教学而言，不仅需要教师讲授基本的法律规范及其法理基础，还需要结合相关案例和司法实践，才能培养学生法学知识、法学思维及法律实践兼具的综合能力。从方式上来看，应当充分运用大数据的优势使之与慕课教学相结合，进一步完善线下、课前与课后的一体式授课模式，将教学质量的

---

① 郝英奇：《管理系统动力机制研究》，博士学位论文，天津大学，2006年。

② 同上。

提升与监督机制贯穿到教学的全过程之中。

第三，监督评价机制。在明确教学监督的目标、动力来源及监督对象后，还需要改进监督评价的具体方式。作为教学效果检验的方式之一，教学质量的监督评价不仅在于对既往知识的检验，更在于通过评估督促未来的学习，以实现教学与本科教育的既定目标。为走出当前教学质量监督体制侧重结果性评价而忽视过程性评价、侧重主观性评价而忽视客观性评价、侧重单一性评价而忽视多元化评价的固有缺陷，进而防止教学监督的运行流于形式，笔者主张探索建立一个科学的、由多元化主体所构成的本科教学监督机构，构建一套主观考量因子与客观考量因子并重的教学监督标准。在监督主体的多元化上，除了已有的教师、教务处及学生之外，还应当扩大监督机制的参与人员。例如，从纵向上看，应当建立校、院、教研室三级教学监督管理体制，强化教学目的、方式及内容的优化。在横向上，应当吸纳退休教师参与教学督导，监督日常的教学活动；提倡不同教师间的互相学习和观摩；吸纳校外的专家学者参与本校教学质量评估，确保教学监督主体的中立性，促进评估结果的公正性。此外，还应当在校级层面成立“教学监督委员会”，由学校的教学名师、校外教学专家及校级教务处、院级教学主管、教研室主任组成，解决教学监督中出现的评估标准及争议问题。换言之，就是形成一种类似于域外国家和地区的以多元主体参与为特征的法学教育质量监督、评价制度，促进教学质量监督、评价的多元性、客观性、公正性以及社会适应性①，契合大学内部治理结构之权利分配和利益诉求之机制本质②。

在监督方式优化上，除了监督主体参与听课、观察及访谈外，还需要建立线上交流平台和线下问卷调查，对每学期的教师和学生的问卷进行双向评估，通过大数据的分析和评估，挖掘教学过程中存在的特点、优点及盲点。诚如冯果教授所言：“大数据时代的‘大数据’已经不仅仅是一种单纯的技术指代，更是一种思维方式的代称，是人类发展与社会关系因应调整的一次全面审视。大数据正日益深刻地影响着各行各业的发展，法学

① 宋鸿雁、闫亚林：《我国法学教育质量标准的相关问题研究》，《法学教育研究》第15卷。

② 关于我国大学内部治理结构的内容，可以参见杜志淳《我国现代大学内部治理结构的改革与完善》，《法学教育研究》第12卷。

教育亦不例外。”① 以教学质量监督为例，作为一种海量数据的集合，大数据不仅表现为以数据挖掘为核心的数据分析技术，同时强调经过分析、处理后所获得的数据分析结果背后的规律、特征。在大数据的时代背景下，基于以此为基础的云学习平台、学习终端的广泛应用，教学质量监督的机制运行主体得以收集各类与教学质量相关的过程性数据，通过采集分析系统的数据挖掘、比照、整理及分析，实现教学由一次性、间断性的评价向过程性、伴随性评价的转变，进而有助于教学质量监督中的评价环节走出粗糙的经验主义泥淖，迈入精细的数据主义，在数据分析的过程中发现教与学的共性问题，为实现教学优化提供准确的依据与最优化参考方向。总之，在教学方式和课堂建设逐步走向信息化、数据化的背景下，对教学质量的评价与监督也应随之改变，在大数据分析的基础上，结合定性分析，更能保证教学质量监督的客观性和准确性。

第四，信息反馈机制。“机制的运行总是伴随着信息的传递，信息传递或者说信号发送就成为影响机制运行成本的一个重要因素，所谓信息问题就是要求机制的信号空间维度越小越好，当然必要时还应考虑信息的复杂性。”② 在教学监督机制中，所谓的“信息传递”就是监督过程中获取有关教学质量与机制运行的信息。面对机制运行中的不确定和复杂性，需要及时的反馈，以调整教学监督的方式和内容。具体而言，大数据时代背景下的教学质量信息反馈，当以形成性与总结性的并用方式展开，同时针对课程、教师进行的教学监督应当分别形成不同的报告，并应将监督报告及时反馈到教师、教研室及校级教学管理部门，及时分析法学教学过程中存在的问题。例如，针对部分应用性较强的学科，如果教师未能注重教学中的案例分析、庭审观摩与模拟等教学环节，学生就无法深刻感知到相关知识。在全程监督机制中，如果上述教学内容存在缺失，则应当及时反馈给授课教师，以便后续课程的改进。据此，为实现监督与教学质量提升的同步推进，教学质量监督机制之信息反馈当充分利用现代信息网络技术，将每学期或每半学期的教学评价结果及时反馈到教师和管理者的信息终端。教师和管理者则应树立相应的积极关注评价反馈信息的责任意识，通

① 冯果：《大数据时代的法学教育及其变革》，《法学教育研究》第 21 卷。

② 郭其友、李宝良：《机制设计理论：资源最优配置机制性质的解释与应用——2007 年度诺贝尔经济学奖得主的主要经济学理论贡献述评》，《外国经济与管理》2007 年第 11 期。

过对相关信息的分析思考，有针对性地改进不足。

第五，回馈因应机制。回馈因应是针对教学监督过程中发现的问题进行的整改，也属于监督机制的范畴。回馈因应环节能够及时修复教学监督机制中出现的问题。尽管回馈因应是教学监督的最后环节，但其却是促进教学监督机制的关键所在。尤其在当前教学质量和效果尚未对教师形成有效的约束和制约的情形下，我们需要建立教学整改、完善及再评估的监督机制。否则，前期教学监督的结果仅能影响到教师的利益，却无法倒逼其在教学方法、内容及能力方面的改进。因此，针对部分教师、课程设计及教研室存在的教学内容、设计及方法等方面的问题，由教学监督委员会对其整改计划和方法给予指导，或通过定期开展富有针对性之培训的方式推进教学人员之教学整改及完善，并以跟踪评测的方式、方法对整改与完善的情况作出二次评估。不仅如此，如前所述，教学质量监督机制的改革与完善应当将教学质量的高低、好坏纳入任课教师之教学指标、年终考核与晋级的指标体系之中，将教学质量监督作为教师职称晋升和确定教授绩效津贴的重要依据，将其与科研成果的量化考核放在同等重要的位置之上，从而激发教授钻研和改进教学的积极性，充分发挥教学质量监督机制的应有的管理功能、反馈功能以及激励功能，摒弃以往“只注重评价结果、忽视教师发展”的评估与监督理念。或许只有这样，才能真正地从动力来源、回馈因应等层面实现教育质量监督与教师可持续发展目标的互利共赢、圆融自洽。

四　结语

诚如汉代王符所言：“大鹏之动，非一羽之轻也；骐骥之速，非一足之力也。”① 任何制度和机制的设计都不会是完美无缺的，亦不会是单摆浮搁式运作的。为充分发挥教学质量监督对教学课程的诊断作用，促进教学课程之设置与管理的全面化、科学化，推动普通高校本科教育在反思和改进中不断发展，寻求符合我校实际情况的本科教育模式及路径，进而在此一质量监督体系下实现“以监促建、以监促改、以监促管”的现实目标，我校教学质量监督机制之完善建构仍需对教学质量之稳步提升作以全

① （汉）王符：《潜夫论·释难》。

方位、多角度的分析。特别是明确“监督”之导向机制，扭转现有大学教学和育人未受重视的现状；将不同地域、经济状况、学校定位及教师特点等综合因素纳入考量，因地制宜、有的放矢地制定教学质量监督与质量提升的激励措施，深挖教学质量提升的动力源，打造出富有西北政法大学办学特色的教育质量监督体制。

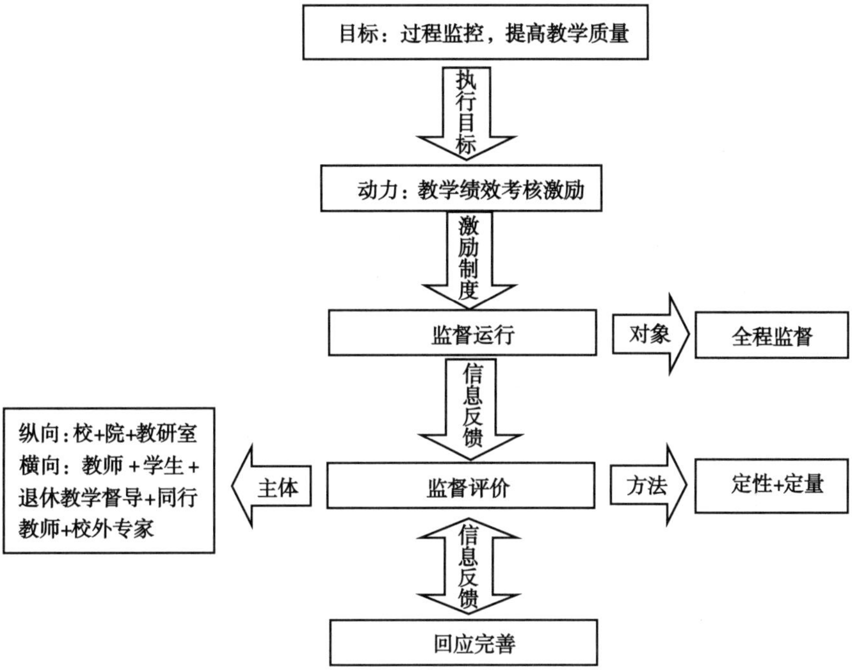

图4　教学质量监督机制

On the Inspection and Improvement of the Supervision Mechanism of Teaching Quality in Our School

—— From the Perspective of "Mechanism Design Theory"

Bu Yangyang　Li　Kun

Abstract: The current supervision mechanism of teaching quality in our school is mainly the result supervision, which focuses on and emphasizes the result. This mechanism has the characteristics of closeness and unity, and has such problems as the simplification of supervision content, mode, object and subject; and the static supervision process, and it makes the the channel of teaching information feedback and communication not smooth without the help of a variety of modern information dissemination means in the context of big data. Because much attention has been paid to the evaluation of the results of teaching quality, the supervision system itself and the operation of the supervision has been ignored. Our team study the defects and its causes of the existing teaching quality evaluation and supervision in the era of big data with reference to the "mechanism design theory" of management and the empirical research data, so as to build a basic prototype and operation mechanism in line with the characteristics of the school, and promote the rationality and justice of teaching quality supervision and the realization of the mutual benefit of supervision and teachers' sustainable development goal.

Keywords: teaching quality supervision; mechanism; deficiency; causes; improving methods

高教管理

地方高校应用型人才培养的探索与实践

张社民*

摘　要：国家产业转型、区域经济社会发展与高等教育改革给地方高校带来新的机遇与挑战。陕西理工大学作为一所地方院校，不断明确办学定位、聚焦人才培养、推进学科建设、深化人事制度改革与师资队伍建设、推进信息技术与教学深度融合，积极探索应用型人才培养路径。为了促进地方高校应用型人才培养成效，期待构建鼓励特色办学的高等教育评价体系，形成体现均衡性的办学资源配置模式。

关键词：地方高校；应用型人才；政策建议

新时代，地方高校面临重要机遇和挑战。作为地方高校，陕西理工大学应对社会需求，在应用型人才培养方面进行了长期的探索。本文就地方高校面临的机遇和挑战、陕西理工大学应用型人才培养的理念和做法，以及地方高校发展面临的问题等进行了探讨。

一　新时代地方高校面临的机遇和挑战

（一）国家产业转型战略带来的机遇和挑战

当前，世界正经历百年未有之大变局。发达国家和新兴工业化国家都以全球化战略为基础，以信息技术产业发展为先导，加速产业结构调整。依靠信息技术带动的科技创新不仅改变着传统产业结构，而且带动了一批新兴产业快速发展。国家大力实施创新驱动发展战略，积极调整产业政策，实现产业结构优化升级。这必然对劳动力结构产生深刻影响，对高等

---

* 张社民，陕西理工大学校长、教授，主要研究方向：运筹学与控制论。

教育人才培养带来新的机遇和挑战。

（二）高等教育改革发展带来的机遇和挑战

在世界大发展大变革大调整时期，中国日益走近世界舞台中心，这就要求高等教育在国际教育格局中明确定位、承担使命。习近平总书记指出："教育是国之大计，党之大计""大学对青年成长成才发挥着重要作用。"

教育部部长陈宝生在2018年新时代全国高等学校本科教育工作会议上提出："要推进'四个回归'，把人才培养的质量和效果作为检验一切工作的根本标准。"因此，高等教育必须更好地融入国家战略、融入区域发展、融入产业进步，通过输送高质量人才和输出高水平成果，为国家发展提供支撑保障。

近年来，"互联网+"教育方兴未艾，人工智能、虚拟现实、大数据、区块链等新兴信息技术日新月异，现代信息技术给高等教育改革发展带来前所未有的挑战，教育理念、教育模式与方法、学习方式和形态、评价方式及个性化教学服务环境等都在发生深刻的变革，这对高等教育提出了新的更高要求。

（三）区域经济社会发展带来的机遇和挑战

陕西省"十三五"规划指出，我省战略性新兴产业已经成为陕西实现经济转型、优化产业结构、促进经济发展的重要引擎。但"科教优势发挥不够充分，创新潜能释放不足"，要"大力实施创新驱动、绿色惠民、协同共享、开放融合战略"，推进富裕陕西、和谐陕西、美丽陕西建设。

我校地处秦巴山区，是国家"南水北调"中线工程水源保护核心区和涵养保护重点区，国家重要生态安全屏障，丝绸之路经济带新起点建设的增长极之一。汉中市围绕贯彻中央"五位一体"总体布局，实现全面小康、追赶超越的总体要求，提出"建设区域中心城市、文化旅游强市、陕西最美城市"的目标，推动汉中改革发展。

区域经济社会发展需要大批高素质应用型人才，这为陕理工这样的地方高校带来了很好的发展机遇。

面对高等教育和经济社会发展的机遇与挑战，我们必须坚持"以本为本”，推进“四个回归”，培养德智体美劳全面发展的社会主义建设者和接班人。全面实施“三全育人”综合改革，把立德树人作为根本任务，融入思想道德教育、文化知识教育、社会实践教育各环节，形成教书育人、科研育人、实践育人、管理育人、服务育人、文化育人的长效机制。

我们必须瞄准地方性定位，实现特色化发展。地方高校必须坚定树立特色意识和质量观念，切实从单纯的数量、规模发展转变到人无我有、人有我特的发展上来。要加强一流本科教育，紧跟时代发展，服务地方需求，实现知识传授向知识应用、知识集成和知识创新的转变，在应用型人才培养上办出特色、争创一流。

我们必须面向地方、面向产业、面向需求，探索服务国家和区域发展新模式。坚持学科专业设置，适应产业调整与区域发展需要，专业调整与产业结构调整趋势要紧密对接、同频共振，尤其要与信息技术和绿色可持续发展战略相结合，适应新时代的新要求。

二　陕西理工大学应用型人才培养的探索与实践

（一）明确办学定位

坚持“德育为先、能力为重、全面发展”的育人理念，按照“重应用、强能力、高素质”的要求，形成了“建成教师教育与工程教育为主、多学科协调发展、特色鲜明的高水平应用型大学”的发展目标定位；“以本科教育为主，积极发展研究生教育”的办学层次定位；“培养具有创新精神和实践能力的高级应用型人才”的培养目标定位；“立足陕西，服务基层，引领区域经济社会发展”的服务面向定位。

（二）聚焦人才培养

1. 优化人才培养方案

对接地方经济产业转型升级和创新驱动发展的战略需求，依据本科专业类国家教学质量标准、专业认证标准、“四新”建设要求，坚持“以学生为中心、成果导向、持续改进”的理念，按照“遵循标准，整体优化；以人为本，彰显个性；通专结合，分类培养；强化实践，注重创新”的原则，全面修订本科人才培养方案，校准培养目标，明确毕业要求，构建

“通识教育+专业教育+综合实践+第二课堂”四位一体课程体系，实现通识教育与专业教育相结合、全面发展与个性化培养相结合、第一课堂与第二课堂相结合。

2018 版人才培养方案的主要特点是：培养目标和毕业要求细化为可测量、可评价的指标点，使教师“可教”，学生“可学”；各专业毕业总学分不超过 175 学分，给学生更大自由学习空间；加大实践教学比重，工科不低于 35%，理科不低于 30%，其他学科不低于 25%，强化实践能力培养；选修课比例不低于 25%，实现学生自主选课和个性化培养。

2. 完善实践教学体系

以解决复杂问题为焦点，以培养综合实践应用能力为目标，构建包括“基础实验实践、实训实践教学、工程应用实践、课外创新实践”四层次多模块实践教学体系，改革实践教学内容，创新实践教学模式。整合校内外优质教学资源，打造实践育人平台，现有国家级、省级实践教学平台 20 个，校级实践平台 60 余个，为应用型人才培养提供保障。学校实验课开设门数达 1300 余门，综合性实验和设计性实验项目占实验项目开设总数的 70%以上，锻炼学生综合实践应用能力。

3. 强化专业内涵发展

按照“动态调整、升级改造、品牌引领”原则，深化本科专业供给侧改革，建立健全专业动态调整机制，2019 年撤销图书馆学、市场营销、环境科学和日语等 4 个专业，新增服务国家乡村振兴战略的城乡规划学专业。对机械、材料、生物、中文等传统优势专业进行升级改造，增强专业发展与社会、行业需求的契合度，突出专业特色。以省级一流专业、特色专业和专业综合改革试点项目建设为突破口，重点建设一批引领区域经济社会发展的品牌专业。

2018 年出台“一流专业”建设方案和“一流专业”建设项目管理办法，将全校 65 个专业全部纳入“一流专业”建设范畴，按照四个层次、五个类型实行专业分层分类建设，投入专项建设经费 1500 余万元。实施课堂教学质量提升工程，推进课堂革命。以金课建设为抓手，实施“百门金课建设计划”。建设学校网络课程资源中心，已上线 100 余门 MOOC 资源供学生选择，在线学习学生达到 12000 余人次，取得学分 9300 余人次。

创新人才培养模式，构建通识教育、创新创业教育和专业教育相结合的培养模式；推进学科大类招生，按照材料类、计算机类、工商管理类对9个专业实行大类招生，实施“1+3”培养模式；开展国际注册会计师ACCA实验班、卓越工程师实验班、卓越教师实验班、创新创业教育试点学院及人才培养模式创新实验区等多种应用型人才培养模式改革试点工作。

（三）推进学科建设

以社会需求为导向，优化学科专业布局，加强内涵建设，突出学科专业优势，促进人才培养与经济社会发展需求紧密对接，形成了以秦巴山区自然资源研究与开发利用为特色的理学学科专业群、以工业应用技术开发研究为特色的工学学科专业群、以汉水流域文化史及文化产业发展战略研究为特色的人文社会科学学科专业群。

以重点学科建设为引领、传统学科内涵改造为契机，坚持分层分类原则，按照“1+3+5”模式推进学科建设，全面提升学科建设水平。

现有1个省级“一流学科”，6个省级优势学科和17个校级重点学科；有生物学、机械工程、中国语言文学等7个一级学科硕士学位授权点和机械、能源动力、学科教育等6个硕士专业学位授权点。2016年被列为陕西省重点建设高校，2017年被列为陕西省博士授权立项建设高校，2018年生物学被陕西省确定为“国内一流学科建设高校”的建设学科，机械工程、材料科学与工程、中国语言文学、化学、马克思主义理论等学科特色较为鲜明。有1个国家地方联合工程实验室、1个全国人文社会科学普及基地、1个省部共建国家重点实验室培育项目和25个省级研究和服务平台。

（四）深化人事分配制度改革，加强师资队伍建设

大力实施“人才强校”战略，坚持“守正、开拓、创新”的发展理念，按照“稳定、引进、培养、提高”的工作方针，加强师德师风建设，深入开展人事制度改革，优化师资队伍结构，提升教师教育教学能力，为应用型人才培养和可持续发展提供人才支撑和保障。

加强师德师风建设，成立师德师风建设领导小组，出台师德师风建设制度，开展师德师风建设专题会、座谈会及“我最尊敬的教师评选”等活动，在评优评奖与职称晋升中，突出师德师风考评，实行一票否决制

等。现有全国优秀教师、省级优秀教师、省级师德标兵 30 余人，入选“中国好人榜”1 人、优秀援藏干部 1 人。

加大投入引进高端人才，成功聘请中国科学院院士张涛、中国工程院院士朱蓓薇、中国科学院院士王巍为我校“双聘院士”，投入资金设立院士工作站，组建科研团队。柔性引进国家“千人计划”、国家杰青、国家优青和二级教授 10 余人。

全面深化人事分配制度综合改革，完善职称评审、岗位聘用、绩效工资分配、教学科研奖励等制度。充分发挥教师特长，体现以人为本，将教师分为教学为主型、教学科研并重型和科研为主型三类，实现分类指导、分类管理；加大教学业绩考核和比重，建立“教学直通车”制度。

坚持“引培并举”原则，出台青年教师导师制、教师进修培训、教师教学能力提升计划及在职攻读博士学位等一系列政策措施，加强教师能力提升。现有陕西省“千人计划”8 人，“陕西省青年科技之星”4 人，“三五人才工程”2 人，“陕西省普通高校青年杰出人才支持计划”7 人，陕西省“特支计划”3 人，汉中市“三一一工程人才”12 人，陕西省“三秦学者”创新团队 1 个。

出台相关政策，从经费支持、待遇保障、职称评审等方面，鼓励教师提升实践应用能力。2017 年以来，教师入选陕西省、汉中市企业“首席工程师”30 余名，三区人才 110 余人。

积极鼓励教师开展产学研合作，与企业建立“一对一”技术服务体系，破解企业技术难题 400 多个，转让新技术 70 余项，使企业新增产值数亿元，提供就业岗位近万个。为地方政府决策提供咨询服务，成为区域经济社会发展的重要智库。

（五）推进信息技术与教育教学深度融合

以服务人才培养为核心，强化制度建设，通过“三个建设”，不断深化信息技术与教育教学融合，以创新促发展，大力推动教育服务供给方式、教学和管理模式的变革。

1. 实施“智慧校园”建设

将“建设智慧校园，实现校园无线网络全覆盖，完善移动数字图书资料信息平台，建成惠及全校师生的网络教学和管理的信息化支撑服务体系”确定为学校“十三五”发展规划的重点工作。

2. 推进“智慧教室”建设

围绕“以学生为中心”的教育理念，营造人性化、交互性、智能化的智慧教学环境建设，实现智慧管理、智慧教、智慧学和智慧决策。学校投入2000余万元建设智慧教室，2019年已投入760万元开展智慧教室一期建设。

3. 强化数字化教学资源建设

着力建设与信息技术有机结合的新形态课程教学资源库，对现有精品课程的数字化教学资源进行升级改造，推进在线开放课程建设，建成“课程中心”网络教学平台，为泛在学习的实施提供基础保障。

三　地方高校发展的问题与思考

（一）高等教育评价体系与地方高校特色发展不相适应

经过30多年的探索和实践，我国高等教育评价在明确办学定位、强化学科建设与科学研究、促进人才培养、规范高校管理、提升教育质量等方面发挥了积极作用。但是，高等学校的多功能性，决定其教育质量的多维性，需要建立一个更具广度和深度的多元评价体系。

目前，我国高等教育评价体系明显表现出单一性的特征，不管是对高校的各类考核评价，还是各种高校排名，几乎都是用一把尺子量到底。这些评价体系对学科、科研指标的重视程度远远大于对人才培养、学生发展的重视程度。这种评价方式和评价体系，既导致我国高等教育单一性发展与普及化教育多样性需求之间的矛盾愈益激化，也与地方高校的办学定位与特色发展不相适应。

我们认为，应当构建多元化的评价体系，根据各高校的办学定位进行分类评价。

（二）办学资源配置不均衡制约地方高校发展

办学资源是高校增强办学实力的基本保障。办学资源归根结底，主要体现在人、财、物等方面，即需要一支高素质的人才队伍，较充足的办学经费和较完善的基础设施。既需要大楼，更需要大师，两者不可偏废。

资源配置受观念、政策、地域和办学层次等因素制约。地处西部经济欠发达地区，远离中心城市的地方高校，破解大师和大楼的问题，一直是制约学校发展、令人十分头疼的难题。由于基础薄弱，研究平台不足，加之教育理念陈旧，高水平领军人才依然匮乏。随着高等教育普及化，现有资源配置和人们对优质教育渴望的矛盾日益突出。

在资源配置方面，能否给予承担人才培养重任的地方高校更多支持，需要我们深入思考。

Exploration and Practice of Practical Personnel Training in Local Colleges and Universities

Zhang Shemin

Abstract: National industrial transformation, regional economic and social development and higher education reform bring new opportunities and challenges to local universities. As a local university, Shaanxi University of Technology has made clear its school-running orientation, focused on personnel training and discipline building, deepened personnel system reform, deepened the integration of information technology and teaching, and actively explored the way of practical personnel training. In order to improve the effectiveness of practical personnel training in local universities, it is expected to build a higher education evaluation system that encourages running school with characteristics, and form a school-running resource allocation model that reflects the balance.

Key words: local colleges and universities, practical personnel, suggestions

1998—2018年我国高校高层次人才政策检视[*]

王若梅[**]

摘　要：1998—2018年的20年间，我国高校高层次人才政策大体经历了发端、发展、深化三个不同阶段，每一阶段都有其鲜明的特点。虽然整体看来政策呈现纵深发展的走向，但仍有较大的优化提升空间。本研究认为应从以下方面完善相关政策措施：教育行政主管部门应充分发挥政策主体作用，主动作为，结合大学特点引领高校进行高层次人才队伍建设；教育主管部门应以系统性思维推进人才队伍建设，将高校领军型高层次人才工作视为一项长期的系统工程，强化政策的系统性、全面性、连续性；应增强政策理性，以人才实际效用以及可持续发展为导向，优化细化政策内容；加强政策评估环节，科学推进政策更替。

关键词：高校高层次人才政策；反思；建议

一　引言

自人才战略成为时代主题后，高层次人才队伍建设已成为高校增强竞争实力的重大战略依靠。自教育部于1998年8月正式启动“长江学者奖励计划”以来，我国高校高层次人才队伍建设已走过20年的发展道路，期间不仅“长江学者奖励计划”经历了三次重大调整，还陆续颁布了一系列重要的政策文件，这些政策对于我国高校吸引、遴选、培养、造就高层次创造性人才发挥了重要的作用，但同时也暴露出一定的问题，基于发

---

* 基金项目：陕西省社会科学基金项目“陕西高校高层次人才队伍建设研究”（项目编号：13N062）。

** 王若梅，西北政法大学高教所研究员，主要研究领域：高等教育管理、大学教师与教学。

现的问题展开必要的研究以细化、优化有关政策，既是高校高层次人才政策理论本身深入发展的必然要求，也是高校高层次人才队伍建设实践规范化、科学化发展的必然要求。本文即是依托有关课题借以实现上述目的的尝试之作。

二 1998—2018年我国高校高层次人才政策发展阶段及特点

总体上，1998年以来的20年是我国高等教育事业快速发展时期，这一时期人才日益成为高校的核心竞争力，愈发成为教育管理部门和各学校重要的战略选择，在此形势下，我国高校的高层次人才政策发展大体经历了发端、发展、深化三个阶段，每个阶段均出台了代表性的政策文件，对其进行梳理可以发现各阶段均有其突出特点。

（一）政策发端阶段（1998—2003）

这一阶段，随着“科教兴国”战略的实施，对人才的延揽与培养愈发显得重要与必要，“长江学者奖励计划”、《面向21世纪教育振兴行动计划》《新世纪百千万人才工程实施方案》成为这一时期颇具代表性的高校高层次人才发展政策，尤其是“长江学者奖励计划”可以说是拉开了新时期我国高校以超常规手段大力发展高层次创造性人才的序幕。

1998年8月，为落实“科教兴国”战略，延揽海内外中青年精英，培养造就高水平学科带头人，带动国家重点学科发展，教育部和李嘉诚基金会启动了“长江学者奖励计划”，该计划包括特聘教授岗位制度和长江学者成就奖两项内容，由获准设置相应岗位的高校面向国内外公开招聘造诣深、潜力大并能带领本学科赶超或保持国际先进水平的中青年杰出人才，任职期间取得重大成就的人员还可以获得“长江学者成就奖”。特聘教授岗位制度的实施，对于推动我国高校用人制度和分配制度改革起到了有力的促进作用。同年12月，教育部发布《面向21世纪教育振兴行动计划》，指出“高等学校要跟踪国际学术发展前沿，成为知识创新和高层次创造性人才培养的基地，要从国内外吸引一批能够领导本学科进入国际先进水平的优秀学术带头人，造就一批具有世界先进水平的中青年学术攻坚人才”，进一步将高层次人才队伍建设明确为国家未来教育的战略愿景。

2002 年，国家出台《新世纪百千万人才工程实施方案》，它成为世纪之交指导高校高层次人才队伍建设的重要指针。其中明确指出，到 2010 年培养造就数百名具有世界科技前沿水平的杰出科学家、工程技术专家和理论家；数千名具有国内领先水平，在各学科、各技术领域有较高学术技术造诣的带头人；数万名在各学科领域里成绩显著、起骨干作用、具有发展潜能的优秀年轻人才。该方案人选每两年选拔一次，每次选拔约 500 人。培养措施包括加大对人选的资助力度、鼓励和支持人选承担重大科研工作并赋予充分的科研自主权、支持人选开展国内外交流活动、加强人才群体建设等。该方案的出台有助于分层次、多渠道培养造就优秀的学术技术带头人，同时也对高校高层次人才队伍建设发挥了重要的导向和促进作用。

本阶段的政策特点是：第一，虽然这一时期高等教育为顺应“科教兴国”战略，已把人才超常规发展提至战略高度，开始关注具有一流水平、国际视野的高层次人才，但主要还是受国家人才战略的影响，高教系统内部相关政策仍不多见，发展滞后于现实需要。第二，政策内涵方面，仍有明显的局限性，最突出的就是与国家有关政策走向相似，所关注的高层次人才主要是科学技术类人才，缺乏对高等教育不同学科人才的关照，尤其缺乏对人文社科类高层次人才的关注；此外，对各学科顶尖人才重视不够，相关政策仍有较大拓展空间。第三，政策的可操作性不强，主要是国家层面的宏观战略安排，省级、校级更为细化的政策不多，甚至还是空白，一般性高校参与不多。

（二）政策发展阶段（2003—2009）

2003 年全国人才工作会议召开，会后印发的《中共中央、国务院关于进一步加强人才工作的决定》成为新的历史条件下加强人才工作的行动纲领，2007 年“人才强国”战略写入党的十七大报告和新党章，在这样有利的时代背景下，我国高校高层次人才在政策方面有了一个明显的跃升，典型的表现就是出台了“高层次创造性人才计划”“海外高层次人才引进计划”，调整了“长江学者奖励计划”。

2003 年 12 月，新中国历史上第一次全国人才工作会议隆重召开，胡锦涛总书记深刻阐述了科学人才观的内涵，明确提出要“大力开发人才资源，走人才强国之路”“以培养造就高层次人才带动整个人才队伍建设，促进各级各类人才协调发展”，总书记讲话及会后印发的《中共中央、国务院关于进一步加强人才工作的决定》为加强人才工作指明了方向。同年中央成立了人才工作协调小组，负责协调各部门力量，研究和解决人才工作中的重大问题，同时中组部也成立了人才工作局。2003 年成为我国高层次人才队伍建设新的起点。

高等教育领域随之进行了一系列制度设计和安排。先是在 2004 年出台《2003—2007 年教育振兴行动计划》（国发〔2004〕5 号），其中第八条指出要“加大实施‘高层次创造性人才计划’力度”，具体包括：以“长江学者奖励计划”和“高等学校创新团队计划”为重点，扶持创新团队建设，加大对中青年学科带头人和学术骨干的培养力度；利用国际国内两种人才资源，面向世界积极引进优秀拔尖人才；大力推进“人才强校”战略；积极营造更加有利的政策环境；探索人才组织新模式等。随后出台的《高等学校“高层次创造性人才计划”实施方案》是以上计划的进一步落实，其中将“高层次创造性人才计划”分为三个层次：第一层次着眼于吸引、遴选和造就一批具有国际领先水平的学科带头人，形成一批优秀创新团队，重点实施“长江学者和创新团队发展计划”；第二层次着眼于培养、支持一大批学术基础扎实、具有突出的创新能力和发展潜力的优秀学术带头人，重点实施“新世纪优秀人才支持计划”；第三层次着眼于培养数以万计的青年骨干教师，带动教师队伍整体素质的提升，主要由高校组织实施“青年骨干教师培养计划”。为推动上述工作，同时出台了《“长江学者和创新团队发展计划”长江学者聘任办法》《“长江学者和创新团队发展计划”创新团队支持办法》《“新世纪优秀人才支持计划”实施办法》《“青年骨干教师培养计划”实施办法》。

“长江学者奖励计划”始终是高教领域高层次人才队伍建设的政策重点。2004 年，为全面贯彻党的十六大精神和全国人才工作会议精神，深入实施“科教兴国”和“人才强国”战略，教育部对“长江学者奖励计划”进行了调整，新一轮计划将实施范围扩大到人文社会科学领域，增加了讲座教授数量，并更加重视发挥高校在长江学者岗位设置、遴选聘任等方面的主体作用，此外，还进一步强化了岗位与科技创新平台、重点研究基地的紧密结合，积极探索了“学科带头人＋创新团队”的人才组织新模式，努力实现了设岗、选人与做事的有机统一。2005 年教育部与李嘉诚基金会对“长江学者成就奖”实施办法又进行了调整，将奖励范围由内地高校扩大到港澳地区高校和中国科学院所属研究机构。

2007 年，“人才强国”战略写入党的十七大报告和新党章，进一步提升了高层次人才在党和国家战略布局中的地位。“海外高层次人才”成为随后十多年我国人才工作的着力点。2008 年 12 月，《中央人才工作协调小组关于实施海外高层次人才引进计划的意见》出台，标志着“海外高层次人才引进计划”即“千人计划”正式实施。为规范海外高层次人才的引进，随即颁布了《引进海外高层次人才暂行办法》。其后不久，中央人才工作协调小组又批准通过了《青年海外高层次人才引进工作细则》，“青年千人计划”项目正式启动。

本阶段的政策特点是：第一，在国家政策影响下，高教系统内部开始注重推出高层次人才发展政策，并且政策的体系化初露端倪。此阶段，一些省份的高教管理部门，特别是一些高校纷纷出台自身的高层次人才引进政策，高层次人才引进工作在高校开始步入快车道；第二，所关注的人才科类更加全面，人文社会科学领域人才开始受到重视，更加关注拔尖领军人才，海外高层次人才成为政策重点；第三，增强了政策的可操作性，不局限于仅提出宏观的战略要求，而是从人才的学科、年龄、工作方式、资助标准等方面开始提出具体的具有操作性的意见和建议；第四，不足之处主要是政策偏重于“引才”，但对于如何聚才、用才着墨不多。

（三）政策深化阶段（2010—2018）

该阶段，随着 2010 年全国人才工作会议和教育工作会议的召开，人才与教育方面两个规划纲要为新时期高校高层次人才工作创造了更为有利的条件，并且随着高等教育改革的深入进行，高校“双一流建设”又为高层次人才工作提供了新的契机。

2010 年两个规划纲要的发布成为高校高层次人才队伍建设的重要加速器。5 月，全国人才工作会议召开，它是我国“人才强国”战略的再提速，会上再次强调人才资源是第一资源，人才问题是关系党和国家事业的关键问题。会后，针对高层次人才依旧匮乏、人才创新创业能力不强等问题，出台了《国家中长期人才发展规划纲要（2010—2020）》，该纲要提出了“高端引领”的指导方针，强调要充分发挥高层次人才在经济社会发展和人才队伍建设中的引领作用。7 月，《国家中长期教育改革和发展规划纲要（2010—2020 年）》出台，其中明确提出要“充分发挥高校在国家创新体系中的重要作用，鼓励高校在知识创新、技术创新、国防科技创新和区域创新中作出贡献。大力开展自然科学、技术科学、哲学社会科学研究”。要做到这一点，高层次人才队伍建设应是第一要务。

这一时期，“长江学者奖励计划”进行了两次重大调整。2011 年，为贯彻落实上述规划纲要，培养集聚具有国际影响的学科领军人才，教育部决定实施新的“长江学者奖励计划”。新计划继续实施特聘教授、讲座教授项目，每年支持高校聘任 150 名特聘教授、50 名讲座教授，讲座教授人选主要面向海外知名大学教授，与“千人计划”形成衔接；特聘教授人选主要面向海外知名大学副教授，与“千人计划”形成梯队。按照西部大开发的战略部署和十七届六中全会提出建设文化强国的总体要求，新计划加大了对人文社科领域、中西部高校的支持力度。此外，新计划还增设了支撑服务专项，重点支持长江学者创新团队建设，举办“长江学者论坛”、出版“长江学者文集”、推荐“长江学者精品课程”，发挥长江学者在创新团队建设、人才培养、协同创新等方面的辐射带动作用。2018 年 9 月，“长江学者奖励计划”再次迎来重要调整。教育部发布《“长江学者奖励计划”管理办法》，同时废止了 2011 年的《“长江学者奖励计划”实施办法》，《管理办法》更为细化，长江学者评聘向改革倾斜、向一流倾斜、向西部和东北地区倾斜、向青年倾斜、向哲学社会科学倾斜的思想更加明确。同时明确提出，每年聘任特聘教授 150 名左右，聘期 5 年；讲座教授 50 名左右，聘期 3 年；青年学者 300 名左右，聘期 3 年。此外，还强调了从国内其他学校招聘长江学者需由候选人单位出具同意函、避免与其他同层次人才项目重复支持、形成政策合力等。“长江学者奖励计划”两次调整，更加明确高端人才定位，更加体现高校特点，更加注重发挥示范引领和辐射带动作用，有助于推动高校人才队伍整体素质的提升。

此间“双一流建设”成为促进高校高层次人才队伍建设的又一重大利好政策。2015 年，国家出台《统筹推进世界一流大学和一流学科建设总体方案》，指出要“深入实施人才强校战略，强化高层次人才的支撑引领作用，加快培养和引进一批活跃在国际学术前沿、满足国家重大战略需求的一流科学家、学科领军人物和创新团队，聚集世界优秀人才”。2017 年出台的《教育部 财政部 国家发展改革委关于印发〈统筹推进世界一流大学和一流学科建设实施办法（暂行）〉的通知》对以上精神又予以特别强调。

关于中西部高校高层次人才队伍建设此时已成政策重点。教育部、国家发改委、财政部关于印发《中西部高等教育振兴计划（2012—2020年）》的通知中，关于加强高层次人才队伍建设，特别提出要发挥高层次人才引领作用，建立优先支持政策机制。在“长江学者奖励计划”“创新团队发展计划”“新世纪优秀人才支持计划”等各项人才计划实施中，优先支持中西部高校。在推荐“千人计划”“国家高层次人才特殊支持计划”“青年拔尖人才支持计划”人选时向中西部高校倾斜。在“海外名师项目”中，重点支持中西部高校聘请一批具有国际一流水平的海外名师来校任教和合作科研。

这一阶段，高校高层次人才队伍建设开始出现不和谐音，随着高层次人才效益日益显现，高校人才竞争越发激烈甚至出现了无序竞争的乱象。为此，2014 年教育部发布《关于进一步加强和规范高校人才引进工作的若干意见》，《意见》针对部分高校在人才引进工作中存在的缺乏科学规划、片面追求数量、审核把关不严、程序不健全、机制不完善，以及少数高层次人才流动频繁、到岗不足、兼职过多等现象，要求建立集聚人才的体制机制。此外还提出要严格规范兼职兼薪行为，“千人计划”国家特聘专家、长江学者特聘教授等在同一时间内应只有一个全职工作岗位，不得兼职。《意见》支持高层次人才向中西部高校流动，要求东部高校不得到中西部高校招聘长江学者。2017 年，为了有效遏制高层次人才的无序流动，针对部属高校又下发了《教育部办公厅关于坚持正确导向促进高校高层次人才合理有序流动的通知》，提出了切实加强学校党委对人才工作的领导、坚持正确的人才流动导向、科学合理统筹人才薪酬待遇、认真落实规范管理要求、加强团结教育和引领服务、推进高校自律约束机制建设等一系列政策建议。

本阶段政策的特点是：第一，政策日渐体系化，各类高层次人才计划互相衔接、互为支撑，共同构建了国家高等教育领域高层次人才发展体系。如新的“长江学者奖励计划”作为国家重大人才工程的重要组成部分，与“海外高层次人才引进计划”“青年英才开发计划”等共同构成国家高层次人才培养支持体系。在高等教育领域，与创新团队发展计划、新世纪优秀人才支持计划等构成高校优秀拔尖人才培养支持体系；第二，政策内涵进一步丰富和完善，主要有以下变化：变“重引轻育”为“育引并举”，既注重对国内人才的培养，又积极吸引海外人才；由注重个人逐渐转向注重团队；人才流动性开始纳入政策范畴，高层次人才的合理有序流动成为政策重点；第三，注重发挥政策的导向作用，对于中西部地区给予了特别的关注。

三 优化我国高校高层次人才政策的几点思考

全面回顾以往政策之发展，归根结底是为了高校高层次人才政策今后之路能够更加科学和完善，总体上到目前为止，高校高层次人才政策与国家相关政策相伴相生，队伍建设走的是一条轰轰烈烈的偏外延式的发展道路，今后的建设之路更应该在内涵建设上下功夫，政策引领上主要应注意如下方面：

（一）教育行政主管部门应充分发挥政策主体作用，主动作为，结合大学特点引领高校进行高层次人才队伍建设

虽然高校高层次人才队伍建设是国家高层次人才队伍建设的有机组成部分，但这并不意味着国家推进高层次人才队伍建设的所有制度办法都可以直接应用于高校，这是因为高校作为一类特殊的社会公共组织，其高层次人才队伍建设既受人才发展一般规律的制约，也受高等教育基本职能以及学科发展规律的制约，所以必须有基于国家一般性政策之上的高校高层次人才队伍建设特殊性政策予以指导。

多年来这方面一直相对薄弱，回顾以往不难发现，教育主管部门多数时候缺乏事前的结合高校人才需求特点的相关指导意见或办法，往往是事后出台补救性政策措施，甚至非等打得不亦乐乎有人叫苦不迭、矛盾尽显的时候，补救性的政策方姗姗来迟，这显然是政策滞后的体现，监管缺失或监管不到位使得脆弱的学术生态雪上加霜。如近年来关于人才非正常流动的接二连三的意见和举措，在人才政策上缺乏应有的预见性、主动性与创造性，甚至略显被动，以至于有研究者认为我国高校的人才政策只是国家人才工程的附庸，其结果是高校的高层次人才队伍建设与社会其他领域人才队伍建设并无太大差异，深受学术管理资本主义倾向的影响，人才商品化特征明显，表面的繁荣背后隐藏着深深的危机，日益走向“唯论文、

唯职称、唯学历、唯奖项、唯项目”之怪圈并且越陷越深，日益偏离高校的基本职能与基本目标，甚至对高校原有的人才秩序造成负面冲击。

因此，教育行政管理部门应及时反思以往政策不及时的不足，直面人才竞争不断加剧时期的问题和困难，勇于担当，积极作为，结合形势变化出台相关指导性的政策措施，引领各高校基于自身特点，树立清晰的指导思想，加强顶层设计，从而减少工作的盲目性，确保其高层次人才队伍建设工作能够健康发展。

（二）教育主管部门应强化系统性思维，将高校领军型高层次人才工作视为一项长期的系统工程，强化政策的系统性、全面性、连续性

从高等教育的三大职能加以考察，其任何一方面都离不开高层次人才的有力支撑，出类拔萃的高层次人才始终是高校人才队伍建设的应有之义，国内外高校的成功实践都有力地证实了这一点，很难想象缺乏拔尖人才的高校能与一流、卓越划等号。基于高层次人才的不可或缺性以及稀缺性，为确保其一定的保有量，围绕它的政策保障必须具有系统性、全面性与连续性。

而目前我国高等教育高层次人才政策构成与该要求还有距离。主要问题在于：一是缺乏系统性考量。政策制定时顾眼前多顾长远少，顾局部多顾全体少，头痛医头脚痛医脚；二是缺乏全面性考量。政策缺乏统筹谋划，对不同类型高校需要的领军人才缺乏甄别，对不同类型人才缺乏政策整合；三是缺乏连续性考量。在人才战略已成为国家长期战略的大背景下，对高等教育领军人才建设缺乏历史的视角、发展的眼光。总之，就是政策带有明显的实用主义倾向。在这样的政策引领下，问题日渐突出，人才政绩观大行其道，一时间硝烟四起，各学校蜂拥而上争抢高端人才，纷纷开出不凡的价码，将有特殊社会价值的人才异化为商品，其中不乏不顾自身客观条件的盲动者，较少顾及人才与自身学科的契合度，这种情况带来的有时并不是人才与高校的“双赢”，有时甚至是两败俱伤，一边是高端人才因为脱离了有利的学术生态，学术生产力大大降低，另一边是学校花费了很高的代价却并未产生预想的效益。

基于以上问题，教育主管部门必须充分考虑新时代条件下大学对高端人才的不同诉求，统筹谋划，科学发展，积极吸取以往经验，注重政策的

系统性、全面性与连贯性，谨慎出台政策举措。要尽可能结合国家大的发展形势，如中国制造 2025、“一带一路”战略等做长远安排，而不是应景式的接二连三地出台政策而又一而再地予以否定，应是原有政策在新形势之下的深化和发展，要分层分类加以引导，对不同类型高校出台不同的高层次人才发展意见，要引导各校围绕学科发展展开系统思考，同时还应分阶段分步骤加以推进，切不可盲目冒进、以政策鼓励超常规发展，要树立政策的权威性，关注政策的影响力、号召力与推动力。

（三）教育主管部门在政策内涵建设上应增强政策理性，以人才实际效用以及可持续发展为导向，优化细化政策内容

政策鲜明的导向作用源自科学合理的内涵，政策内涵建设是政策制定的核心和关键。内涵符合管理部门的管理诉求，要义明确，就能起到正向的导向作用，政策内涵如果只突出了某些方面而忽视了另外一些本应关注的方面，或是模糊不清，都会大大影响政策效果。

从我国高校目前已有的系列高层次人才政策来看，政策内涵建设仍存在一定的问题，包括：理性不足、偏重表面化考量，内容宽泛、针对性不强，柔性不足刚性有余……等等，由此在导向性上引起了一定的偏差。具体而言，引人用人方式方面，主要是以外在的可量化的物质条件为主，政策内容过多关注了人才数量以及由量化指标约定的人才质量，其结果是“唯项目”“唯奖项”“唯职称”“唯学历”“唯论文”等风气愈演愈烈，极大地影响了原有的学术生态，甚至败坏了学校的风气。如果说引才政策存在一定不足，那么育才、用才则存在更大的不足，已有政策在这两方面均着墨不多，有些方面甚至尚未触及，如偏重有海外经历者忽视有实际才干的本土人才、“引”“ 培”机制存在冲突、对于引进的人才忽视其文化适应，等等。可见，无论是引才还是育才用才政策都有较大的提升空间。

鉴于以往存在的问题和不足，今后必须在强化政策理性上下功夫，应进一步以人力资源规划理论、人力资本投资风险理论、人力资本产权保障理论、激励理论等为支撑，瞄准高校特点，进一步强化政策内涵建设，以人才对高校发展的实际效用为政策的出发点和落脚点，从人才的可持续发展考虑，政策应切实覆盖引进、培养、激励与考核机制。引才方面，主要

是要完善引才机制及人才合理流动机制，包括：人才评审的国际化；注重人才与学科的契合度，根据学科布局引进人才；改变崇洋心理，对本土培养的高层次人才予以政策关注；规避柔性引才风险；聚焦人才合理流动，设计学校间的人才流动补偿机制，引领人才流动从资本主义回归学术本位；等等。育才、用才方面，主要是从政策层面引导建立健全人才的科学培养、科学考评以及可持续发展机制，包括：引导学校注重对自身优质生源的培育；注重人才梯队建设，注重重大原创性成果的团队效应；高校延揽高层次人才必须结合高等教育的基本使命，人才培养是高校的第一要务，高校的高层次人才政策应突出高校的特点，不应只关注人才的科研能力，还应关注其育才的功能，这一点在以往备受忽略。总之，传统的重外在、重眼前的人才政策必须尽快转向重实质、重长远，必须尽快转向对人才真正的知识生产力、育人能力的关注上来。

（四）强化政策评估环节，科学推进政策更替

政策评估就是依据一定的标准和方法，对政策方案规划、执行情况和政策效果及价值进行估计和评价的活动。在一项政策付诸实施之后，通常都需要对这项政策的执行情况和效果进行评估，以判断该项政策是应该继续还是需要调整，还是应该终结。政策评估将决定政策执行之后的基本走向，因而是整个政策过程的重要环节。

当人才战略成为国家的基本战略后，各层次人才政策频出，高等教育更是如此，并且作为社会拔尖创新人才重要的生产地与聚集地，高等教育领域更是出台了一系列高层次人才政策。然而政策内涵建设是否得当？是否与时代、社会以及学校发展相合拍？政策执行效果究竟如何？是有效提升了高层次人才发展的速度与质量还是效果不明显，抑或是有所阻碍？下一步政策走向又该发生哪些变化？等等事关政策质量的重要方面，从研究到实践均较为少见，这就说明整个政策过程还存在不小的缺失，不禁让人感觉有虎头蛇尾之嫌。政策评估因为具有检验政策运行效果、决定政策未来走向、合理配置政策资源、促进政策制定科学化等一系列作用，其必要性可想而知，高校高层次人才作为社会高层次人才的第一聚集地，其政策建设更是急需补上这一课，这是因为相关政策不仅是对具有非凡价值的人才的调配，也是对有限资源的调配，如果不能及时借助评估手段发现政策质量问题，需要付出的显性或隐性代价都是巨大的。如果不强化政策评

估，就可能强化以长官意志为主的经验式决策，这在某种程度上甚至是一种倒退。

综上，强化高等教育高层次人才政策评估环节迫在眉睫，需选取合适的评估标准、评估方法以及评估模式强化对已有政策的评估，科学推进政策更替，这是高等教育高层次人才政策深度发展、科学化发展的关键。

Review of High-level Talents Policies in Chinese Colleges and Universities from 1998 to 2018

Wang Ruomei

Abstract: High-level talents policies in Chinese colleges and universities from 1998 to 2018 have roughly undergone three different stages: the initiation, development and deepening stage, and each stage has its distinct characteristics. Although the overall policy shows a trend of deep development, there is still much room for improvement and optimization. This research argues that related policies and measures should be improved from the following aspects: the administrative department of education should give full play to the main role of policy and take the initiative to lead the development of high-level talent team in colleges and universities according to the characteristics of universities; educational authorities should promote the development of talent team with systematic thinking, and regard this work as a long-term systematic project, and strengthen the systematicness, comprehensiveness and continuity of policies; the rationality aspect in talent policies should be highlighted, and the content of these policies should be optimized and refined guided by the actual effectiveness and sustainable development of talents; emphasis also should be given to the evaluation of policy outcomes in order to promote policy replacement in a scientific way.

Key Words: high-level talents policies in Chinese colleges and universities, reflection, proposals

基于满意度调查的陕西省属高校教师薪酬体系改革研究*

李　蒙　李秉祥**

摘　要：教师薪酬满意度直接影响着高校教师工作积极性以及人才培养质量。本文以陕西省属高校作为研究对象，对不同类型的7所高校140位教师进行了问卷调查，结果分析发现，高校教师薪酬满意度普遍不高，存在结构欠合理、缺乏外部竞争力、公平感较差等现象；并选取XUT高校对不同专业学院教师的薪酬水平进行了统计分析，结果表明，同学院教师之间年度业绩绩效相差不显著，但不同专业学院之间的业绩绩效存在较大差异。为此，在借鉴国内外高校成功改革经验的基础上，提出了陕西省属高校薪酬体系改革的目标定位、原则与内容及其配套措施，以期不断优化教师薪酬体系，提升陕西省属高校的办学水平。

关键词：省属高校；教师薪酬；满意度；改革探索

一　引言

伴随着高校间竞争的日趋加剧，高校薪酬逐渐成为教师们关注的焦点，其不仅关系到教师个人的切身利益，也影响到教师的工作积极性及满

* 基金项目：教育部人文社会科学（工程科技人才培养研究）专项：基于产学研融合的工科教育师资队伍建设（立项编号17JDGC035）；陕西高等教育管理重大问题研究课题：陕西高校薪酬体系改革对策研究；西安理工大学教学研究项目：我校青年教师教学水平与实践能力的提升途径研究（立项编号xjy1758）。

** 李蒙，西安理工大学经济与管理学院工商管理专业2018级博士生。主要研究方向：财务管理与绩效考核。李秉祥，西安理工大学博士生导师，教授，主要研究方向：企业管理、会计学。

意度。因此，如何构建良好的薪酬体系，提高教师对薪酬的满意度，对于确保高校集聚和发挥人才优势，推动人才强校战略的顺利实施，具有重要意义。

新中国成立以来，我国高校分别在1956年、1985年、1993年、2006年进行了薪酬体系改革，1993年工资制度改革过程中开始探索激励薪酬的分配办法，改变以往高度集中管理的工资分配制度。2006年颁布的《事业单位工作人员收入分配制度改革方案》提出了建立符合事业单位特点、体现岗位绩效的高校薪酬分配原则。2016年为贯彻党的十八届五中全会和全国科技创新大会精神，教育部制定的《高等学校“十三五”科学和技术发展规划》中指出，支撑世界一流大学和一流学科建设；推进高校研究人员聘用制度改革，不断完善对高校科技创新的补偿机制，支持高校推进人事与薪酬机制改革，建立健全与科研人员岗位职责、工作业绩、实际贡献紧密相连的分配激励机制。2017年为深入贯彻落实党的十八大会议精神，教育部等五部委发布《关于深化高等教育领域简政放权放管结合优化服务改革的若干意见》，指出要“健全符合中国特色现代大学特点的薪酬分配制度，支持高校推进内部薪酬分配改革，加强高校绩效工资管理”。党的十九大报告明确提出“加快一流大学和一流学科建设，实现高等教育内涵式发展”，“要深化学校内部管理制度、人事薪酬制度、教学管理制度等方面的改革，而高水平教师队伍是教育改革的关键”。2018年1月20日，《中共中央 国务院关于全面深化新时代教师队伍建设改革的意见》正式印发，这是新中国成立以来第一次以党中央名义专门印发加强教师队伍建设的文件，旨在全面贯彻党的十九大精神，落实立德树人根本任务，建设党和人民满意的高素质专业化创新型教师队伍，培养德智体美全面发展的社会主义建设者和接班人。如何在国家政策指导及总量调控的基础上，构建既符合高校自身发展需要，又能充分发挥激励效果的教师绩效工资体系，实现高校人才队伍的相对稳定及合理流动，成为高校内外广泛关注并亟待解决的问题。为此，本文针对陕西省属高校内部“学科差异”及“考核统一”的特性，对陕西省属高校薪酬体系现状进行调研的基础上，发现了存在的不足，建议从理顺教师待遇与贡献之间的关系上，构建体现相对公平性的薪酬分配制度。与已有成果相比，本文对高校薪酬体系改革的探索体现了“按劳分配”和“按贡献分配”相结合的原则，有助于促进教师聘任制的深入实施，激发教职工的工作积极性和创造性，进而提高陕西省属高校办学的核心竞争力。

二　陕西省属高校教师薪酬满意度现状与成因分析

（一）陕西省属高校目前教师基本薪酬结构

当前陕西省属高校教师薪酬体系由岗位工资、薪级工资、绩效工资和津贴补贴四部分组成。其中，教师与其他专业技术人员岗位被划分为13个等级，不同等级岗位的工资标准不同；薪级工资按照标准被划分为65个等级，教师可以根据自身套改时的工作年限、任现职年限以及岗位职级，再结合每年度的考核结果，套入对应薪级；绩效薪酬代表对教师工作的激励程度，取决于论文业绩、科研业绩、教学业绩、博士后培养业绩、学科建设业绩；教师津贴主要分为基础津贴和奖励津贴，其中教师岗最高级别津贴系数是最低级别津贴系数的3.6倍，管理岗最高级别津贴系数是最低级别津贴系数的2.7倍，辅助系列专业技术岗最高级别津贴系数是最低级别津贴系数的1.7倍，工勤技能岗最高级别津贴系数是最低级别津贴系数的1.7倍。教师岗奖励津贴包括了课时酬金、科研酬金等内容，不同院校的单位课时与科研积分奖励标准有所不同。

（二）陕西省属高校教师薪酬满意度现状调查

为了进一步掌握陕西省属高校教师薪酬体系的现状，我们选取了省属不同类型7所高校的210名教师进行问卷调查（调查问卷见附件），每所高校发放30人共计发放问卷210份，回收问卷149份，有效问卷140份，有效回收率66.7%。样本特征详见表1。

表1　被调查教师基本情况

指标＼样本		全样本		理科		工科		文科	
		频数	比重（%）	频数	比重（%）	频数	比重（%）	频数	比重（%）
性别	男	102	72.9	10	71.4	68	79.1	24	60.0
	女	38	27.1	4	28.6	18	20.9	16	40.0

（续表）

指标 \ 样本		全样本		理科		工科		文科	
		频数	比重（%）	频数	比重（%）	频数	比重（%）	频数	比重（%）
年龄	30 岁及以下	10	7.1	2	14.3	4	4.7	4	10.0
	31—40 岁	72	51.4	10	71.4	44	51.2	18	45.0
	41—50 岁	32	22.9	0	0	24	27.9	8	20.0
	50 岁以上	26	18.6	2	14.3	14	16.3	10	25.0
最高学历	博士	98	70.0	12	85.7	64	74.4	22	55.0
	硕士	34	24.3	2	14.3	16	18.6	16	40.0
	学士	8	5.7	0	0	6	7.0	2	5.0
教龄	5 年及以下	36	25.7	6	42.8	24	27.9	6	15.0
	6—10 年	28	20.0	4	28.6	18	20.9	6	15.0
	11—15 年	34	24.3	2	14.3	16	18.6	16	40.0
	16—20 年	12	8.6	0	0	12	14.0	0	0
	20 年及以上	30	21.4	2	14.3	16	18.6	12	30.0
职称	教授	22	15.7	4	28.6	10	11.6	8	20.0
	副教授	56	40.0	0	0	42	48.8	14	35.0
	讲师	60	42.9	8	57.1	34	39.6	18	45.0
	助教	2	1.4	2	14.3	0	0	0	0
行政职务	正处及以上	4	2.8	0	0	0	0	4	10.0
	副处	12	8.6	0	0	8	9.3	4	10.0
	正科	14	10.0	0	0	10	11.6	4	10.0
	副科	8	5.7	2	14.3	4	4.7	2	5.0
	无	102	72.9	12	85.7	64	74.4	26	65.0
工作类型	教学型	12	8.6	2	14.3	8	9.3	2	5.0
	教学为主型	28	20.0	2	14.3	14	16.3	12	30.0
	教学科研型	94	67.1	10	71.4	60	69.7	24	60.0
	不清楚	6	4.3	0	0	4	4.7	2	5.0

通过调查发现，陕西省属高校教师对薪酬满意度整体状况不容乐观。主要体现在整体收入、回报感知、薪酬结构方面存在不满意。首先，基本工资和岗位工资作为教师薪酬体系中的权重项，直接影响着教师的总收入。调查

数据显示有51%的教师认为基本工资占比偏低；其次，相较于工作付出，受访教师对薪酬整体回报率的评价不高，受访者中年收入普遍集中在5万元—15万元，相较期望年收入10万元—20万元还存在较大差距（见图1）。

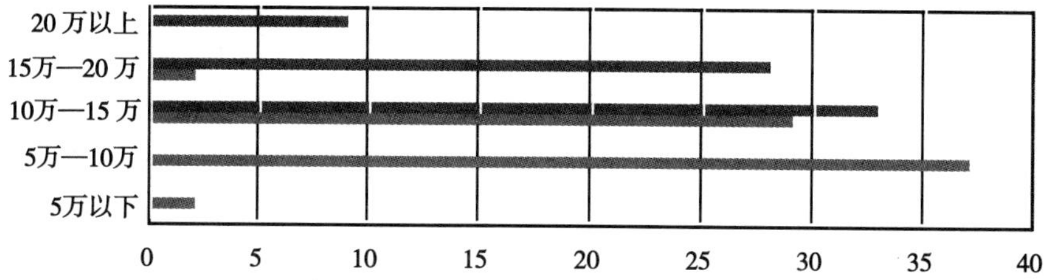

	5万以下	5万—10万	10万—15万	15万—20万	20万以上
■期望年收入	0	0	33	28	9
■目前年收入	2	37	29	2	0

图1　陕西高校教师目前的年收入和期望年收入的对比

受访者中有超过半数（54.3%）教师认为，首先现行薪酬体系不合理；其次是薪酬结构不合理，学科之间不公平和外部缺乏竞争力，还有少部分教师认为薪酬体系与核算方法过于复杂；再次，认同度较高的是不合理的薪酬体系是造成人才流失的主要原因。

课题组还以XUT高校为样本对同一高校内部不同专业院系教师薪酬存在差异进行了调查。数据统计结果（见表2）显示：首先，同学院各年业绩分相差不大，但同一年度不同学院的业绩分却差异较大。其中水利水电学院绩效总分一直处于学校最高水平，其次是自动化与信息工程学院，而人文与外国语学院、马克思主义学院、艺术与设计学院均处于较低水平。学院之间业绩分差距的拉大，可能会影响到不同学院之间薪酬的公平性，进而会影响教师工作的积极性。

表2　2016—2018年各学院业绩分及其占比

学院	2016年业绩分	2017年业绩分	2018年业绩分	2016年学院占比（%）	2017年学院占比（%）	2018年学院占比（%）
材料与科学工程学院	35810	38397	35780	13.33	14.13	12.47
机械与精密仪器工程	32778	30861	36490	12.20	11.35	12.72
计算机科学与工程	15495	13585	15232	5.77	5.00	5.31
经济与管理学院	20631	14329	20397	7.68	5.27	7.11

（续表）

学院	2016 年业绩分	2017 年业绩分	2018 年业绩分	2016 年学院占比（%）	2017 年学院占比（%）	2018 年学院占比（%）
理学院	25619	20937	16901	9.53	7.70	5.89
人文与外国语学院	2350	2274	2682	0.87	0.84	0.93
水利水电学院	51305	54601	61656	19.09	20.09	21.49
马克思主义学院	1699	3287	4241	0.63	1.21	1.48
土木建筑工程学院	24051	21902	24853	8.95	8.06	8.66
艺术与设计学院	4077	2084	3677	1.52	0.77	1.28
印刷包装工程学院	10665	14294	8747	3.97	5.26	3.05
自动化与信息工程	44250	55315	56259	16.47	20.35	19.61
合计	268730	271866	286915	100	100	100

其次，2017 年所有学院科研业绩平均分与 2016、2018 年差异较大，主要与当年加大科研成果奖励办法出台有关，而其他业绩均变化不大（见表 3）。

表 3　　XUT 学校 2016—2018 年教师各类业绩平均得分

业绩	2016 年业绩平均分	2017 年业绩平均分	2018 年业绩平均分
论文	63.65	67.47	74.38
科研	137.20	136.07	232.10
教学	15.54	11.42	9.82
博士后培养	1.56	0.77	1.72
学科建设	3.64	4.76	1.73

比较可以发现，在理工类高校中工科院系总体业绩分明显偏高，而文科类院系总体业绩分较低；通过结构对比发现，教师科研、论文业绩分明显偏高，而教学、博士后培养、学科建设业绩分严重偏低。由此分析可知，工科高校的薪酬体系不适合文理院系协调发展，重科研偏教学的现象比较严重。

三 陕西省属高校教师薪酬体系存在的主要问题及其成因

（一）存在的主要问题

根据问卷调查及数据分析可看出，目前陕西省属高校教师薪酬体系存在的突出问题表现在三个方面：第一，薪酬结构不合理，表现在：1. 业绩占比失衡，其中科研占比最大，其次是发表论文业绩分较大；而教学、博士后培养以及学科建设等占比不到前两者的七分之一，且教学占比呈现逐年下降趋势，这种重科研而轻教学现象，有悖于教学科研均衡发展的宗旨；2. 不同学科之间存在的不公平性，表现为教师绩效量化考核未能兼顾学科上的差异性，同一高校的不同院系之间，业绩得分相差悬殊，这有悖于公平性原则；3. 激励机制弱化，由于缺乏一定的风险补偿和长期激励机制，教师行为出现短期性和功利性，甚至学术腐败等现象时有发生。第二，教师基本工资占比偏低，且基本工资远低于其他行业水平。贡献大、报酬低，薪酬与其自身的价值严重不符已使陕西部分省属高校教师产生了较强的不公平感。第三，与薪酬配套的绩效考核不够完善。目前评价体系仍采取传统自上而下的设计原则，实施评价时往往对教师进行分等级评价，采取短期的、周期性的量化奖惩性评价指标，评价内容注重教师共性，不仅忽略教师个性化需求，而且很容易导致消极的短期行为，不利于教师的可持续发展。加之存在学生认知上的局限性、评教的强制性、形式性使得评教结果存在失真现象，也影响了评价结果的科学性与公平性。

（二）存在问题的成因分析

陕西省属高校教师薪酬分配之所以存在上述问题，主要原因在于学校受各种“指挥棒”牵制而导致的教师考核体系不完善。首先，大学的主要职能是培养人才、科学研究、社会服务，这在高等教育领域已基本形成共识。但是现代大学在践行这三大职能过程中，孰为核心、孰为本原，则一直困扰许多地方高校的发展定位，因为大学职能的变化会导致办学模式的变化。大学作为高等教育机构，首要任务就是“立德树人”，教育虽然与政治、经济、文化、社会、生态文明建设等各方面都有密切联系，但教育的社会功能是通过人才培养来实现的，大学开展科学研究和社会服务，有别于专门科研机构，目的也是在育人。总之大学一切工作的根本任务都是为了培养人才。但目前地方高校大多受制于各种国内外的高校“排行榜”，而这些榜单往往偏重于显性科研成果作为评价指标，地方政府在对高校的财政经费等办学资源要素分配时将“高校排名”和对地方经济社会服务作为重要依据，这些“指挥棒”使得许多地方高校办学目标定位发生偏移，与此相应形成了教师岗位的评价考核与薪酬体系；此外，随着高校教学工作的核心地位被不断弱化，立德树人的根本使命被片面强调为直接的经济利益服务，于是形成了按照行政管理的思维进行学术管理，按照经济发展的方式追求办学效益，出现教师绩效考核评价周期短，显性业绩考核指标多。除教学任务以外，还包含科研项目经费、论文发表、出版专著、获取专利、成果奖励等。缺乏思考怎样才能确保科研水平与教学水平均衡发展；怎么才能达到科研成果数量与质量的同步提高。

四　国内外典型高校教师薪酬激励的成功经验借鉴

（一）国外典型高校的成功经验

在国际一流大学中，西方发达国家的高校占多数。我们选取具有代表性美国、德国和日本高校教师薪酬体系在薪酬目标、薪酬水平、薪酬增长机制、薪酬管理和福利计划等方面进行对比，发现各有如下优点：

1. 美国高校薪酬管理高度市场化，突出竞争性与公平性。柯文进和姜金秋通过分析斯坦福大学、麻省理工学院等美国一流大学的薪酬理念，发现其薪酬分配设计以绩效为导向并强调公平性，薪酬水平设计突出竞争性，薪酬内容设计呈现综合性。其中最为突出的是利用市场作用，采用签约薪酬制，不仅能够强调绩效，而且注重多元分配方式，增强了教师之间的竞争性①。这些理念和发展思路对我国高校教师工资改革具有现实意义。

① 柯文进、姜金秋：《世界一流大学的薪酬体系特征及启示——以美国 5 所一流大学为例》，《中国高教研究》2014 年第 5 期。

2. 德国高校薪酬管理体制横纵结合，注重与绩效相挂钩的浮动工资。苗晓丹以德国现行高校教师薪酬制度为背景，对德国高校教师薪酬制度基础、薪酬晋级制度、薪酬结构进行分析，尤其是对薪酬结构下的浮动工资展开解析，发现高校对招聘及挽留补贴和业绩补贴的分配比例可以灵活控制。其中一般业绩补贴比例在薪酬中占比在 20%至 60%之间，业绩补贴按阶梯分档分配，定期申报，并且补贴差额固定并随经济发展而调节①。这种基于业绩的绩效薪酬制度，不仅为教师的教研工作提供了固定的薪酬保障，而且兼顾了公平与效率统一的分配原则。

3. 日本高校薪酬管理体系中，建立薪酬中轴线与有序薪酬制度，竞争同时兼顾公平。张荆课题组通过对一桥大学、中央大学、独协大学等高校教师进行个案访谈，研究发现日本大力推行国立公立大学法人化，其最大特点就是扩大校长自主权，提升学校的自我裁量权和自身造血功能，减轻政府负担。设立薪酬中轴线与有序薪酬制度，即以企业职工的平均收入为中轴线规范其他行业的收入水平，比如，国家公务员系列高出中轴线 20%—40%，大学教师高出公务员薪酬的 20%—40%。在行业和部门内部的最高收入者不得高于单位平均收入线 2—2.5 倍②，以保障薪酬制度的竞争与公平的平衡。

"异中有同，同中有异"的内在联系是学习和借鉴的基础。世界各国高校薪酬体系都结合了各自的政治体制和市场环境，如德国、日本等国家视高等教育为公共产品，政府深度干预高等教育的发展和运行。与之相对应，美国等国家视高等教育为准公共产品，实行高校自主聘用教师制度，更趋于市场化③，但各国的高校薪酬体系的共性都是体现公平与绩效的统一④。因此，结合我国高等教育体制机制，陕西省属高校可以借鉴美国高校经验，提高大学教师薪酬相对其他行业的外部竞争力；借鉴德国经验科学合理把握薪酬中固定部分与浮动部分比例关系，做到科研能力与教学业

---

① 苗晓丹：《德国高校教师薪酬制度及其特征分析》，《外国教育研究》2016 年第 8 期。

② 张荆：《日本高校体制及薪酬制度的研究与思考》，《北京联合大学学报》（人文社会科学版）2014 年第 1 期。

③ 叶磊：《现代日本大学的教师人事制度改革——以任期制和薪酬制改革为中心》，《江苏高教》2019 年第 4 期。

④ 胡耀宗、张莹：《我国高校教师薪酬研究的主题及其演进——基于 CSSCI 文献的可视化分析》，《江苏高教》2019 年第 2 期。

绩并重。在固定薪酬部分可借鉴日本的薪酬中轴线制度来保障基本教学业绩考核、教学质量评估等与之对应；对浮动薪酬部分，可侧重考察教学质量、额外教学工作量，教学创新活动等。

（二）国内高校的成功做法与经验

我国在改革长期以职位和资历为中心的高校教师薪酬体系后，转向了更加注重效率，充分考虑不同岗位、不同人员对实现高校发展目标贡献的薪酬模式，探索多种教师薪酬激励方式，不断激发教师潜能。国内高校教师薪酬体系典型的有：

1. 构建市场竞争力的薪酬体系。根据国家统计局《2018 年联网直报平台企业不同岗位平均工资情况》，统计数据，高校普通教师（以科研或教学为主，未担任领导职位）与同学历、资历的从事信息传输、软件和信息技术服务业人员相比，高校教师年收入只有上述人员的 42.6%[①]，致使教师薪酬待遇与其个人前期投入和个人价值不匹配，人才流失严重。为吸引高层次人才，许多高校为教师提供具有市场竞争力的工资和福利待遇。以西安交通大学为例，首先对新招聘人才讲师薪酬为 12 万元/年，副教授薪酬为 18 万元/年；引进人才子女入学、医疗、养老及住房公积金等福利享受教职工同等待遇；可租住学校过渡房或享受租房补贴。同时学校为新招聘讲师提供一次性安家费 3 万元、副教授 6 万元。其次，经本人申请，学校组织专家审核，为自然科学类讲师提供科研启动费 10 万元、副教授 15 万元；为人文社会科学类讲师提供 4 万元、副教授 6 万元的科研启动费。对于入选各类人才称号的新教师实行特别年薪制和相应的福利待遇，近几年人才引进取得突出成效。

2. 考核体系体现学科及岗位差异。许多高校在对教师学术成果进行考核时，考察标准单一，未能考虑不同学科与岗位之间差异性。如工科高校多以发表在 SCI 核心期刊数目作为考核教师科研的重要指标，但 SCI 核心期刊多以自然科学成果为主，社会科学研究领域的教师很难达到其要求。为此，浙江大学对教师岗位进行分类管理，按照“教学科研并重”“研究型”“教学型”“社会服务与技术推广岗”和“团队科研/教学岗”

① 国家统计局：《2018 年联网直报平台企业不同岗位平均工资情况》，http：//www.stats.gov.cn/tjsj/zxfb./201905/t20190527，2019-5-27。

划分为五个类别，针对岗位特点采取相应的考核办法取得了良好效果。

3. 改变“重科研、轻教学”的陈习。为平衡科研与教学二者之间关系，山东大学把职称晋升和教师分类改革结合起来，教师晋升首先必须通过“教学答辩”考核；对于教学为主型教师职称晋升设立专门通道等措施，逐渐扭转了教师“重科研、轻教学”倾向。中南大学强化教授、副教授上讲台制度，明确规定晋升副教授及以上职称和岗位分级的条件之一就是必须完成规定的本科教学任务，对此环节实行一票否决，对未完成此要求的教师，扣减相应岗位津贴。通过近几年实践对于优化教学与科研协调发展起到推动作用。

4. 破除“重数量、轻质量”的积弊。为解决不满足刚性学术要求但具备较强学术能力的教师提供职称晋升通道。复旦大学创建并完善代表性成果评价机制，通过建立校外专家库和完善回避制度，选聘评审专家进行评审，对同行评议设置“学术活力”“学术贡献”和“学术影响力”等二级指标，以确保学术评价的合理与科学性。代表性成果评价机制有效地解决了以往学术评价中存在的唯数量化、形式化、行政化等问题。

5. “非升即走”竞争淘汰机制。“非升即走”淘汰机制起源于大型企业的员工管理经验，能够对员工产生有效的约束和激励。20 世纪 40 年代北美部分高校借鉴企业管理经验，对高校教师实行“非升即走”管理制度，90 年代后期逐步被我国国内知名大学引入，如清华大学、北京大学、同济大学等先后采用，经过近二十年发展已逐步与我国国情相结合走向成熟，目前已推广到深圳大学、汕头大学等沿海发达地区的部分高校。这些激励制度加剧了人才双向流动的速度，拓宽了优秀人才发展空间，对于推动我国目前“双一流”大学建设目标发挥着巨大作用。

五　陕西省属高校教师薪酬体系改革目标定位与内容

通过对陕西省属高校教师薪酬体系满意度调查结果分析，我们建议借鉴国内外典型高校教师薪酬激励的成功经验，来确定陕西省属高校教师薪酬体系改革的目标定位与原则。

（一）改革的目标定位

通过以上分析，本文认为陕西省属高校教师薪酬体系改革的目标定位是：（1）提升教师薪酬的外部竞争性。可通过对所在区域进行市场调查，制定一个具有外部竞争力的薪酬标准和结构，来吸引并留住优秀教师，并重视其能力和绩效的不断提高，实现可持续发展。（2）增强教师薪酬的内部公平性。这就要求学校内部不同专业院系相同或相似职位的教师之间薪酬水平对比必须具有公平性；学校需要根据教师能力、技术等自身所体现的劳动价值来公平地支付等价的工资，从而使得教师认可学校的薪酬体系，同时认可学校在薪酬体系上的公平性，进而才能对教师产生相应的激励作用。

（二）改革的原则

应体现：（1）合法性原则。在设计薪酬体系时，要遵守国家的各项法律法规，注意维护教职工的合法权益，如《中华人民共和国劳动法》《陕西省调整事业单位工作人员基本工资标准实施办法》等。（2）激励性原则。应根据高校教师的高学历、高职称、高投入等特点，在设计薪酬体系时应体现提升教师教学的积极性、主动性和科研能力的创造性，在公平性原则的基础上根据职务、等级、岗位、科研业绩等因素综合制定科学的薪酬水平，能够拉开收入间距，形成教师之间的良性竞争。（3）效率优先原则。科学合理的薪酬体系应体现“绩效优先、兼顾公平”的原则。目前高校中普遍存在着教育资源浪费与优质教学、科研资源流失问题。高校可在薪酬体系的设计上，遵循以人为本的理念，加大成本控制力度，按照效率优先原则，使得学校在教学质量和办学层次上不断提升。（4）公平性原则。公平感有利于提升教师的工作热情以及工作效率。坚持依法治校，结合学校实际情况制定相关规章制度，体现分配制度的合理性，必须破除平均主义，增强能力与薪酬匹配的公平感。

（三）陕西省属高校教师薪酬体系改革内容

依据陕西省属高校教师薪酬体系改革的目标定位与原则，结合基于满意度调查所发现的不足，从实际情况出发提出如下改革内容：

1. 缩小学科差异，实现内部公平。①学校在绩效评价体系中引入相对权重，体现学科差异性。在对不同学科教师进行绩效评价时，可采取科学赋权方法。如在评价各学科的科研成果时，需要考虑各学科间在进行科研创造过程以及产生科研成果的难易程度，按照合理性原则，在各学科内创造一个科学评价体系，也就是说给不同学科院系的科研成果根据评价标准分别赋予不同比重。即使同一学科内不同研究方向之间也存在较大差异性，传统性学科出成果较难，而新兴交叉学科则比较容易；从差异性角度考虑，给不同方向研究成果赋予合理权重来协调学科及方向上的差异性。②引入同行专家评价制度，替代成果指标性考核。逐步建立“代表性成果”评价机制，在科研评价中突出水平与贡献，打破科研成果评价“数量化”倾向，由重数量指标向重质量水平的转变，推动科研创新由外延发展到内涵发展转变，引导教师回归教学，潜心前沿领域研究。

2. 探索分类付酬方式。美国马里兰大学 David P. LePak 教授将人力资源分为四类，不同类型的人力资源具有其典型特征，因此对于不同类型人力资源应当采取不同薪酬管理模式①。按照人力资源在组织中所带来价值的高低与相对的独特性，可将人力资源划分为“核心”“辅助”“普通”“特殊”型四类（如图 2 所示）。

对于陕西省属高校教师而言：①核心人力资源即高层次教学科研人员，应当保证这类人才薪酬明显高于区域内各行业的市场平均水平；同时，对于资深教授可实行终身制，提供较为稳定的薪资待遇，鼓励其静心于教学科研和社会服务工作。②通用人力资源通常包括校内的大量普通教学科研人员，对于这类人员的薪酬水平设计应当注重效率，根据绩效水平设计相应合理薪酬。③辅助人力资源在高校则体现为后勤、教学辅助等管理人员，薪酬水平的设计主要是以协议工资或合同工资为主。④特殊人力资源通常指学校专门聘请的非全职高级人才，对这类特殊人才的管理通常采用人事代理或者项目团队方式，薪酬设计一般比较灵活。

3. 尝试弹性考核周期与延期支付的灵活运用。首先，学术成果评价具有滞后性特点，而目前陕西省属高校大多实施 3 年制聘期。该模式不利于高校科学地评价科研成果的应用情况，更不利于重大科研成果的产出。为了鼓励教师能够开展高层次的科研项目，而不是致力于重复性研究工

① Lepak, D. P., & Snell, S. A. The human resource architecture: Toward a theory of human capital allocation and development. *Academy of Management Review*, 1999 (24): 31-48.

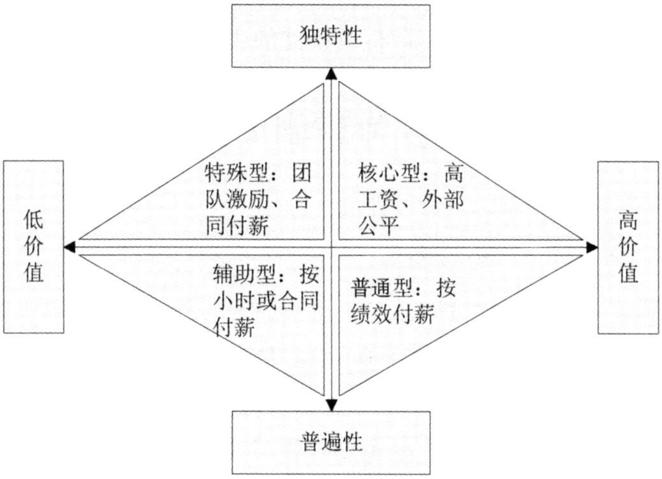

图 2　人力资本管理混合模型

作，对教师采用较长聘期或者弹性制聘期，更有利于高水平科研项目的研发与应用；而由于课程建设周期相对较短，对于以教学为主的教师应当视情况而定，聘任考核周期相对较短；对于从事基础研究以及重大科研项目的岗位，可以相对延长考核期限。其次，建立弹性考核周期，激发教师创造力。对于工作时间较长的教师可以在两个聘期内完成一项标志性科研成果等；但对部分聘期考核不合格者，可考虑延期支付一定比例的岗位津贴来鼓励教师重视科研成果质量。总之弹性考核加延期薪酬分配制度，既有利于长线项目得到相应支持，又可以利用延期薪酬制度激发教师的科研、工作动力。

4. 在学术上实行择优汰劣。考核“量化”只是手段而非目的，针对副教授及以下职称的教师，应当将同一类型岗位上的教师拥有的科研成果进行横向对比，按照研究成果的相对业绩比较法进行排序，对处于学术生涯早期的年轻教师建立竞争淘汰制度。同时应当注重教师在聘期内的典型代表作品，结合引用率和影响因子，将定性与定量结合，以质量重于数量的原则综合评价，使青年教师处在有科研动力的年龄时能有充足的时间进行深入的研究性工作，对于无法达到岗位要求的，进行早期淘汰，有利于教师未来职业的发展。

5. 对特殊人才的薪酬实施“特岗特聘”“一人一议”。对关系到学校发展的领军人才、有潜力人才、青年才俊等可以设置不同水平的年薪制岗位，营造宽松和谐的科研氛围和容错创新的体制机制，解决特殊人才的后顾之忧，支持其十年磨一剑，取得原创性的成果。

六 陕西省属高校教师薪酬体系改革的保障措施

（一）领导推动是关键

薪酬体系改革方案实施不单是人事部门的核心工作，更需学校高层领导的推动与落实。可成立专门领导小组来负责实施薪酬体系管理工作，以保证薪酬改革工作的顺利推进。由主管校领导担任组长，各学院院长配合，推选教师代表参与，人事处主要负责日常薪酬管理工作，具体包含：思想动员，收集、整理各个职能部门教职工的建议，然后将信息传递给领导小组以满足其决策需要，为薪酬体系改革方案的不断完善做好保障。在实施薪酬改革方案过程中，学校领导应各司其职、分工合作，做好优化教师岗位、调整学科差异和绩效考核等系列工作，克服薪酬改革过程中的阻力，强化员工认同感。

（二）观念转变是重点

首先，在思想上学校要注重思想宣传工作，让教师充分了解现代薪酬体系设计理念。通过分析讨论学校当前面临的问题，增强教职工危机意识，使其认识到薪酬体系改革的重要性和迫切性；其次，在行动上围绕学校薪酬体系改革理念、考核机制和学校未来发展规划等主线开展宣讲，力求做到薪酬体系透明化，减少对改革的抵触情绪，提升教师参与度。

（三）制度建设是保障

薪酬体系改革需要强有力的制度保障。首先，针对陕西省属高校目前存在的突出问题，教师薪酬体系改革势在必行，要把重视教师自身贡献深入到绩效工资理念之中，贯彻落实教师绩效和薪酬挂钩，以达到优绩优酬的目的。其次，针对目前出现的“重科研，轻教学”现象，应以完善薪酬分配制度的导向作用，科学合理地平衡教学、科研和社会服务的各个方面，实现教育回归本质、回归自然的目标。再者，根据学科和岗位特点制定分类分层考核标准，并使之制度化。

Research on the Remuneration System Reform of teachers in Universities and Colleges in Shaanxi Province Based on Satisfaction Survey

Li Meng Li Bingxiang

Abstract: University teachers' salary satisfaction has a direct impact on the enthusiasm of teachers and the quality of personnel training. Based on the survey of 140 teachers from 7 different colleges and universities in Shaanxi provincial colleges, the results show that university teachers' salary satisfaction is generally not high; it is found that the structure of remuneration system without enough external competitiveness is unreasonable and teacher's sense of fairness is poor. The salary levels of teachers in different colleges in XUT universities are analyzed and the results show that there is no significant difference in annual performance between teachers of the same colleges, but there is a big difference between different colleges. Therefore, on the basis of the analysis of successful experiences of universities at home and abroad, this paper puts forward the target orientation, principles and contents and supporting measures for the reform of remuneration system in universities and colleges in order to optimize the system and improve the management of universities.

Key words: provincial universities, remuneration system of teachers, degree of satisfaction, reform and exploration

附件：陕西高校教师薪酬满意度调查问卷

尊敬的各位老师：

您好！非常感谢您在百忙之中抽出时间配合这项调查。为更加客观地推进陕西高校薪酬体系优化，现对各学院教师展开薪酬满意度调查。

您根据真实情况如实填写，我们将采用匿名方式，对您提供的信息严格保密。本次调查资料仅为学术之用，对您的大力支持，我们深表感谢！(只需在选项后的“□”内画“√”即可)

一、您的基本情况				
1. 您的性别：				
□男	□女			
2. 您的年龄：				
□30岁及以下	□ 31—40岁	□ 41—50岁	□ 50岁以上	
3. 您的最高学历：				
□博士	□硕士	□学士	其他_____	
4. 您的教龄：				
□5年及以下	□6—10年	□11—15年	□16—20年	□20年及以上
5. 您的职称：				
□教授	□副教授	□讲师	□助教	
6. 您的行政职务：				
□正处及以上	□副处	□正科	□副科	□无
7. 您所从事的工作类型：				
□教学型	□教学为主型	□教学科研型	□不清楚	
8. 您所属的学院：				
□印刷包装与数字媒体学院	□机械与精密仪器工程学院	□理学院	□艺术与设计学院	
□材料科学与工程学院	□计算机科学与工程学院	□经济与管理学院		
□水利水电学院	□自动化与信息工程学院	□人文与外国语学院		
□土木建筑工程学院	□信息技术与装备工程学院	□马克思主义学院		
9. 你所在的具体学科是___________				
二、薪酬总体满意度				

续表

10. 您对陕西高校薪酬体系的总体感受是：				
□非常合理，有利于吸引优秀人才 □合理，能吸引优秀人才 □不清楚 □不合理，可能产生优秀人才流失 □非常不合理，会产生优秀人才流失				
11. 您认为陕西高校薪酬体系可能存在的不合理之处有（可多选）：				
□薪酬水平偏低	□内部学科间的不公平	□薪酬计算方法复杂		
□薪酬结构不合理	□外部缺乏竞争力	□其他________		
12. 您对陕西高校薪酬结构中不满意的有（可多选）：				
□基本工资	□岗位津贴	□业绩津贴	□福利	□其他______
13. 陕西高校教师基本工资与绩效工资（岗位津贴 & 业绩津贴）比例约为 2：7，您认为其中：				
□基本工资占比偏低	□基本工资占比偏高	□绩效工资占比偏低	□绩效工资占比偏高	
□二者比例合适	□不清楚			
14. 若提高教师薪酬，您认为最应该提高：				
□基本工资	□岗位津贴	□业绩津贴	□福利	□其他______
15. 与您的付出相比，您认为您的薪酬：（满意）				
□非常满意	□较满意	□不确定	□不满意	□非常不满意
16. 您目前的校内年收入：				
□5 万以下	□5—10 万	□10—15 万	□15—20 万	□20 万以上
17. 您期望的校内年收入：				
□5 万以下	□5—10 万	□10—15 万	□15—20 万	□20 万以上
三、绩效薪酬满意度				
18. 您认为陕西高校教师绩效工资的公平性如何：				
□非常公平	□较公平	□不确定	□不太公平	□非常不公平
19. 您认为绩效工资的内部不公平可能体现在（可多选）：				
□绩效考核指标量化未充分考虑学科差异 □绩效考核指标量化未充分考虑教师的实际情况 □本学科发表论文被三大索引收录难度很高 □不同学科间绩效收入差距过大 □其他______				
20. 您认为陕西高校教师的绩效考核：				
□偏重教学	□偏重科研	□教研二者比例合适	□不清楚	

续表

21. 您的聘期绩效考核目标值：				
□根本无法完成	□很难完成	□不确定	□应该能完成	□轻松完成
22. 您认为陕西高校教师绩效工资的计算方式：				
□合理、简洁、易懂	□较合理、较清晰	□不清楚	□有些烦琐	□不合理且复杂难懂
23. 您认为陕西高校教师绩效量化考核是否体现学科差异：				
□充分体现	□体现较多	□不清楚	□体现不够	□几乎未体现
24. 您认为陕西高校教师绩效是否应该体现学科差异：				
□应该体现	□不应该体现	□不了解		
25. 您认为应从哪些方面体现绩效工资的学科差异（可多选）：				
□符合本学院教学实际的绩效积分目标值 □符合本学院科研实际的绩效积分目标值 □本学院可根据自身实际适当调整考核指标及分值 □同一考核指标根据不同学科完成难易程度设置不同权重 □其他________				

再次感谢您的配合！

新时代法律硕士专业学位研究生教育改革发展对策研究

张学龙*

摘　要：全国实施法律硕士专业学位研究生教育二十余年来，培养了大批法律实务人才，但是与培养高层次、复合型、应用型、专门型法治人才的设置初衷相比，在实践中还存在着诸多问题。本文旨在分析问题的基础上提出改革思路，主要包括：成立实体性学院开展专业学位研究生教育及管理工作；专业学位研究生学制统一为至少三年制；单独设置专业学位研究生评价标准体系；弱化专业方向，培养法治人才；丰富实践教学活动，拓宽实务训练范围等。

关键词：法律硕士；培养模式；改革发展

引　言

从1996年全国第一批设置了8个法律硕士专业学位研究生培养试点单位开始，先后经过15次申报增列，截至2018年3月共设立了245个法律硕士专业学位研究生培养单位，在后来的专项评估中撤销了1个，另有2个（东北大学和中国农大）学校通过学位授权动态调整自主撤销，到目前全国还有242个培养单位［全国法律硕士专业学位研究生教育指导委员会官网“全国法律硕士培养单位名单（2018.3）”］。“法律硕士教育的目的是适应社会需求培养高素质、复合型的法律实践人才，即从事法律实务和社会管理方面的高级专门人才。一定程度上，法律硕士学位制度的

* 张学龙：西北政法大学法律硕士学院副院长，主要研究方向：法律教育、教育管理。

设立，是借鉴法学教育‘后本科’模式的结果。”① 法律硕士专业学位研究生教育符合建设社会主义法治国家的需要，培养了大批法律实务人才，为建设社会主义法治国家做出了重要贡献。

法律硕士专业学位研究生教育和法学硕士研究生教育是国民教育序列法学教育中两个不同的高层次人才培养体系。法学硕士是传统意义上的学术性学位，培养面向法律教学、科研和实务部门的专门人才。法律硕士“属于专业性学位，不再划分具体专业，其知识结构是宽口径、厚基础、复合型，主要培养面向法律实务部门的通用人才”。② 2017 年国务院学位办公布了新修订的《法律硕士专业学位研究生指导性培养方案》（以下简称《指导性培养方案》），对法律硕士专业学位研究生的培养提出了指导性意见。本文的研究对象为法律硕士专业学位研究生教育，含法律（非法学）硕士（也称“非法本法硕”）和法律（法学）硕士（也称“法本法硕”）。

从开设之初到现在经历了 20 多年的发展，法律硕士专业学位研究生教育已经形成了一定规模，为国家培养了大批优秀的法律实务人才，招生规模已经接近法学硕士研究生的招生规模，形成了一套较为成熟的管理经验，产生了广泛的社会影响，在法律人才培养领域占有重要的一席之地。法律硕士专业学位研究生教育与面向高层次法学教育培养学术型研究生的法学硕士研究生教育不同，法律硕士专业学位研究生教育的初衷就是面向司法实务和社会管理部门，培养高层次、复合型、应用型、专门型法律人才。但是，当我们回望二十多年的法律硕士专业学位研究生教育发展，同当初国家开辟这块领地的初衷相对照，却发现，今天的法律硕士专业学位研究生教育有偏离初衷的倾向和苗头，法本硕士与非法本硕士与法学硕士研究生教育在人才培养模式方面出现了同质化倾向，法律硕士专业学位研究生培养厚基础、宽口径、复合型的人才培养优势和特色不再突出。“法律硕士专业学位目标定位与实际培养活动存在着差距”，③ 教育管理模式、培养评价机制与培养目标之间贴合度不高，实践中并没有完全贴近法律实

① 朱景文主编：《中国法律发展报告：数据库和指标体系》，中国人民大学出版社 2007 年版，第 516 页。

② 同上书，第 533 页。

③ 章晓莉：《法律硕士专业学位职业化培养方式新探》，《理论视野》2012 年第 12 期。

务部门的需要。笔者从事法律硕士专业学位研究生教育管理工作20余年，通过20多年的观察和工作经验积累，认为法律硕士专业学位研究生教育培养既有成熟经验，也有很多问题，影响了法律硕士专业学位研究生人才培养质量，亟待纠偏。

党的十八届四中全会议审议通过了《中共中央关于全面推进依法治国若干重大问题的决定》，指出要全面推进依法治国，就必须形成完备的法律规范体系、高效的法治实施体系、严密的法治监督体系、有力的法治保障体系，形成完善的党内法规体系。党的十九大报告再次提出，坚持全面依法治国，建设社会主义法治国家。要形成五大体系，就需要大量的德法兼修的法治人才，而法律硕士专业学位研究生培养目标完全符合我国全面推进依法治国对高层次专门型法治人才的需求，因此，新时代法律硕士专业学位研究生教育改革发展的核心目标就是培养德才兼备的法治人才。

一 法律硕士专业学位研究生教育管理现状

（一）法律硕士专业学位研究生教育管理模式

法律硕士专业学位研究生培养一般都倚靠在有法学学科的高等院校，这些高校大致可以分为三类：第一类是以法学为主要特色的原司法部所属的政法类院校，这些高校在1996年和1997年较早获批法律硕士专业学位研究生招生培养试点单位，有专门的法律硕士学院（或法律硕士教育中心），对法律硕士专业学位研究生进行思想政治及日常教学管理；第二类是学科门类比较齐全的全国重点综合性大学，这些学校在法学院设立法律硕士（法学或非法学）系，由法学院对法学硕士和法律硕士进行思想政治教育及日常教学管理；第三类是地方院校，这些地方院校或者是以法学为主的单科院校，或者是学科门类较多的地方综合院校，这些高校的法律硕士有的由下属的法学院系直接管理，类似于第二类管理模式；也有极少数高校由学生所选导师所在院系进行管理，思想政治教育基本依靠思政课堂教学。

第一类管理模式的优点在于管理集中，法律硕士专业学位研究生由专门的管理机构进行单独管理和培养，容易形成培养特色，可以较好地突出专业学位设置的目的和意义，尤其是一些拥有专门从事法律硕士教育的专职教师队伍的院校，特色和效果更加显著，但是拥有法律硕士专职教师队伍的只有极个别的法学师资力量雄厚的高校，并不普遍。设有法律硕士学院而又没有专职教师的，法律硕士专业学位研究生培养任务都是由法学硕士研究生导师担任，管理相对集中规范；第二类管理模式是根据综合性大学的实际情况选择的，是第一种模式的简化，由二级法学院系对法学本科、法学硕士和法律硕士统一管理和培养，法律硕士的培养特色不易突出；第三类管理模式是分散在各个导师名下，这种模式完全弱化了法律硕士专业学位设置的目的，无法区别于传统的法学硕士研究生教育。

（二）法律硕士专业学位研究生课程设置现状

法律硕士专业学位研究生培养内容含课程教学、实践教学、实务训练和学位论文撰写四个部分。课程教学又分为必须课和选修课，在必修课程设置方面，各培养单位都能遵照《指导性培养方案》进行课程设置，同时在选修课程设置方面，各培养单位都有不同侧重，但基本上都涵盖了法学本科 14 门核心课程，雷同法学本科课程设置。在实践教学环节，有两种不同的方式，一种是在理论教学结束时，培养单位要求法律硕士直接到司法实务部门进行实习；另一种是将实践教学分为实务教学和实务实习，在实务教学环节分别进行法律文书、法律谈判、辩护技巧、案例分析、合同实务、检察实务、模拟法庭等教学活动，之后再让法律硕士到司法实务部门进行一段时间的实务训练，一般不超过一学期。在学位论文撰写方面，也存在两种不同的方式，一种是与法学学术研究生相同，要求学生撰写一篇法学学术论文；另一种是为了与法学学术研究生相区别，学位论文写作不限于学术论文，鼓励学生撰写案例分析、调研报告、专项调查分析报告等。各个培养单位对法律硕士的毕业要求、申请学位等条件基本上都是参照法学硕士的标准，没有加以区分。

二　法律硕士专业学位研究生教育存在的主要问题

（一）偏离培养目标，缺乏特色

法律硕士专业学位研究生目前的培养现状与复合型、应用型的高层次专门型法治人才的培养目标并没有完全吻合，特色也没有凸显。各培养单位的培养水平参差不齐，教育管理模式也都是根据各自现有情况确定的，并没有根据人才培养目标配备相应的、充足的师资力量，设置管理模式，也没有形成科学有效的管理体系。毋庸置疑，在全面推进依法治国的大背景下，社会各行各业对具有法治思维和法治理念的复合型、应用型、专门型法治人才的需求远远大于对法学理论研究型人才的需求，法律硕士专业学位研究生的培养目标与这一发展趋势高度吻合，符合社会发展需求。但从目前的培养现状来看，却不容乐观，培养环节没有凸显复合型、应用型、专门型法治人才培养目标，也没有完整的有别于法学硕士的教育管理体系和培养模式，依然还是按照法学硕士或者是法学本科的培养方式来培养法律硕士，偏离了法律硕士专业学位研究生培养的初衷，更谈不上法治思维和法治理念的培养。

（二）与法学硕士培养模式同质化

法律硕士和法学硕士，由于培养目标不同，因此在人才培养模式上应该区别对待。但是，各培养单位和广大教师并没有充分考虑法律硕士专业学位研究生培养的特殊性，对其性质、特点和人才培养要求缺乏清晰的认识，对于人才培养的具体问题也缺乏系统的理论研究，缺乏有效的人才培养模式,[①] 更谈不上因材施教。师资评价上的学术导向更是助长了教师“重道轻器”的倾向。专业教师不愿意去钻研法律实务，不屑于承担法律实务实践课程，因为在现有教师评价体系下，教师承担这些课程的辛勤付出很难得到公正的评价。[②] 一样都是上课，按课时计算工作量，怎么上、在哪里上都是一样的工作量，何必去辛苦自己呢，因此，法律实务课程形同虚设。同时，大多数培养单位对法律硕士和法学硕士采用同一评价标准来衡量他们的学业水平，设置相同的奖励激励机制等，并没有将两者合理区分。法律硕士培养的各个环节与法学硕士存在同质化倾向。

（三）课程设置缺乏职业化

课程设置是学校培养人才体系的核心，课程教学是人才培养的具体实

① 章晓莉：《法律硕士专业学位职业化培养方式新探》，《理论视野》2012 年第 12 期。

② 李轩：《法律硕士（法学）教育模式之弊与法学教育改革》，《安徽大学法律评论》2011 年第 1 期。

施手段，不同的专业培养目标应该对应不同的课程。① 从现实来看，法律硕士专业学位研究生课程设置并没有根据法律职业的从业要求进行设置，更谈不上法治人才的培养需求，普遍呈现学术化倾向，缺乏职业化的法治人才培养目标定位，法治思维、实践能力与法律运用技巧的培养不够突出，缺乏相关课程设置。社会调查、案例教学、研讨式教学在教学中没有得到广泛应用，法治思维与法律职业能力的培养被忽视。同时在学位论文撰写方面，虽然有些培养单位对学位论文的要求不限于学术论文写作，鼓励学生撰写调研报告、案例分析等，但是法律硕士在学位论文写作时选题最多的仍然还是学术论文。撰写调研报告、案例分析等方面的论文其实更符合法律硕士专业学位研究生的培养目标。但是，据笔者了解，各培养单位只是提倡、鼓励，并没有强制要求，再加上撰写这类学位论文难度较大，没有现成的参考资料，也没有科学合理的评价标准。另外，研究生导师也担心论文达不到学术论文的水准，在学位论文评审时得不到合理评价，影响学生毕业或申请学位，而不愿指导这类论文，所以还是很少有毕业生撰写此类论文。

（四）专职教师队伍缺乏

目前，虽然有些培养单位设立了法律硕士学院（或法律硕士教育中心），但是仍然缺乏法律硕士专职教师，也缺乏专门从事法律硕士专业学位研究生教育的师资队伍及教研室，法律硕士导师多是学校其他法学院的法学硕士生导师。这就导致一方面学生在学业与个人发展方面与导师之间缺乏认同感和归属感，因为法律硕士导师各自指导了其本人所在学院的法学硕士或博士，导师精力有限，无法把更多的精力投入到法律硕士培养上来，同时有些研究生导师对法律硕士存在偏见，再加上有些法律硕士本身缺乏自信，特别是非法本法硕，他们在考研时才开始接触法律课程，法学基础知识以及法学思维方法欠缺，法律硕士自己与导师指导的其他法学硕士相比，自信不足，缺乏进一步学习的自信和动力。另一方面，没有法律硕士专职教师，无法建立或培养专门从事应用型、复合型、专门型法治人才培养的专业教师团队，法律硕士导师都是以自己所从事的学科方向开展

① 王健：《举办法律硕士教育应注意的几个问题》，《甘肃政法学院学报》2009 年第 1 期。

教学研究工作，他们并不会因为指导了法律硕士而改变教学科研方向，转而注重应用型、复合型、专门型法治人才培养模式和方法的研究，仍然还是以同一标准、同一尺度要求法学硕士及各类法律硕士，自然导致法律硕士专业学位研究生培养没有特色，偏离了法律硕士专业学位设置的初衷。

非法本法硕、法本硕士、法学硕士在教学内容设计和方法选择上应该有所区别。但是在培养过程中，由于缺少专门的师资力量，依赖法学硕士研究生导师进行培养，任课教师往往用相同的教案、同样的方法进行授课，给法学硕士怎么上，就给法本硕士怎么上，也给非法本硕士怎么上，甚至是给法学本科怎么上，给法律硕士也怎么上。而非法本硕士，恰恰需要任课教师和导师拓宽知识面，需要多讲多渗透法学领域的学科知识，多进行法律思维方法的渗透和训练，培养法治思维。但是，由于任课教师或导师对法律硕士的偏见而缺失了最重要的培养要求，法律硕士专业学位研究生教育一定程度上变成了法学硕士研究生教育的附属品，把法律硕士培养成了法学硕士的残次品。

（五）法律硕士专业学位研究生学制不统一

目前，法律硕士专业学位研究生培养有两年制也有三年制。依法治国需要的法治人才是社会各行业各自需求的复合型、应用型、专门型人才，法治人才必须具有较强的法治思维和法治理念，而法治思维和法治理念的培养形成，需要理论引导和实践培养，有足够的时间才比较符合人才培养规律。目前，大部分培养单位对法本法硕采用两年学制培养，导致法本法硕几乎没有时间去调查研究、了解社会、锻炼法律运用技能，更不知道社会需要什么样的人才。在现实中，法本法硕在学校的两年时间，变成了完完全全的法律职业资格考试的辅修班或过渡期。长此以往，我国多数法学院可能就会从传承科学知识的专业场所变成进行机械化职业训练的技工学院，使得法律硕士培养教育逐渐偏离培养理念。① 两年时间，法本法硕既要通过法律职业资格考试，还要完成培养方案规定的与三年制研究生同等要求的课程学习任务，以及《指导性培养方案》要求的不少于半年的实习，同时还要撰写学位论文，毕业前报考公务员、应聘工作等。在时间严重不足的情况下，法本法硕只能选择以法律职业资格考试为主，学校规定

① 王健：《举办法律硕士教育应注意的几个问题》，《甘肃政法学院学报》2009 年第 1 期。

的其他学习内容为辅，研究生培养阶段变成了走马观花，以勉强毕业为目的。

三　新时代法律硕士专业学位研究生教育改革对策

《指导性培养方案》明确规定了不同本科专业背景的法律硕士有不同的培养目标，非法本法硕主要是培养复合型法治人才，其就业方向除了立法、司法、行政执法和法律服务以外，还包括各行业领域，由此可以看出，此类专业学位研究生培养目标是为了满足全面推进依法治国、建设法治国家体系中社会各行各业对复合型、应用型法治人才的需求。而法本法硕则是培养立法、司法、行政执法和法律服务领域的高层次应用型、专门型法治人才，其凸显的是应用型、专门型人才培养目标。非法学本科＋法律硕士＝高层次复合型法律人才，法学本科＋法律硕士＝高层次专门型法律人才。非法本法硕在知识结构上至少有两个专业背景，知识结构更宽，知识面更广，法本法硕的本科和硕士专业都是法学，法学专业基础更厚实，如果能够严格按照国家的《指导性培养方案》因材施教进行培养，法律硕士专业学位研究生应该具有更强的就业适应性和更广阔的就业前景。

实际操作中的诸多问题，必须结合法律硕士专业学位研究生培养目标和新时代对法治人才需求的实际，对存在的问题进行改革，探讨对策和思路。笔者认为解决问题，改革发展应该从以下几方面进行。

（一）成立实体性学院，引进培养法律硕士专职教师

对于有条件的培养单位来说，应当成立专门的实体性法律硕士学院，引进培养法律硕士专职教师，搭建新的学科平台，并在学院设立专门针对法律硕士培养的以法学应用性、实践性为主要研究方向的教研室，由实体性学院开展法律硕士专业学位研究生培养及管理工作。

目前，法学教学研究实力较强的培养单位，都成立了一定数量的法学研究院或研究所等学科创新平台。笔者认为，这些平台应该尽量与法律硕士学院挂靠管理，遴选研究人员担任法律硕士导师，这样既有利于法学研究院或研究所的研究人员在从事研究的过程中，有机会指导大量的法律硕士参与其中，提高法律硕士动手能力；同时，法律硕士也可以帮助研究人

员从事大量烦琐的社会调研、文字资料整理等具体工作，师生之间有共同实务和课题，更多的相互了解，可以增进师生关系，增强导师和学生之间的认同感和归属感。这样既可以让法律硕士真正有机会与导师在实务和课题中实际交往，从而获得学科专业方面的感性认识，掌握法律研究方法，提升法律思维能力，培养法治思维；还可以让法学研究人员更清楚地了解法律硕士，从而有针对性地开展教学活动，真正做到因材施教。要求法学研究院或研究所的研究人员给法律硕士授课，通过授课，研究人员能够将科研成果转化为课堂教学，课堂教学也能反作用于科研，提升科研水平，这样对教学和科研、教师和学生都能达到互利共赢。

（二）法律硕士专业学位研究生学制统一到至少三年

笔者认为，应该把法律硕士专业学位研究生学制统一到三年的标准上来，甚至可以延长到四年，让研究生有时间和精力保持研究生阶段应有的学习状态，顺利完成各项学习任务，培养法治思维和法治素养。

法律硕士专业学位研究生是培养复合型、应用型、专门型的法治人才，法治人才应该具备优良的政治素质、职业素养、法律知识和法律技能，具备这些能力，必须符合人才培养规律，三年学制是最基本的时间要求。在法律硕士专业学位研究生培养过程中，必须考虑到法律硕士为法律职业资格考试所花费的时间，付子堂教授在《论法律硕士教育与职业资格考试衔接机制》一文中认为国家站在战略高处所制定的培养目标就是结合社会市场的需求，为法律行业培养高端人才，并且培养动机与自身定位必须要考虑到法律职业资格考试，而且要求更高。[①] 法律硕士完成培养目标，充足的时间至少需要三年，再留一年时间进行法律职业资格考试，但是考虑到人才培养的时间成本，至少必须统一为三年学制，如果能延长至四年学制，更有利于法治人才培养目标的实现。

（三）单独制定法律硕士专业学位研究生评价体系

研究生评价体系在研究生培养过程中，具有极强的指挥棒作用，评价体系决定了研究生个人的发展方向和未来。目前研究生评价体系单一，而

① 付子堂：《论法律硕士教育与职业资格考试衔接机制》，《西南政法大学学报》2014 年第 5 期。

且各类研究生培养评价体系具有同质化倾向，例如优秀研究生评选主要考察科研能力，重点关注研究生的科研成果，这种评价体系的积极导向作用是好的，尤其对于学术型研究生而言，可以鼓励研究生从事科研训练，培养科研积极性，提高科研能力。但是，对法律硕士生而言，只注重考察科研成果，有些过于片面，因为法律硕士专业学位研究生培养目标是应用型法治人才，而不是科研学术人才，只注重考察科研成果，与我国培养德智体美劳全面发展的社会主义建设者和接班人这一根本任务也不契合，与全面依法治国对法治人才的需求也不相吻合。习近平总书记在中国政法大学考察时指出："法学教育要坚持立德树人，不仅要提高学生的法学知识水平，而且要培养学生的思想道德素养。"对于法律硕士而言，可以将具有一定数量和质量的科研成果作为评奖评优优先条件，或者是作为单项奖励，但是其他方面也必须考察，特别是思想道德素养方面的考察尤其重要，另外，法律硕士在校综合表现、实训表现、参加社会调研等取得的成果以及参加法律硕士专门的实务竞赛等取得的成绩都应该作为考察的重要条件。用法学硕士的标准衡量法律硕士培养的质量，难以满足和实现法律硕士人才培养目标。①

（四）弱化专业方向，培养法治人才

长期以来，我国法学研究生教育培养规格较为单一，专业划分过于细化，并且对于法律人才的培养偏重于学术性，很大程度忽视了实务性。②对于法律硕士专业学位研究生培养而言，要突出复合型、应用型，应该弱化专业方向，法治人才不仅仅是只懂得法律知识并法律技能的法律人，而是必须具有过硬的思想政治素质、良好的职业道德和个人良知、坚定的法律信仰和丰富的法学知识以及相关的人文社会科学及自然科学知识储备、较强的法律实践操作能力的人。③ 法律硕士专业学位研究生培养不应该以法学二级学科为研究方向，也不应该以法律职业为导向，法治人才是社会

① 陈胜、王晓朴：《法律硕士人才培养模式反思与重构》，《高校法治与教育研究》2017 年第 3 期。

② 刘宇：《法律硕士教育培养目标的反思和完善路径》，《河北农业大学学报》2018 年第 8 期。

③ 叶青：《高等政法院校的责任和担当》，《光明日报》2017 年第 13 期。

各行各业都需要的有法治思维且熟知法律知识和法律运用的应用型人才，以职业为导向将会导致法律硕士认知社会的局限性，培养的人才规格也有局限性，不能很好地适应社会发展需要。法治人才不仅仅熟练掌握法律知识，还应该熟知并深刻领会党和国家的大政方针政策，清楚社会治理模式，了解经济发展动向等，正所谓“功在法外”，在具体运用法律的过程中，要将法律问题放在繁杂的政治经济社会生活中，分析法律关系，公正适用法律，达到“治病救人”的效果。笔者认为，要改变这一现状，必须改变千篇一律的课程安排以及满堂灌的授课方式。首先，要重新设置课程模块，彰显不同培养单位的办学特色和亮点，根据法治建设需求调整课程模块，以立德树人为根本，凸显复合型、专门型人才培养目标，除了法律职业伦理、法律文书写作、法律谈判、模拟法庭训练等实务能力的培养之外，重视政治、经济、社会人文素养，突出培养解决实际问题的能力。其次，在法律硕士导师遴选上，必须改变与法学硕士研究生导师相同的遴选标准，对于那些职称还达不到法律硕士研究生导师的标准，但政治素质过硬、法律实践经验丰富的年轻教师，应该被纳入到法律硕士导师遴选的范围之内。

优秀的应用型、专门型法治人才应当具有完备精深的专业知识和理论基础、较强的法律职业思维和实践能力、完善的人文社会素养和职业伦理修养。目前，各培养单位在人才培养方面良莠不齐，就是同一学校不同类型的法律硕士，仍然存在较大差别。各培养单位应该注重培养法律硕士的法学理论功底，开设人文社科或本单位优势学科，让法律硕士了解更多的知识体系，凸显复合型专业特点。法律硕士的学习任务应该重于法学硕士研究生，因为法律硕士不仅仅要补齐法律基础理论方面的短板，还要重点培养法治思维和解决实际问题的能力。

（五）丰富实践教学活动，拓宽实务训练范围

美国法学家霍姆斯指出：“法律的生命在于经验而不在于逻辑”，法律实务人才的培养不能从纯粹的法律理论再到法律理论。① 司法工作者要正确判断、分析、取舍证据，认定案件事实，适用法律，都受到自身司法

① 霍姆斯：《法律的生命在于经验——霍姆斯法学文集》，清华大学出版社2007年版，第2页。

实践经验的制约。而无论是社会经验还是司法实践经验都不是一朝一夕就能做到的，而是日积月累的结果，走上法律实务工作岗位的法科毕业生需要至少4到5年的积累才能具备法律实务岗位所需要的实践能力和经验。法院、检察院都设有相应的培训机构，无论这些培训机构在进行岗前培训时发挥的作用如何，其设立的目的都是为了对本系统的从业人员进行岗前培训，以达到行业用人的标准。这从侧面反映出普通高校在法律人才培养方面存在的缺陷，即缺乏社会经验和司法实践经验的培养。普通高校在培养法治人才时，要清楚学生在教学管理活动中主人翁的角色定位，充分发挥学生的主观能动性，必须改变以前的“讲授式”教学模式，尽量多采取启发式、讨论式、研究式等生动活泼的教学方法，以便让学生感受、理解知识产生和发展的过程，激发学生独立思考的创新意识，不断获取新的知识并提高能力，从而有利于学生个性和才能的全面发展。① 近年来，各普通高校也纷纷开展了各式各样的实践教学活动，如法律诊所、暑期学校、模拟法庭、专业实习等实践教学模式，也都取得了一定的成效。②

除了丰富实践教学活动，还应当在实务训练上下功夫。虽然各培养单位也都逐步开展了法律硕士实务训练或实践教学活动，应该说，的确取得了良好的育人效果和社会效益。但是，仍然存在一些问题，一方面，实务部门只有法院、检察院，覆盖面太窄，笔者认为应该拓展到社会各行各业，例如企业、政府、事业单位等；另一方面，大部分培养单位都注重实训安排，而忽视了实训考核，应该根据不同性质的实训单位，制定合乎实训要求的实训大纲，按不同的评价标准进行考核，这样一来才能更好地调动法律硕士参加实务训练的积极性。通过拓宽实务训练范围，丰富实训单位类型，使法律硕士可以根据自己的兴趣选择自己喜欢的实务训练岗位，培养单位不用再过于注重统一安排实务训练，剥夺法律硕士自由选择的权利，让法律硕士真正到自己感兴趣的岗位上进行实务训练，同时通过制定具体的实务训练考核指标，杜绝法律硕士蒙混过关，提升实务训练实际效果。

---

① 吴志攀、刘俊：《中国法制建设研究》，中国人民大学出版社2009年版，第315页。

② 梁德东等：《我国法律硕士培养存在的问题与对策研究——以吉林大学法律硕士培养模式改革为例》，《高等研究与实践》2016年第8期。

结语

法律硕士专业学位研究生教育是一项复杂的人才培养工程，经过20多年的发展，只有不断地回头看，不忘初心，才能发现问题。没有科学完备的教学和管理体系，脱离培养目标的管理方式和培养模式，在很大程度上制约了法律硕士专业学位研究生培养的特色发展。再加上有些培养单位并没有深刻理解复合型、专门型人才培养要求，把法律硕士专业学位研究生培养等同于法学本科二学位教育或法学硕士研究生教育的补充。

法律硕士专业学位研究生培养目标是复合型、应用型、专门型法治人才。要培养合格的法治人才，就必须构建中国特色的法治人才培养体系，改革发展法律硕士专业学位研究生教育，开展具有中国特色的法律硕士专业学位研究生教育体系，积极培养法律硕士专业学位研究生师资团队，建设高水平的法律硕士专业学位研究生课程，使法律硕士专业学位研究生教育真正担负起培养法治人才的重任。积极探索法律博士人才培养的可行性和必要性，完善法治人才培养体系，法律硕士或法律博士毕业生必将在全面推进依法治国的道路上涌现出一大批建设法治国家的精英人才。在新时代，必须明确法律硕士专业学位研究生培养的目标和定位，加快改革，加大师资投入，凸显复合型、专门型法治人才培养要求，完善培养管理机制和评价机制，推动法律硕士专业学位研究生教育发展迈上新高度。

Research on the Reform and Development Strategy of Juris Master Education in the New Era

Zhang Xuelong

Abstract: In the past 20 years, a large number of legal practical talents have been trained in China. However, compared with the original intention of training high-level, practical and specialized legal talents, there are still many problems in practice. Based on the analysis of the problems, this paper puts forward reform ideas, which mainly include: establishing a substantive college to perform the management of Juris Master education; adopting an at least three-year educational system; forming a separate evaluation system; deemphasizing the professional direction in the training program; diversifying practical teaching activities and broadening the scope of practical training, etc.

Key words: Juris Master, training mode, reform and development

近十年我国高校学科建设研究特点*

宋鸿雁**

摘　要：学科建设在中国高校具有高度重要性，相关研究长盛不衰。近十年来随着高等教育的改革与发展，该领域研究出现了新的特点。即学科建设研究的关注点从要素与结果建设走向能力建设、从知识维度转向组织维度、从关注科研走向重视本科教学、从单一维度转向模式研究、从价值争议走向价值协调、从话语实践走向话语批判。总的趋势是走向一种整体性思维、一种综合平衡和一种路径重构。

关键词：高校；学科建设；研究特点

作为中国特有的话语实践，学科建设在中国高等教育领域不仅广为人知而且具有高度重要性，常常被称为高校发展的龙头。以“学科建设”为篇名，选择核心期刊和 CSSCI 期刊范围，发现“学科建设”话题受到持续关注与热议。1992 年到 2001 年的文献都在两位数以内，从 2002 年以后都是三位数，2007 年到 2010 年以及 2018 年 5 个年头均超过年均 200 篇。本文主要从文献的角度关注了 2010 年以来近十年的相关研究，这些研究展现了学科建设的多维认识框架，更是逐渐呈现出新的研究特点。梳理和分析这些研究特点，对于预测和改革中国未来的高校学科发展路径，具有重要的意义。

一　从要素与结果建设走向能力建设

近年来，人们对学科建设的研究日益从学科知识生产的要素与结果建

* 基金项目：陕西省高教学会 2019 年度高等教育科学研究课题“以学生为中心的教学管理制度创新研究”（项目编号：XGH19037）。

** 宋鸿雁，西北政法大学研究员，教育学博士，主要研究方向：高等教育管理。

设走向能力建设，以此作为学科与高等教育发展的深层动力。

很长一段时间，研究者关注如何打造实验室、国家重点学科、高层次人才项目、论文专著等，通过这些投入和结果要素的建设来促进学科的发展。这种简单从要素与结果出发的实践容易导致形式主义，导致忽视学科发展的累积性时间函数规律和尊重宽松环境、激励容错的创新规律。其促进学科发展的最终成效是令人质疑的，于是人们对学科建设的研究从知识生产要素和产品（结果）走向新的视角。宣勇认为，一个大学的学科建设目标在于提升学科组织在知识生产上的能力。通过资源、制度的一些安排，提升学科在知识的发现、整合、传递和应用上可持续发展的能力。① 只有知识生产能力的建设，才具有本质性意义，能够有效推动目标结果要素的形成。

刘小强持同样的观点，认为一流学科建设不应只是重视学科生产投入要素建设以及学术 GDP 导向的产品结果建设，还应该高度重视一流的学术生产能力。学科建设在本质上是学科生产能力的建设。② 他进而建议大学学科建设应关注影响学科生产过程、决定学科生产能力的三个重要“软件”：科学合理的体制机制、结构化有合力的学科队伍和有明确价值导向与激情的学术文化。同样，龙宝新提出，知识生产力的提升才是学科建设的逻辑所在。③

这种从要素和结果向生产能力的转变表明，中国学科建设将从外在建设走向内在建设，是一种追本溯源的努力，是一种在学科发展方面从鱼到渔的转向。这里的知识生产力包括学者个体层面的学术生产力，也包括组织的知识生产力，而学者学术生产力的发展空间与组织知识生产力的高低具有一致性。无论哪个层次的知识生产能力建设，都具有时间函数的性质，也都依赖于良好知识生产关系的建构。这就必然指向内涵建设。

① 宣勇：《大学学科建设应该建什么？》《探索与争鸣》2016 年第 7 期。

② 刘小强：《一流学科建设就是建设一流学科生产能力》，《学位与研究生教育》2018 年第 6 期。

③ 龙宝新：《论面向知识生产力提升的一流学科建设逻辑》，《南京社会科学》2018 年第 9 期。

二 从知识维度转向组织维度

很长时间里，我国高校学科建设高度重视以学科知识研究方向及围绕研究方向的队伍、项目与成果等为建设重点。近十年来，从组织角度对学科建设的认识备受重视并不断深化。不少研究者认为应该从组织立场与视角去加强高校的学科建设。当然，也有研究认为，中国高校学科建设的特征之一就是其组织化特征的彰显。

凌健指出，大学学科建设必须从“知识”的立场转向“组织”的立场。他认为大学学科建设在本质上是基于学科组织的建设，即不断强化知识劳动组织各要素的组织化程度，从而促进知识劳动组织的成长和发展。[①] 他认为一流学科的建设应该从组织化建设的立场出发，并从认知、行动和规范三个方面论述了一流学科的组织化特征。与此相一致，宣勇针对中国当下普遍存在的“拼凑的学科”提出，学科建设就是要“努力提高大学学科组织化的程度”[②]。即从使命、结构与制度安排、人员队伍、资源、文化等方面进行组织建设，通过组织化程度的提高，提升学科在知识的发现、整合、传递和应用上可持续发展的能力。前述两位学者均认为大学学科建设应该关注学科的“组织化”建设，提升其组织化程度。而雷环等从学科内涵、分类等的中美研究型大学比较研究发现，相比美国而言，中国的学科建设本身就更多具有组织化特征，侧重学科的组织建设。[③]

从知识到组织这一关注点的转移表明，在学科发展的过程中人们当前更多关注到组织的作用。健全而富有活力的组织能够更有效地扩大资源基础，提升资源利用率，更好地协调目的与手段的关系。因此，学科组织的优化或曰学科组织能力的提升成为促进学科发展的新路径。但这里很有必要注意到学科组织的特殊性。相对于企业组织或者机关事业组织，学科组

① 凌健：《学科“组织化”：介入世界一流学科建设的路径选择》，《中国高教研究》2016年第5期。

② 宣勇：《大学学科建设应该建什么》，《探索与争鸣》2016年第7期。

③ 雷环、钟周、乔伟峰：《双一流建设背景下中美研究型大学学科发展模式比较研究》，《清华大学教育研究》2018年第6期。

织的要素无论是知识还是学者的发展都有其有别于一般产品和服务的特殊规律。这使得对学科要素与过程的组织需要更好地发挥学者与基层组织的民主的、非正式的组织机制，从而为学科发展营造更加富有生机的环境与条件，促使其自身组织能力的增强。同时，要特别警惕学科组织的僵化与封闭，避免迷失学科组织的灵魂（使命）而过度执着于组织的形式结构繁荣，由此造成单纯性学科组织膨胀而学科知识创新贫乏的悖论。

三 从主要关注科研走向同样重视本科教学

无论知识维度，还是组织维度，都是围绕知识生产的实质内容与组织形式进行的。这其中重视的更多是高校基本职能中的科研，所忽略的是本科教学和人才培养。

在长期的办学实践中，学科建设被看作牵引学校发展的龙头，却忽略了本科人才培养，与本科教育几乎毫无关联。在管理实践中，无论其管理职能早期作为研究生院、科研处或人事处的下设部门，还是后来更多设置为独立的处级部门学科建设办公室（学科建设处），甚至分化出高层次人才办公室这样的处级或科级机构，高校的学科建设与本科教学之间都缺乏统筹规划，甚至呈现日益割裂的状况。在学科建设旗帜高扬的同时，本科教育与教学日益边缘化。宋俊成所谓的学科功能定位“窄化”即有此意。王伟廉也指出中国学科建设多被理解为科研范畴而基本上不属于教学范畴；当前的学科建设忽视人才培养与教学，而在现实中很多跨学科探索是经由课程与教学得以推进的，因此中国当下的学科建设是不利于学科交叉和知识创新的。[①] 这种状况既违背了人才成长的规律，也违背了学科发展的规律。

2016 年“双一流”政策出台引发了一轮有关学科建设如何促进高水平本科教育的讨论。《中国大学教学》期刊集中发文，讨论本科教学与人才培养在“双一流”建设中的重要地位。[②] 之后很多学者在这个方向上进

① 王伟廉：《不愿丢失的教育感悟》（外七篇），《大学教育科学》2019 年第 1 期。

② 洪大用：《在“双一流”建设中大力加强本科人才培养》，《中国大学教学》2016 年第 4 期；钟秉林、方芳：《一流本科教育是“双一流”建设的重要内涵》，《中国大学教学》2016 年第 4 期；马陆亭：《“双一流”建设不能缺失本科教育》，《中国大学教学》2016 年第 5 期。

行了研究，并且形成了共鸣。周光礼等为解决学科建设过程中形成的科研体制化以及由此导致的教学与科研的突出矛盾，提出要明确高校科研的教育性①，并提出通过“科教融合学术育人”重构教学与科研关系的理念，探索实践了学科专业课程一体化的本科教学改革路径。② 其实，刘国瑜早在2013年就指出科教融合是大学学科建设服务本科教育的切入点，认为学科建设与本科教育互动发展才能构成大学的完整价值体系，并从实施学科专业一体化建设、提高教师学术水平、推进研究性学习三方面探讨了科教融合的路径。③ 郭峰的研究认为，应该以“学生学习中心”的理念引导和规范一流学科建设，要求一流学科建设树立学生学习为中心的理念、提升教师以学生学习中心为导向的教学能力，构建师生学术共同体等，由此促进一流学科建设的可持续发展。④ 另外，陈新阳等对美国研究型大学人才培养体系的学科结构基础进行了研究，指出中国高校的学科结构调整应将人才培养的需要作为重要的考量因素，形成支撑研究型大学通识教育和专业教育所需的学科结构特征，而不能仅以学科评估与学科排名为导向，对学科和学位点进行大幅裁撤整合等调整。⑤

人才培养与知识创新是高校最基本的两项职能。无论从历史还是逻辑的起源看，人才培养都是最为基础和根本性的，而且两者间有着密切的内在联系。人才培养是学生的培养也是学者的再生产过程。知识创新虽有其自身的价值与轨道，但它也是人才培养的重要媒介载体，认知能力（知识创新）是人才培养的重要目标之一。知识在人才培养中集中地体现为课程，不断扩展和创新的知识理应带来课程知识的前沿性和丰富性。知识的创新如果只是指向社会需求或者为知识而知识而未指向优良的课程建构

① 周光礼、姜嘉乐、王孙禺、陆国栋：《高校科研的教育性——科教融合困境与公共政策调整》，《高等工程教育》2018年第1期。

② 周光礼、周详、秦惠民、刘振天：《科教融合 学术育人——以高水平科研支撑高质量本科教学的行动框架》，《中国高教研究》2018年第8期。

③ 刘国瑜：《科教融合：大学学科建设服务本科教育的切入点》，《国家教育行政学院学报》2013年第4期。

④ 郭峰、郝广龙、冯春杏：《“学生学习中心”理念：一流学科建设题中应有之义》，《教育发展研究》2017年第7期。

⑤ 陈新阳、张静华、阎光才：《支撑研究型大学本科人才培养的学科结构特征——以美国四所研究型大学为例》，《现代大学教育》2018年第3期。

和人的发展，那么它的价值已经大打折扣了。从这个意义上讲，课程教学是人才培养的载体，科学研究同样是人才培养的通道。知识的分化和人才培养层次的分化一定程度上带来本科教学与学科科研之间的距离，但当这种距离达到两者已经互不相干的时候，实际上已经是两者关系的异化了。促成其内在关系的恢复成为完善教育价值的内在要求。对本科教学在学科建设中作用的重视正是在这个方向上的一种纠偏和回归。

四 从单一维度转向模式研究

有关学科建设的研究从要素走向能力、由知识走向组织、由知识创新功能走向人才培养功能这些单一维度转变的同时，也走向更加具有完整性意义和全景式关照的学科建设模式研究。学科建设模式研究指向了对学科组织的知识生产关系的关键影响因素的理解。

朱冰莹认为我国高校学科建设模式属于一种技术治理模式，即中国高校学科建设形成以行政权力为轴心，以频繁性政策指令为驱动，以层级化项目为依托，以问责评估为合法性依据的一元化技术治理体系。[①] 这种技术治理体系导致学术自治、学术发展的逻辑陷于被动，由此造成大规模“象征性建设”，即所谓的“虚拟的学科”“拼凑的学科”。她提出，改变这一技术治理模式，政府必须把着力点集中于提供良好的信息服务、有序的竞争秩序等方面。

田贤鹏认为中国高校学科建设模式属于行政管理主义和市场需求主义的结合，即学科建设带有行政管理主义的“工程化”与“硬指标”手段属性和重视 GDP 绩效的市场需求主义，而忽视了学科基于知识生成的本质诉求。[②] 从本质而言，学科建设的核心是促进知识的发展，而知识的发展更多依靠的是自然生成而非人为的规划。再进一步，尽管知识的发展可以依靠行政与市场的推进，但作为手段的行政化逻辑和市场化逻辑不能主导和代替学科发展中的知识（学术）的逻辑，即目的性逻辑。他建议以

① 朱冰莹、董维春：《技术治理视角下的一流学科建设：实践反思与制度重构》，《学位与研究生教育》2018 年第 10 期。

② 田贤鹏：《一流学科建设中的知识生产创新路径优化》，《学位与研究生教育》2018 年第 6 期。

知识生产论逻辑出发，构建知识生产与创新路径，减少工程化行政干预、摆脱功利化市场思维、强调尊重学术自由的知识生产逻辑。

张鹏的研究认为，中国学科建设必须从以硬指标为标志的要素驱动模式转变为以学科组织制度与组织文化建设为核心的软实力驱动模式。[①] 学科组织文化与学科组织制度构成学科软实力，软实力的培育有助于为学科发展提供内生动力。组织制度包括内部科研协作、资源分配、奖励、公共服务等正式的和非正式的制度，组织文化则包括学科使命与学科精神等学科文化范畴。

龙宝新提出，中国高校学科实践应从构建论走向生命论。[②] 构建论就是学科的发展更多依赖高校自觉的规划与建设。构建论容易导向移植、速成等急功近利的行为。他从学科发展的历史与谱系出发，认为以生命体看待学科更加能够揭示学科发展的规律，即认为学科的发展是自然生长、生命绵延和持续精进的过程。作为生命体的学科其核心构成是知识体系、学科建制和学术圈层，其关系类似于人体的足、身与心，并且从生命体发育的内向与外向机制提出学科建设工作的相关原则。

上述研究对我国高校学科建设及管理模式进行了总结分析，也体现出认识的不断深化。如果说朱冰莹关注到学科建设中行政力量的表现及其影响，则田贤鹏的研究从一元的行政力量关注到了行政与市场二元力量影响的存在。如果说张鹏的研究从组织制度与文化的软实力角度弥补了中国高校学科建设更多关注硬条件的不足，龙新宝的研究则从生命体的视角展现了学科发展新的一面，或者说其从学科发展史中一直携带的内在的稳定的基因及其所展现的内向发育与外向发育的双重规律。无论是软实力还是生命论模式，都意味着高校学科发展是内在的与自在的，不能仅关注外在指标建设，也不能过多地接受行政的干预或市场的诱惑。

五 从价值争议走向价值协调

学科建设作为一个系统工程，必须遵循一系列基本的价值，包括学术

① 张鹏：《一流学科需要打造一流的软实力》，《中国高教研究》2016 年第 5 期。

② 龙宝新：《学科作为生命体：一流学科建设的新视角》，《高校教育管理》2018 年第 5 期。

价值、社会价值、市场价值等。如果说早期的研究主要讨论学科建设应该遵循什么样的价值，往往突出强调某一特定价值的选择，则近年来研究者们越来越关注到各种价值协调的意义。

袁广林认为，世界一流学科建设存在学术逻辑与社会逻辑两种价值取向，并认为理想的状态是两者保持一定张力、互促互进。其中，“学术逻辑要求遵循学术内在的发展规律，坚持学术标准，以取得原创性成果为目标；社会逻辑要求把握社会需求，满足社会需要，以解决社会发展的重大问题为目的。认为理想状态是最大限度地维持一定张力，在互动中互促互进”。[①] 与此类似的是刘国瑜所谓世界一流大学学科建设中的学术性与实践性的统一，即追求一流的高深知识的完善和服务经济社会发展的内在逻辑与外在逻辑的统一。[②]

王建华则认为中国重点学科建设应该坚持择优与去劣两种价值取向的协调[③]。所谓择优就是通过拔尖的方式确定重点学科，进行重点投资建设，而去劣则是防范学科发展中的落后与不足。前者重视效率，后者重视公平，中国的政策中对后者相对较为忽视。中国高校重点学科建设制度遵循的是择优的价值取向，这种价值取向易于形成马太效应进而导致学科资源的极端分化。

如果说早期的研究关注到某一种价值的重要性，近年来实际上是在寻求一种平衡，寻求各种价值之间的合理的张力，毕竟任何价值都有其存在的合理性。但动态平衡是更加重要的。学科建设过分尊崇社会价值或者迎合市场价值固然不好，但一味追求学术价值而忽视前两者同样不可取。同样，认识到学科政策单纯奖优的价值而忽略去劣价值会导致资源过于集中、秩序过于固化，但学科建设坚持去劣价值以保障质量与标准底线的同时，也必须辅之以奖优以发挥管理应有的激励与示范功能。

---

① 袁广林：《学术逻辑与社会逻辑——世界一流学科建设价值取向探析》，《学位与研究生教育》2017 年第 9 期。

② 刘国瑜：《世界一流学科建设：学术性与实践性融合的视角》，《现代教育管理》2018 年第 5 期。

③ 王建华：《对我国大学重点学科建设制度的反思》，《中国高教研究》2013 年第 12 期。

六 从话语实践走向话语批判

对中国学科建设制度的反思性研究也是近年研究的一个趋势，实际上也是一种有关学科发展研究的新的路径甚至是新的话语体系的探索。这方面的研究也许会对中国学科制度产生一定的意见积累，从而推动相关的改革。这种反思沿着两个不同的路径进行，一是直面中国学科建设制度的不足；一是打开视野，跳出学科建设话语，另辟蹊径地研究国外一流学科发展的逻辑与路径。

就直接的批判性反思而言，王建华指出学科建设作为一种政策话语如今已经破旧不堪；以“建设”之名，行政权力和政治权力得以实现对大学学科发展的肆意控制和全面干预；亟须对其进行批判反思，力争逐渐抛弃这种话语并建立起新思维。[①] 袁曦临认为，中国建立在学科分类基础上的学科体系设置过于僵化，使学科沦为学术的工具，固化了学科的专业性，成为学术机器或独断成为“知识霸权”。[②] 也就是说，学科建设在中国强化了学科背后的权力特色，忽视了学科知识在人、国家乃至人类社会发展中的作用这一根本属性。宋俊成等指出，中国学科建设在制度逻辑层面有诸多误区，甚至成为制约一流学科建设的绊脚石，与建设一流学科的目标背道而驰。[③] 这些误区包括政府过度介入、学科队伍建设舍本逐末、数字化指标化评价干扰正常学术生态、学科功能窄化引发的学科建设实践合法性不足。

在跳出学科话语的反思方面，一些学者通过对国外相关学科发展的道路、现状与特点的描述分析，探寻学科发展的规律所在。曹平对美国加州大学伯克利分校哈斯商学院的发展表明，其成长的逻辑与路径并非学科指向的，然而其最终效果却是促进了学科的发展。[④] 任友群等对美国七所高校教育技术学科的现状与特点进行了描述、归纳，发现：其教育技术学科

---

① 王建华：《学科建设话语的反思与批判》，《现代大学教育》2016 年第 4 期。

② 袁曦临：《学科的迷思》，东南大学出版社 2017 年版，第 171 页。

③ 宋俊成、宋向楠、任增元：《整体转型：一流学科建设的制度逻辑审视》，《现代教育管理》2017 年第 8 期。

④ 曹平：《加州大学伯克利分校哈斯商学院的学科建设与经营》，《学术论坛》2010 年第 2 期。

在研究方向上具有跨学科多样性和前沿性；在人才培养上重视服务社会职业实践的需求，高度重视课程设置与培养方式的社会适应性。[①] 这些高校的教育技术学科在研究上之所以能够密切追踪学科最新发现，并不是以学科知识体系的构建与完善为目标，而是以满足社会中军界、商业与高校对教育技术知识与人才的需求，在履行人才培养核心任务的过程中得到发展与繁荣的。严三九等对美国高校新闻学院学科制度的研究也表明，在其新闻学科的发展中，外部评价影响了其研究方向的形成，课程教学与实践教学是学科发展的重要部分。[②] 孟照海对芝加哥大学社会学学派形成与发展的研究也说明，其发展常常并非来自于对学科的关照，没有受到中国所谓“学科制度”的框限，而是着眼于社会需求这一外在逻辑、着手于人才培养这一根本任务，在此过程中自然地推动了学科知识的创新与学科相关组织的成长。芝加哥社会学学科的发展实际上是在制度化与去制度化之间动态平衡的结果[③]。

实际上，当前中国学科建设制度的僵化、行政过度介入和低效这些弊端几近一种共识。其在实践中也严重制约了中国高校学科发展的空间与路径，迫使很多学科领域为了生存与发展而不得不走向努力升级为一级学科的道路。高等教育学科就是一个典型的例子，很多学者在破解高等教育学科发展困境的过程中，都指向了升级为一级学科的方向，如张应强指出必须提高高等教育学的学科地位，将其上升为一级学科[④]，李均认为将高等教育学建设为一级学科是化解其面临危机的上策[⑤]，刘小强也明确指出“建设高等教育学一级学科是当前高等教育学发展的唯一路径”。[⑥]

学科发展经历了前学科时代、学科制度时代，当前已经进入到后学科

---

① 任友群、程佳铭、吴量：《一流的学科建设何以可能？——从南国农之问看美国七所大学教育技术学科建设》，《电化教育研究》2012 年第 6 期。

② 严三九、南瑞琴：《一流学科建设的制度研究——以美国哥伦比亚大学新闻学院和密苏里大学新闻学院的学科制度变革为例》，《华东师范大学学报》（教育科学版）2017 年第 6 期。

③ 孟照海：《制度化与去制度化：世界一流学科建设的内在张力：以美国芝加哥大学社会学为例》，《中国高教研究》2018 年第 5 期。

④ 张应强、郭卉：《论高等教育学的学科定位》，《教育研究》2010 年第 1 期。

⑤ 李均、李鸿：《建设“教育学一级学科”背景下高等教育学科的困境与出路》，《大学教育科学》2016 年第 2 期。

⑥ 刘小强：《关于建设高等教育学一级学科的思考》，《高等教育研究》2017 年第 1 期。

时代。后学科时代的典型特征是知识的创新更多是在解决复杂问题的过程中、在多学科交叉互动的过程中产生的。在学科分化日益深入的同时，老三论、新三论等横断学科的应用与影响日益广泛，进入 21 世纪后系统论的新发展复杂性理论将占据更为主导的地位，它正是要摒弃还原论，打破传统学科间的界限，寻求学科间的联系，以此来寻求对人类面临的各种复杂问题的理解与解决。在这样的时代，人类社会面临的问题解决必须借助于整全性的视野和手段。复杂性理论广泛影响到人文社会科学领域，包括教育学领域。具有代表性的是，埃德加·莫兰①、小威廉·E. 多尔②等都有相关论著阐述该理论在教育中的影响。高等教育发达国家在人才培养、科学研究等各方面已经大量采取跨学科和复杂性理论视野。其大学中的专业设计与课程设计更多考虑到学科之间的沟通联系，科学研究领域建立了大量跨学科研究中心。中国的学科制度在很长一段时间里确实推动了学科建设的快速发展，但是随着时代的变化，其局限性也日益凸显，到了必须予以改革的时候了。上述批判与反思性研究也许正在拉开这一改革的序幕。

七 结语

学科无疑是高校事业发展的核心和基础性要素，高水平的学科是充分实现高校人才培养、科学研究和社会服务等职能的基石。怎样认识学科发展的规律，如何看待高校学科结构的优化，如何构建学科与专业、课程、教学、科研等核心要素与活动的关系，这些都是相关研究必须着力解决好的问题。相关研究的根本出发点在于寻找学科发展的制约性因素，探索学科可持续发展的路径。近年来，中国有关高校学科建设的研究涉及学科知识体系的拓展与创新、知识生产能力的提升、学科的组织化建设、学科建设（管理）模式、学科建设的价值取向、学科建设话

① ［法］埃德加·莫兰：《复杂性理论与教育问题》，陈一壮译，北京大学出版社 2004 年版。

② ［美］小威廉·E. 多尔：《后现代与复杂性教育学》，张光陆等译，北京师范大学出版社 2016 年版；［美］小威廉·E. 多尔，M. 杰恩·弗利纳、唐娜·楚伊特等编：《复杂性理论与教育译丛：混沌、复杂性、课程与文化》（一场对话），余洁译，教育科学出版社 2014 年版。

语体系的反思与超越等角度。这些研究走向展现了多样的取向，也指向某种一致性的趋势。这些多样化的取向之间有着内在的联系。当人们的关注从学科知识要素和结果转向知识生产力时，这其中既有学者个体的生产力，更多指向组织的知识生产力，这就不可避免地将研究的关注点进一步延伸到与组织生产力直接相关的组织结构、组织制度与文化这些表示组织生产关系的范畴。于是，对于知识组织的关照，进而对于学科软实力的关照，包括以生命体的方式对学科组织的认识与把握，就成为深化的必然方向。当然，随着认识的进一步深化，要更深刻更有效地把握学科发展的终极价值与规律，也就不得不超越学科自身的话语体系，从一个外在的视角对传统的学科话语实践进行整体性的观照与审视，从而获得一种全局性的和全新的认识。而这种一致性趋势即在分析的、原子论研究的基础上，走向一种整体性思维、一种综合平衡和一种路径重构，或者说是走向学科发展初心的回归。这种回归即着眼于学科发展指向知识的发展、指向人的发展、指向社会的发展，由这些反思来重新认识政府和高校围绕学科所进行的各种管理活动。

On The Research Traits of Higher Education Institution Disciplinary Construction In China

Song Hongyan

Abstract: Disciplinary construction plays important part in China higher education institutions, related researches prosper for a long time. During last ten years, along with the reform and development of higher education, the research field shows new traits. The research focus turns from elements and results to capability building, from the dimension of knowledge to the dimension of organization, from paying attention only to research to under-graduate education as well, from single dimension to pattern research, from value debate to value coordination, from discourse practice to discourse critique. The overall trend points to a systematic thinking, a comprehensive balance and a path reset.

Key words: higher education institution, disciplinary construction, research trend

四轮学科评估指标体系调整变化的政策意蕴

刘　鲁　郝雯雯*

摘　要：学科是高校的学术内核，承担着人才培养、科学研究、服务国家重大战略需求的重任，是衡量高校办学水平的主要标志。学科评估日益与高校“双一流”建设深度关联。2002—2016 年间，教育部学位与研究生发展中心对高校一级学科进行了四轮评估，四轮评估指标也随着时代发展和社会需求在调整，显示了我国学科建设理念与政策的变化。本文首先对我国四轮学科评估情况进行总体研读，发现在学科评估一级指标主要框架不变的情况下，二、三级指标在不断补充和完善。其中“科学研究”指标内涵相对稳定，“队伍建设”则从重学术名誉与奖励向团队整体实力转变，“人才培养质量”指标受到重视，“社会贡献”作用也得以彰显。这些评估指标的调整，对高校的政策引导信号是非常明确的。高校的学科建设，须大力加强学科队伍整体水平、人才培养质量、创新性学术成果的产出以及服务国家和社会能力的提升，以期提高我国一流学科建设的整体水平。

关键词：学科评估；学科建设；指标体系；人才培养

为推进我国一流学科建设，发挥带动引领作用，提升高等教育的整体办学实力和水平，我国提出了要创建一批世界一流大学和培育一批一流学科的目标。2015 年出台的“双一流”高校建设方案为我国高等教育发展提供了奋斗目标。众所周知，高校学科建设对提升高校教育质量和整体办学水平至关重要，要想建设世界一流大学，必须要有高质量的学科建设作为支撑。学科评估通过对各重点建设高校的一

* 刘鲁，西北政法大学 2017 级教育经济与管理专业硕士研究生。研究方向：高等教育管理。郝雯雯，西北政法大学 2018 级教育经济与管理专业硕士研究生。研究方向：高等教育管理。

级学科水平进行整体评估以检验教育教学质量，是提升学科建设成效的重要抓手。其评估指标体系引导着高校学科建设的方向。本文旨在深入探讨四轮学科评估中指标体系的变化及其意义，明确我国高校学科建设的努力方向，以促进学科健康快速发展，推动我国高等教育水平的整体提升。

一　我国四轮学科评估概况

学科评估是按照我国《学位授予与人才培养学科目录》对一级学科整体水平进行评估分析，向社会及时公布评估结果。为了便于整改落实，测评结果和具体的分析报告也及时向参评对象反馈。在我国 2002 年启动的首轮学科评估过程中，共有 200 余个单位的 1336 个学科提交了参评申请。此次学科评估产生了一定影响，具有较强的实践意义，但由于是初次探索和尝试，其社会影响力和关注度比较有限。随后，第二轮学科评估于 2006 年拉开序幕，此次评估共有 330 多个单位的 2300 多个学科参评。其评估结果向社会和参评单位公布后，得到了较好的评价和认可，也引起了社会对学科建设的关心和关注，对于加强学科建设起到了积极作用。时隔 6 年之后，在吸收前两次评估经验教训的基础上，结合最新的教育教学理念和学科建设要求，2012 年进行了第三轮学科评估。共有 390 多个单位的 4200 多个学科参评，其影响力进一步扩大，成效进一步提升，具有博士学位授予权的学科达到近 3000 个（参评率高达 80%）。在 2016 年启动的第四轮评估中，规模和影响力达到了前所未有的高度，共有 500 多个单位的 7449 个学科申请参评，在全国高校具有博士学位授予权的学科中占了 94%，做到了广覆盖。通过公布评估结果和分析报告，大力宣传了我国近年来学科建设取得的成效，促进了高等教育学科建设的全面提升，甚至引起了国际上相关机构的关注和认可，其认可度、支持率、影响力得到大幅提升①。四轮学科评估概况如表一。

① 周继良、张金龙：《学科评估与一流学科建设的制度平衡》，《高教发展与评估》2018 年第 6 期。

表一　中国四轮学科评估概况

	时间（年）	参评单位（个）	参评学科（个）	参评学科增幅（%）
第一轮	2002—2004	229	1366	
第二轮	2006—2008	331	2369	73.4
第三轮	2012	391	4235	78.8
第四轮	2016—2017	513	7449	75.9

二　四轮学科评估指标变化情况分析

（一）一级指标的变化

学科评估是对高等院校学科建设和教学质量的综合性评价分析，其中学位授予和研究生培养是大学教育“皇冠上的明珠”，其应该作为学科评估的重点。以往我们对高校的办学水平进行评价时，主要采用主观评价，其标准抽象，定量分析不够，因此不够公平公正。在2002年的首轮学科评估中，探索建立了定量分析的方式方法，通过优化设置科学合理、系统全面的量化指标，对高等院校一级学科建设情况进行整体性、综合性评价。随着“互联网+”技术不断深化，大数据运用的深度和广度不断拓展，学科建设的数据分析、指标设定、标准评判都可能得到大数据的支持。首轮学科评估中主要设置了四个一级评价指标，它们分别代表学科队伍建设、学术研究情况、人才培养状况以及社会美誉度。在此后的三轮学科评价中，这些一级指标得到保持和延续，并随着社会的发展进行了针对性的补充和修订。四轮学科评估一级指标的调整如表二。

表二　四轮学科评估一级指标的对比

评估轮次	一级指标			
一	学术队伍	科学研究	人才培养	学术声誉
二	学术队伍	科学研究	人才培养	学术声誉
三	师资队伍与资源	科学研究	人才培养质量	学术声誉
四	师资队伍与资源	人才培养质量	科学研究水平	社会服务与学科声誉

（二）二、三级指标的变化

从第二轮学科评估开始，评价指标体系相对而言更加全面合理、客观公正，其在总体架构上是在第一轮学科评估一级指标的基础上进行的补充和修订，其四个一级指标主要包括学术队伍、人才培养、科学研究、学术声誉四个方面。下设7个二级指标。总体来看，一级指标设置抽象全面，二级指标较为细化，但具体标准仍然不够具体，在进行定量分析时不便操作，所以，二轮评估还是主要采取定性分析的方式进行的[①]。这次评估只设置了一级、二级指标，评估过程仍然不够精确，其结果不够公平公正。

四轮评估在一级指标框架不变的情况下，二、三级指标不断补充和修订完善。其具体变化主要包含以下几个方面：

1. 队伍建设从重学术名誉向重团队实力转变

四轮学科评估指标对比——学术队伍

评估轮次	一级指标	二级指标	三级指标	指标说明
一	学术队伍	具有博士学位的人员占全部专职教师和研究人员的百分比	—	—
		师生比		—
二	学术队伍	—	博士学位的人员比例	—
			中国科学院、工程院院士数	—
			长江学者和杰出青年基金获得者数	—
			新世纪（跨世纪）人才数	—
			专职教师与研究人员总数	—

① 王瑞胡：《学科评估指标体系变更对高校学科建设工作的启示》，《重庆高教研究》2016年第5期。

续表

评估轮次	一级指标	二级指标	三级指标	指标说明
三	师资队伍与资源	专家团队情况	—	两院院士、长江学者、国家杰青、千人计划入选者
		师生比	—	主要强调导向，比例在一定区间内均为满分
		专职教师情况	—	人事关系在本单位的专职教师和研究人员总数（设置上限）
		重点学科情况	—	国家重点学科、省级重点学科
		重点实验室情况	—	国家级和省部级实验室、基地、中心
四	师资队伍与资源	师资质量	师资队伍质量	提供师资队伍的年龄结构、学历结构、学缘结构、职称结构、海外经历等基本情况；提供20名骨干教师（其中青年教师不少于6名）情况（年龄、学科方向、学术头衔、学术兼职等情况）和团队情况
		师资数量	专任教师数	本学科专任教师总数

一到三轮学科评估中，人才队伍建设中名誉和头衔作为加分项可以直接加分。在学术队伍建设方面一至二轮学科评估中有三个指标内容相同，即两院院士数、长江学者等数量和人数、教育部跨世纪人才、新世纪人才等数量和人数。第三轮学科评估相关情况得到淡化，如“师资队伍与资源”直接简化为“专家”。第四轮学科评估中名誉和学术头衔淡化体现得更加明显，在第三级指标中没有出现专家得分项。在第四轮评估指标中仍然保持了“师资队伍与资源”，其具体内容包括教师情况、骨干教师与团队建设等方面，没有直接强调各种头衔和学术名誉。在实际操作中，“师资队伍质量”主要采取评判专家主观认定的方式进行，是在各种人才要素基础上对学科团队的综合性评判，淡化了对学术名誉和头衔的过度依赖①。

① 王立生、林梦泉、任超、陈燕：《我国学科评估的发展历程和改革探究》，《中国高等教育》2016年第21期。

2. 更加突出对人才培养质量的重视

四轮学科评估指标对比——人才培养质量

	一级指标	二级指标	三级指标	指标说明
一	人才培养	获优秀教学成果奖情况	—	国家级特等奖数
				国家级一等奖数
				国家级二等奖数
		学生情况	—	授予博士学位数
				授予硕士学位数
				目前在校攻读博士、硕士学位的留学生数
		全国优秀博士学位论文数	—	—
二	人才培养	奖励情况	获国家优秀教学成果奖数	—
			获全国优秀博士论文数	
		学生情况	授予博士学位数	—
			授予硕士学位数	
			目前在校攻读博士、硕士学位的留学生数	
三	人才培养质量	学位论文质量	—	全国优秀博士学位论文入选论文、提名论文数，“公共管理”学科含全国 MPA 优秀专业硕士学位论文数
				综合考虑全国博士学位论文抽检情况
		学生国际交流情况	—	学生赴境外交流或联合培养的人数
				授予境外学生学位数
		授予博士、硕士学位数	—	全日制专业学位和全日制学术学位博士/硕士数（设置上限）
		教学成果奖数	—	国家级和省级优秀教学成果奖数
		教材质量	—	“十一五”国家级规划教材（含“国家精品教材”）数
				“工商管理”学科含入选“MBA 教指委百篇优秀管理案例”及“哈佛”“毅伟”商学院案例数

续表

	一级指标	二级指标	三级指标	指标说明
四	人才培养质量	培养过程质量	课程教学质量	国家级教学成果奖、研究生教育成果奖、省级（按省做标准化处理）及军队教学成果奖；
				国家级精品视频公开课、国家级精品资源共享课、教育部来华留学英语授课品牌课
			导师指导质量▲（试点）	对在校生进行问卷调查，考察导师对学生的指导情况
			学生国际交流	赴境外学习交流连续超过 90 天的学生
				来华学习交流连续超过 90 天的境外学生（含授予学位学生）
				中外合作办学机构/项目质量
		在校生质量	学位论文质量	全国博士学位论文抽检情况
			优秀在校生▲	列举 15 名优秀在校学生并简要介绍其在学成果
			授予学位数（设置上限）	授予博士和硕士学位人数
		毕业生质量	优秀毕业生▲	提供近四年毕业生的总体就业情况，并列举 20 名近十五年优秀博士、硕士毕业生
			用人单位评价▲（试点）	提供一定比例的毕业生及其工作单位联系方式，学位中心直接联系其所在部门联系人进行网上问卷调查，对毕业生的职业胜任力、职业道德、满意度等进行评价

在最近的一次学科评估中，将“人才培养质量”摆在了突出位置，甚至排在了“科学研究水平”指标之前，体现出把人才培养质量摆在了更为重要的位置。对人才培养的重视还体现在对人才培养质量内涵认识的丰满上。一轮到三轮学科评估中有关“人才培养质量”的指标都只是重各种名头而忽视人才培养的更多内涵，主要包含教学成果奖、论文质量和学位授予情况。内涵丰富上，在第三轮评估中将“学生国际交流情况”单列为具体内容；第四轮评估中将“优秀在校生和毕业生”作为重要指

标进行补充完善，由相关专家对人才培养质量进行评价分析，第四轮评估还首次对用人单位进行人才质量满意度摸底和测评，从用人单位的视角丰富对人才培养质量的揭示。

3. “科学研究”的指标设置相对稳定

四轮学科评估指标对比——科学研究

	一级指标	二级指标	三级指标	指标说明
一	科学研究	科研基础	—	国家重点学科数
				省部级重点学科数
				教育部人文社科重点研究基地数
		获奖情况	—	国家社科基金项目优秀成果一等奖数
				国家社科基金项目优秀成果二等奖数
				国家社科基金项目优秀成果三等奖数
				中国高校人文社科研究优秀成果一等奖数
				中国高校人文社科研究优秀成果二等奖数
				中国高校人文社科研究优秀成果三等奖数
		发表学术论文情况	—	在国内核心期刊发表学术论文篇数
				人均在国内核心期刊发表学术论文篇数
				SSCI 及 AHCI 收录论文篇数
				人均 SSCI 及 AHCI 收录论文篇数
				出版专著数
		科研经费情况	—	近三年国家级科研项目经费
				近三年人均科研经费
				近三年国际合作科研项目经费

续表

	一级指标	二级指标	三级指标	指标说明
二	科学研究	科研基础	国家重点学科、国家重点实验室、国防科技重点实验室、国家工程技术研究中心、国家工程研究中心、教育部人文社科基地数	—
			省部级重点学科、省部级重点实验室、省级人文社科基地数	
		获奖专利	获国家三大将、教育部高校人文社科优秀成果奖数	—
			获省级三大奖及“最高奖”、省级哲学（人文）社科优秀成果奖数	
			获中华医学科技奖、中华中医药科技奖数	
			获发明专利数	
		论文专著	CSCD 或 CSSCI 收录论文数	—
			人均 CSCS 或 CSSCI 收录论文数	
			SCI、SSCI、AHCI、EI 及 MEDLINE 收录论文数	
			人均 SCI、SSCI、AHCI、EI 及 MEDLNE 收录论文数	
		科研项目	出版学术专著数	—
			境内国家级科研项目经费	
			境外际合作科研项目经费	
			境内国家级及境外合作科研项目数	
			人均科研经费	

续表

	一级指标	二级指标	三级指标	指标说明
三	科学研究	代表性学术论文质量	—	近五年被 SCI、SSCI、EI 收录的代表性论文的他引次数和（属“ESI 高被引论文”加分）
				近五年被 CSSCI、CSCD 收录的代表性论文的他引次数
		人均发表学术论文数	—	本学科三年内在 SSCI、SCI 及 CSSCI、CSCD 源期刊上人均发表的学术论文数
		出版学术专著数	—	专著仅统计“著”的情况
		代表性科研项目情况	—	国际级项目、国防/军队重要科研项目、境外合作科研项目
				部委级项目、省级项目
				30 项其他重要科研项目情况
		科学研究获奖	—	国家自然科学奖、技术发明奖、科技进步奖
				教育部高校科研成果奖（科学技术、人文社科）
				省部科技贡献奖/科技功臣奖/科技成就奖，省级自然科学奖、技术发明奖、科技进步奖、省级哲学人文社科奖
四	科学研究水平（含教师和学生）	科研成果	学术论文质量△	在 A 类期刊上发表的论文
				其他 20 篇高水平论文
			出版专著	近四年出版的学术专著
				入选国家社科文库的或被翻译为外文的专著加分
			出版教材	近四年出版的“十二五”国家级规划教材
		科研获奖	科研获奖	国家自然科学奖、技术发明奖、科技进步奖
				教育部高校科研成果奖
				省级科研获奖、安全生产科技成果奖
		科研项目	科研项目（含人均情况）	国家重大科技专项、国家 973 计划、国家 863 计划、国家科技支撑计划、国家软科学研究计划、科技基础性工作专项、国家自然科学基金、国家社会科学基金、全国教育科学规划课题、教育部人文社会科学研究项目
				省部级及重要横向科研项目

四轮学科评估中“科学研究”评价包含的主要内容有论文、学术专著、项目立项和获奖情况等。第四轮评估与前三轮评估相比淡化了海外论文发表（SCI、SSCI），在增加A类期刊上论文的发表情况基础上，结合论文发表总数与20篇“代表性论文”作为考核指标。最终，采用量化分析和与定性分析相结合的方式进行评价，合理处理了论文数量和质量的关系。

4. 更加重视学科的社会服务作用

四轮学科评估指标对比——学科声誉

	一级指标	二级指标	三级指标	指标说明
一	学术声誉	—	—	—
二	学术声誉	—	—	—
三	学科声誉（主观评价指标）	学科声誉（含学术声誉、社会贡献、优秀毕业生情况、学术道德等）	—	由学科声誉调查专家根据学术声誉、社会贡献、优秀毕业生情况、学术道德等印象，参考《学科简介》，做出“学科声誉”的评价
四	社会服务与学科声誉	社会服务贡献	社会服务特色与贡献	提供学科在社会服务方面的主要贡献及典型案例
		学科声誉	学科声誉	同行和行业专家参考《学科简介》，对学术声誉和学术道德等进行评价

在第四轮学科评估中将一些指标体系进行了动态调整。比如将一级指标中的“学科声誉”调整为“社会服务与学科声誉”，并下设了两个具体指标：“社会服务特色与贡献”“学科声誉”。在“社会服务”指标设置中要求填报主要贡献和典型案例，包括召开学术会议、创办学术期刊等内容。随着我国现代化进程的不断加快，社会发展逐渐由资源密集型、劳动密集型向人才、技术密集型转变，需要提供优质人才和融入科技手段，高等院校服务于经济社会发展的作用得到高度重视。其指标的调整和变化，结合了市场经济的发展需要，体现了产学研相结合的导向①。本项指标的调整说明在评估中更好地把握了学科的声誉与服务的关系，学科的声誉不

① 汤强：《以学科评估促进高校学科建设——基于教育部第四轮学科评估指标体系的分析》，《中国高等教育评估》2018年第1期。

仅仅是学术的声誉，还是在人才培养、科学研究的基础上服务社会所赢得的社会声誉。

三　加强学科建设的对策建议

四轮学科评估中，评估指标体系在总框架稳定的基础上，二级和三级指标都进行了持续的调整，旨在更好地反映学科建设与学科发展的内涵。这种变化为高校加强学科建设也指明了努力方向。

（一）要高度重视队伍整体水平提升

稍早的学科评价指标体系过度依赖师资队伍建设中的各种名头，后几轮评估更加重视整体团队的实力，这就要求高校在学科建设中，要抓住整体教学科研队伍水平的提升。一是提升专任教师和骨干教师的队伍建设，既要保障一定规模也要保障整体素质。二是构建结构优化的师资队伍。在师资队伍建设上，要注重人员的年龄、性别、专业、学术背景等方面的搭配和安排，避免出现结构单一，形成稳定可持续发展的、富有融合创新活力的人才支持体系。随着科学研究的发展和社会需求的变化，学科交叉融合的现象不断出现，应建设有利于学科交叉融合的教师队伍。三是增强教师队伍建设的国际化水平。加强本校教师海外访学、短期海外学术交流、引进外籍教师学术讲座、短期交流等，提升教师整体的国际视野与国际交往能力，旨在服务于我国高等教育创新实力与国际影响力的增强。

（二）提升人才培养质量和效果

高等教育的直接目的是培养高素质的人才，为社会主义现代化建设提供人才支撑和人才保障。高校应把提升人才培养质量作为教学工作的核心。高校人才培养要围绕优化专业设置、提升学生整体素质来开展教学研究工作，增进学生创新实践能力的提升。高校还要促进学生培养的国际化水平，着力培养具有国际视野的社会主义现代化建设者。同时，要完善和创新教学质量评价体系，重视需求方的评价和支持，重视企业和用人单位的意见建议，结合他们的需求与评价结论来反馈、完善人才培养方案，从而满足学生发展的需求，提升教师教学水平，从人才培养的角度来夯实学科建设的基础，提升学科建设的水平。

（三）重视学术成果水平与学科服务能力的提升

四轮学科评估保持了对学科科学研究的一贯重视。这是学科发展的核心基础，是学科之所以能够服务于创新性人才培养、能够创造性地服务于社会发展的基础所在。因此，高校在科学研究方面必须持续发力，才能获得应有的创新性成果与广泛而卓越的学术声誉。同时，高校也必须加强学科服务社会的能力，由此反哺学科的创新与成长。在第四轮学科评估中，把学科的“社会服务贡献”作为重要的指标进行增补，通过使用“代表性案例”来评判社会服务贡献，把学科建设对社会发展的促进作用作为重要的考核指标，迫使高校将自己的学科建设与市场需求相结合。高校在全方位了解自己的学科设置和市场需求的基础上，通过市场来检验学科设置和人才培养工作，促进形成产学研一体的专业设置和人才培养体系，更好地服务地方和社会经济发展，以培养更好地满足社会需求的人才。实践表明，高校要想在激烈竞争中保持自己的核心竞争力，必须将自己的专业学科建设与当地经济社会发展结合，在服务社会的基础上实行差异化发展战略，走出一条特色型的高校发展和学科建设之路。

The Enlightenment of the Change of Four Rounds of Discipline Evaluation Index System on Discipline Construction

Liu Lu　Hao Wenwen

Abstract: As of 2016, the Academic Degree and Graduate Management Center of the Ministry of Education of China has carried out four rounds of evaluation on the construction of first-level disciplines in higher education. With the development of the times and the social needs, the indicators of the overall situation assessment of the four-round first-level disciplines have changed constantly. This shows that the discipline construction must keep pace with the times and respond to the market demand. It is also a concrete manifestation of the deepening development of educational and teaching concepts in China. Firstly, this paper gives a general overview of the four rounds of discipline evaluation in China, then compares and analyses the specific indicators of the four rounds of discipline evaluation, and finally puts forward some countermeasures and suggestions to strengthen the discipline construction in order to provide support for the development of the first-class disciplines in China.

Keywords: discipline evaluation; index system; discipline construction

教学成果

法科学生学术创新能力培养的探索与实践

——以西北政法大学“公法学术著作书评大赛”为观照

常　安　李德旺*

摘　要： 学术创新能力培养是法学本科教育中的一项重要内容，也是卓越法律人才培养的应有之义。西北政法大学“公法学术著作书评大赛”通过学术书评竞赛这种教学改革新形式，将书评作为学生逻辑、阅读、写作、表达能力训练的一个核心载体，开展对学生基本的学术培训，进而增强其学术技能、学术伦理，实现了较高标准的学术基础训练，激发了学生投身学术训练的兴趣和动力。书评大赛聚焦读书和写作这一学生能力培养的核心环节，为学校师生之间的学术互动提供了交流互鉴平台，为学生知识共同体的养成提供了培育土壤，营造了良好的学术氛围，同时也为法学专业教学实践改革、学生学术创新能力培养积累了有益经验。

关键词： 学术书评；学术批评；竞赛；学术创新能力；法律人才培养

2014年10月，为了迎接首个“国家宪法日”的到来，笔者同李瑰华教授等一起倡议举办西北政法大学首届“公法学术著作书评大赛”，以助力学校卓越法律人才培养。该倡议很快得到校院两级领导以及教务处、研究生院等相关部门的支持。首届公法书评大赛于2014年12月顺利举行。“公法学术著作书评大赛”通过学术书评竞赛的教学改革形式，激发了学生学术阅读和专业写作的兴趣和动力，培养了学生的学术思考和创新能力，以研究生、本科生分组同台竞技的赛程设置，为学校师生之间的学术互动和学生知识共同体的培育提供了交流互鉴平台，有效营造了良好的学

---

* 常安，西北政法大学教授，博士生导师，法学博士，主要研究方向：行政法。李德旺，上海师范大学哲学与法政学院宪法学与行政法学专业硕士研究生。

术氛围。

截至2018年12月，“公法学术著作书评大赛”已成功举办五届。五年来，参赛同学所在学院基本覆盖了西北政法大学所有二级学院，所在年级覆盖了学校所有年级层次，参赛作品涉及数百部国内外公法领域经典著作，参赛作品的水平也呈现出逐年提升的劲头。可以说，前后长达五年的“公法学术著作书评大赛”的教学实践活动，充分展现了我校近年来在教学改革、学生培养等诸多方面的成效。所以，笔者尝试以西北政法大学“公法学术著作书评大赛”为参照，将五年的大赛筹办过程中在教学改革、学生学术创新能力培养方面积累的些许经验进行整理和总结，希望能够对日后类似教学改革或者学生培养路径探索有所助益。

一 为何举办“公法学术著作书评大赛”？

（一）旨在解决的问题

学生学术训练和传统的法学教育单纯的知识性传授、实务导向的法学训练虽然都属卓越法律人才成长的培养内容，但在目标设定、训练方式等方面，却又存在诸多不同。多年法学教学改革的实践充分证明，当前法学人才培养中，学术训练板块所存在的薄弱状况实在令人担忧。缺乏法学理论基础的积累，而只偏重法律实务教学，也容易致使卓越法律人才培养沦为一种“单一的职业训练”。①

“公法学术著作书评大赛”不同于以往的课堂教授的形式，其作为教学改革活动的一种新形式，旨在解决当前学生培养在阅读、写作方面面临的学术训练不足的突出问题。这些问题集中展现在以下几点。

一是，目前法学专业的学生普遍存在阅读面窄、阅读兴趣不足、缺乏专业阅读和学术阅读的深度训练情况，这些问题在日常课堂教学、推免遴选面试、学年论文、本科毕业写作中等环节都体现得非常明显。学生的阅读以课程教材、司考教材、考研教材为主，属于一种应试型阅读，阅读意愿呈被动型、阅读面也明显偏窄，不利于学生的专业能力深入培养与专业理论的夯实。此外，尽管也有不少爱读书的学生，但常常因缺乏引导、不

① 王文华：《卓越法律人才培养与法学教学改革》，《中国大学教学》2011年第7期。

得方法而容易将学术研究视为简单的“对策法学”，同时因缺乏相关学术理论的映照，往往停留在对社会现象作简单描述和展示的层面，无法从“问题”中进行有深度的理论挖掘。[①]

二是，学生的阅读视野不足，对法律应用、专业就业的理解偏窄，难以适应目前宽口径的本科生培养趋势，也不适应卓越法律人才培养尤其是“应用、复合型”法律人才培养的“复合”要求。卓越法律人才培养需要拓展学生的知识视野和就业渠道。随着时间的推移，未来的政府法务、企业法务等法科职业门类都会对学生较广阔的知识视野、宽口径的适应能力与学习能力提出更高要求。

三是，就法律专业的学生而言，写作能力尤其是学术写作、专业写作极为重要，但通过目前的本科学年论文、毕业论文现状观察，一方面写作类型模式偏旧；另一方面部分学生写作态度过于被动，写作质量不高，致使有部分老师也要求取消本科学年论文、毕业论文。[②] 而在学生毕业进入工作岗位或者继续深造时，本科教学阶段写作能力的不足，就成为其综合能力的短板。

四是，各种学生类的竞赛以社团活动或者知识竞赛为主，学术含量与理论深度都存在严重不足。部分有志于学问的学生在学生群体中也缺乏对于学术共同体、知识共同体的认同，在上述普通竞赛中也难以展现其学术潜质。

（二）“公法学术著作书评大赛”的实践探索

鉴于上述谈及的法学专业学生学术训练板块的薄弱问题，“公法学术著作书评大赛”尝试通过开展书评竞赛的形式予以弥补，旨在通过书评竞赛这样一种教学改革探索与实践，激发学生的理论阅读与专业写作兴趣，培养学生的学术创新能力，并通过征稿、评审、点评、获奖作品推广等周期较长的师生互动教学过程，实现教学模式的师生良性互动与良好学术氛围的有效营造。

不可否认，公法领域的读书和学术写作的确要求很高。无论是面对公法领域的基础理论问题还是前沿问题，作为初入大学的一、二年级的学

① 参照尤陈俊《作为问题的“问题意识”》，《探索与争鸣》2017 年第 5 期。

② 雨茂：《本科论文质量“一届不如一届”?》，《中国青年报》2019 年 5 月 14 日第 2 版。

生，知识结构和思辨能力都存在不可忽视的欠缺，难免遭遇“心有余而力不足”的尴尬。相较从学术论题直接入手的训练方式，书评写作显得更为适合作为学术写作的初阶训练方式。当然，这并不是说书评写起来会很容易。而是相对来讲，书评写作讨论的对象是比较明确的，一本书，甚或书中的某一章节均可。写作对象的明确，就或多或少能够减少学生在选题或者讨论问题上的任性和盲目。基于学术阅读的书评写作，也能借之帮助学生铺垫较为基础的理论知识储备。另外，书评写作过程中，书评的结构模式通常是比较容易掌握的，通过书评结构框架性训练，不仅能够使学生在进行学术思考的过程中更具有针对性，也能够初步锻炼学生做到符合最基本的学术写作规范。这些相对更为务实却又不乏理论深度的教学目标设定，不仅是可望的，也是可及的。

不同于传统课堂形式的传授，竞赛形式开展的学术训练能够更为有效地吸引学生的初步阅读兴趣和写作动力。“公法学术著作书评大赛”在学校领导和职能部门的关心下，一开始即被确定为校级比赛，颁发获奖证书与奖金，颁奖典礼环节以作品汇报与专家点评为主，能够吸引学生们的初步阅读兴趣与写作动力。大赛宣传、获奖作品评选、获奖优秀作者作品汇报、专家现场点评、学生学术公号推送等一系列分步骤、成体系的学术互动模式，能更为有效地真正挖掘和培养有潜质的学术苗子，也能够直观地改变当前学生对于学年论文、毕业论文等学术写作的模糊认识，进一步培养学生的学术创新能力与专业写作能力。

“公法学术著作书评大赛”在征文启事中由评审委员会精心挑选了中外公法学经典著作，兼顾了经典理论与前沿作品，既照顾到了法学专业学生的知识储备和阅读兴趣点，也对公法学经典著作本身具有的学术史上的地位作了充分的考量。在书评范例提供方面，大赛采取既提供成名学者对经典作品解读的书评，也提供优秀本科生、研究生书评作品示范的方式，使参赛学生更加明确地意识到其努力的方向与可能性。此外，大赛也积极通过宣传、动员的方式，鼓励学生就书评写作请教相关专业老师，以书评比赛为载体，扩大师生学术互动的辐射面积。

参赛作品评选方面，“公法学术著作书评大赛”采取严格的匿名评审方式，并辅之于复制比查重的技术模式与评委人工甄别，对于存在学术不端的作品坚决实行一票否决。在颁奖典礼的专家点评现场也专门强调学术伦理的基本要求与学术写作的基本规范。一以贯之的学术规范要求，使学生严格确立学术诚信观念与学术规范意识不断得以强化。

在颁奖典礼等环节设计上，“公法学术著作书评大赛”注重强调学术性、互动性、教育过程的理念。在每年的颁奖典礼中，获奖学生须就其获奖作品进行20分钟以上的现场汇报，大赛组委会安排从事该领域研究的老师进行针对性的现场学术评议，指出其在学术写作与表达方面的特点与不足，既达到鼓励学生学术自信的目的，又让学生意识到其提高的空间与方向。

“公法学术著作书评大赛”通过准备充分的大赛宣传与组织、参赛学生与指导教师的学术互动、严格的匿名初审复审终审三审环节、获奖作品现场展示与点评、获奖作品结集发行并且公号推送以吸引更多的学术苗子，形成一个运行良好、有效循环、师生互动面广、教育过程周期长的教学模式。

五年来，大赛不仅吸引了行政法学院、民商法学院、经济法学院、刑事法学院、国际法学院、反恐法学院等六大法学院学生的强烈兴趣，同时政治与公共管理学院、公安学院、新闻传播学院、经济学院等其他非法学学院也有不少同学积极参与其中，如2018年第五届公法书评大赛本科生组一等奖获得者即为哲学学院本科生。五年来，“公法学术著作书评大赛”收到的参赛稿件达800余篇，参赛同学在学校二级学院、年级层次上均实现了全覆盖，参赛作品涉及数百部国内外公法领域经典著作，参赛作品的水平也在逐年提高，俨然在西北政法校园中掀起了“经典阅读热”。

二 “公法学术著作书评大赛”的创新

“公法学术著作书评大赛”通过经典著作书评比赛这样一种教学改革模式，强调在教学改革活动中教师的主动引导，有效提升了参赛学生的学术品位和知识追求，为学校挖掘出一批优秀的学术苗子。历届大赛获奖作品均由《知行学刊》结集发行，并将其中部分特别优秀的作品推荐至《法学教育研究》《人权论衡》等CSSCI刊物、校定核心刊物发表，形成了良性的学术人才选拔模式。

此外，书评比赛的多环节互动模式也有效拓展了师生教学相长的辐射范围。大赛通过“征文启事发布——学生参赛与教师指导——组委会组织专家初审复审终审——颁奖典礼现场获奖者汇报作品评委学术评议与学生现场聆听——获奖作品结集发行——赠送广大师生阅读——学生学术公号专题推送——下一届比赛征文（附书目推荐与作品范例）”等一系列的流程设置，对学校学术范围的营造以影响更多学生关注和参与形成了巨大的助益作用。

总的来看，“公法学术著作书评大赛”在学生培养理念、学生知识视野开拓和法律思维训练等方面对教学实践改革都具有一定的启示意义。

在学生培养理念上，大赛始终秉持卓越法律人才培养的教学理念，强调法学教育与研究的人文属性，强调法学教育研究需要面向国家治理、关注公法领域，进而对传统法学教育模式进行改革。原有的学生竞赛大多以知识型比拼为主，学术性、理论性存有较大不足，教师对于学生的学术性引领一定程度上缺失。“公法学术著作书评大赛”着力为法学教学实践活动开展作以内涵式提升，更为侧重教学改革探索与实践以学术性为本的教学理念。“公法学术著作书评大赛”将学术性视为本教学改革活动的灵魂，对获奖作品有严格的学术遴选程序，颁奖典礼也遵循学术性的原则，给予师生学术互动以充分的时间安排（颁奖环节时间安排短，主要以学生作品汇报与专家点评为主），对于引导学生的学术兴趣、提升学术能力、营造学术氛围可以说是大有裨益。

在当前知识多元化、知识结构复杂化的时代背景下，学术洞察力、学术鉴赏力、学术判断力，理应作为卓越法律人才应当具备的重要能力，但这些能力的培养和训练必须聚焦在读书和写作之上。① 也正因此，通过参与“公法学术著作书评大赛”，能够帮助学生在学术著作阅读、思考和学术书评撰写过程中更为准确地培养良好的问题意识和创新意识，进一步强化学生学术思维能力的提升，开拓学生在社会科学的人文背景中法学专业的知识视野。“公法学术著作书评大赛”之所以强调经典阅读训练、注重学生知识视野的开拓，也是因为考虑到学生选题能力的不足与学术规范训练缺乏。故而没有采取传统的论题式征文模式，而是采取学术书评写作竞赛的模式。书评写作需要深入细读文本、了解经典作品的学术史价值与社会意义，有助于培养学生的学术伦理与理论基础，细读文本的能力训练对法科学生的逻辑能力与法律教义学思维培养也有益处。大赛以书评为形式

---

① 参见肖川、胡乐乐《论研究生学术能力的培养》，《学位与研究生教育》2006 年第6 期。

开展专业学术训练，通过引导学生对相关公法命题的经典著作进行主动性仔细阅读，有效帮助学生理解相同的术语在不同的历史时期的不同含义及其演变的原因，促进其深入认识和把握当前的法学术语和知识，进而促进其法学思维和批判性意识的养成。

三 “公法学术著作书评大赛”成效及其拓展

“公法学术著作书评大赛”的举办，通过引导学生对于涉及相关公法命题的经典著作进行主动性的仔细阅读，有效帮助学生理解相同的术语在不同的历史时期的不同含义及其演变的原因，促进其深入认识和把握当前的法学术语和知识，产生了良好的教学成果。大赛通过引导学生开展公法经典著作阅读和写作，引导学生对相关理论深入研讨，有效帮助学生深化了对既有知识的理解、打下比较扎实的理论基础。以书评大赛为载体的公法经典阅读训练，也有效培养了学生严谨的学术习惯和学风，拓宽了学生的知识视野和批判能力，对于其将来进一步学习和研究公法学以及其他部门法学也将会大有裨益。通过五年的“公法学术著作书评大赛”的训练，有效帮助学生形成了一种向经典致敬的学术敬畏感和良好的学术习惯、严谨的法律思维，即使日后学生没有从事法学理论研究，通过大学经典理论训练的功底奠基也会有力反刍其实务操作的理论思考。

“公法学术著作书评大赛”教学改革实践活动始终坚持更高层次的法学教育目标和高标准的理论训练，突出法学教育和人才培养的国家治理面向，通过训练学生阅读公法经典著作来实现对学生卓越才能的塑造、社会现实的洞察力和处理实际问题的综合判断力的提升。“公法学术著作书评大赛”重在培养学生的阅读能力和写作能力，在这个过程中注重学生的思维能力的淬炼，使学生在阅读和写作的过程中了解中国的现实和域外的制度现实，在卓越人才培养的大背景下，提升学生的综合素质，加强对于基础课程的理解的同时，直面中国当下的现实制度运行，向学生展示一个现实的场域，使得其能够在汲取经典营养的基础上自觉地融入中国的法治实践中去，参与其中。

在成果的具体应用、社会评价、推广前景方面，大赛主要体现在以下几点：

五年来，参赛学生和大赛评审老师在教学相长的过程中，取得了一系列富有价值的学术思考成果。首先，历届大赛优秀获奖作品均由我校《知行学刊》以《“公法学术著作书评大赛”获奖优秀作品特辑》形式出版发行，目前已出版四辑，第五辑即将付梓。历届获奖优秀作品在“西北公法学”“知行学刊”“雅理读书”等微信学术公众号予以刊登后，形成了有影响力、连续性的本校本科生、研究生教学改革成果展示。另外，部分特别优秀的本科生获奖作品，先后刊于《法学教育研究》（CSSCI 核心辑刊）、《人权论衡》（校定核心）、《现代法治研究》（厦门大学法学院主办）等专业刊物，很好地展示了我校优秀本科生、研究生的学术潜质与学术训练情况。其次，以“公法学术著作书评大赛”的筹办为契机，大赛倡议人常安教授先后发表了《公法名著导读教学模式研究》（《法学教育研究》第 13 卷）、《探索高级法律职业人才的培养之道》（《法学教育研究》第 15 卷）、《公法经典阅读与卓越法律人才培养》（《法学教育研究》第 19 卷）、《博士点建设：人才培养与学科发展》（《法学教育研究》第 20 卷）等一系列教学改革研究成果，[①] 对当前法学人才培养的阶段性、递进性和融贯性作了相对深入的思考；大赛评审专家何柏生编审发表了《经典阅读与书评写作》一文，[②] 从阅读经典和书评写作的关系角度对当前书评界存在的陋习予以驳斥，一定程度上也有效矫正了当前学生对学术批评的不当认识。

五年来，“公法学术著作书评大赛”的参赛学生中有数十位同学在毕业后到北京大学、中国人民大学、上海交通大学、中国政法大学、武汉大学、北京师范大学、四川大学等国内外知名高校攻读硕士、博士学位继续读书深造，彰显了参赛学生的学术品位和知识追求，更深层次地拓展和延续了大赛的价值，很好地展示了良好的教学成效。例如，本校一名 2015 级的同学在第四届“公法学术著作书评大赛”获得一等奖时，已经先后

---

① 参见常安《公法名著导读教学模式研究》，《法学教育研究》第 13 卷，法律出版社 2015 年版；常安《探索高级法律职业人才的培养之道》，《法学教育研究》第 15 卷，法律出版社 2016 年版；常安、李德旺《公法经典阅读与卓越法律人才培养》，《法学教育研究》第 19 卷，法律出版社 2017 年版；常安《博士点建设：人才培养与学科发展》，《法学教育研究》第 20 卷，法律出版社 2018 年版。

② 参见何柏生《经典阅读与书评写作》，《法学教育研究》第 19 卷，法律出版社 2017 年版。

参加了三届书评大赛。在参赛过程中，其学术潜力得以发掘，学术能力得以提升，在毕业时也得以凭借出色的学术基础获得了国内顶尖法学院递来的橄榄枝。这并非个例，五年中因“公法学术著作书评大赛”结缘学术阅读和写作、学术思考能力得以提升的故事还有很多。他们在通过大赛得以提升自身学术能力的同时，在一定意义上，也以自身的进步为后届的学弟学妹作了很好的示范。可以想见，学生群体中上下届之间的示范和影响，对于后届学生积极参与比赛，在无形之中也会形成一种很好的驱动力。

五年来，“公法学术著作书评大赛”引导学术主动阅读学术著作、进行写作训练，在校园内掀起了经典阅读的热潮，增进了教学互动，连通了第一课堂与第二课堂，营造了良好的学风。2017 年书评大赛被评为“西北政法大学法治文化季优秀活动奖”。五年来大赛取得的成效也得到了校内外学界同仁的高度认可。原西北政法大学校长贾宇教授、中国行政法学研究会副会长王周户教授、中南大学法学院谢晖教授、北京大学法学院强世功教授、中国人民大学法学院张翔教授等均对本校采取公法书评比赛的形式引导学生阅读经典、培养法学写作能力的教学改革实践做出了高度评价。

在本教学改革活动未来的拓展情况方面，将从以下几个方面着手。(1) 公法学术著作书评比赛将继续在本校法学经典阅读教学、法治文化第二课堂实践等教学活动中承担重要角色，继续由《知行学刊》结集每届本科生组获奖作品特辑，并推荐特别优秀的作品至法学专业刊物。(2) 选取部分近五年的特别优秀的获奖作品，整理出版《西北政法大学“公法学术著作书评大赛”获奖作品精选集》，展示本校在卓越法律人才培养和法治文化宣传方面的特色与优势。(3) 扩大比赛范围，尝试与省内西安交通大学法学院、西北大学法学院、西北工业大学法学院等其他法学院联合举办陕西省内的“公法学术著作书评大赛”，在条件成熟的情况下，尝试将参赛学生范围拓展到全国。(4) 创办《公法书评》学术辑刊，为本校优秀学术苗子提供学术平台的同时，以书评的学术形式推动公法学术训练与学生能力培养，并且有意识地通过辑刊主题设置拓展公法学术研究的议程，营造尊崇经典、培养新人的教学氛围与学科发展后备培养模式。

四　结语：并不仅仅是一场比赛

“公法学术著作书评大赛”从书评这样一种学术训练的基础（其实从学术研究而言，也是学术写作训练的一种必备模式）开始做起，将书评作为学生逻辑、阅读、写作、表达能力训练的一个核心载体，进行基本的学术训练与学术伦理培训，培养学生的学术技能、学术伦理，书评写作对于学生阅读深度与逻辑思考的要求，对于将来从事法律实务工作的同学的快速信息检索、信息整合、专业写作、知识视野拓展等方面都会大有助益，这其实也是对于法学教育的学术传承与知识技能培养兼顾的一种体现。

书评强调在深入阅读和理解文本的基础上，开展学术批评。“书评实际上对作者的能力要求很高，它要求书评作者理解原作者写作的问题，并至少在某个方面有比原作者更强的洞察力。这种洞察力并不是说书评者一定（尽管可能）要比原作者水平高，而更可能并更多是由于‘旁观者清’的比较知识优势或知识互补。这种要求不仅很难，而且对于法学来说，甚至更难。”① 虽说，事非经过不知其难，但也正是因为难，这种训练才会有真正的收获。因为只有在对经典著作进行细致阅读的基础上，学生才能真实地感受到公法领域的瑰丽景象，也才能认识到自己的视野高度和知识广度所存在的问题和不足；同时，通过学术书评的写作，学生们也许才会更准确地发现自己在哪里存在着笔下所言与心中所想不相符合的缺陷。静下心来精读，归纳段意，整理论证结构，认真做读书笔记，这些都是锻炼学生理解力和批判思维能力最基础的步骤。学术研究并不只是那种风光的台面功夫。“台上十分钟台下十年功”的老话言犹在耳，初入学门的学生要想在读书上有一番进步，就必须去除浮躁心气和肤浅认知，耐住性子，扎实用功。

举办“公法学术著作书评大赛”的初衷并非追求一种华丽的雷人噱头或短期效益，而是更为提倡学生学术能力的培养，最终还是需要回归到更为纯粹的读书、写作上来。笔者更为乐见的是，在不考虑任何“学术绩效”的情况下，安安静静、沉下心来，师生共同享受追求知识、探讨

① 苏力：《学术批评的艰难——读〈思考与批评——解读中国法律文化〉》，载苏力《批评与自恋：读书与写作》，法律出版社2004年版，第61页。

学术的应有之乐。对于每个参赛学生而言，书评大赛总会有颁奖典礼和闭幕式，但学术的种子却在悄无声息中埋下，随着时间和思考的沉淀，那些有心的学生终将会对学术、知识、前辈和经典有更多的体味。在这种意义上，我们或许可以说公法学术著作大赛不仅仅是一场比赛。

Exploration and Practice of Training of Law Students' Academic Innovation Ability

——A Case Study of "Book Review Competition of Public Law Academic Works" of NWUPL

Chang An　Li Dewang

Abstract: The training of academic innovation ability forms an important part of law undergraduate education, and it is also the proper meaning of outstanding legal talents training. The "Book Review Competition of Public Law Academic Works" has been taken as a new form of teaching reform in NWUPL, and the book review has been seen as a core carrier of students'logic, reading, writing and expression ability training. Students' basic academic training can be performed through the competition and their academic skills and academic ethics can be improved to a higher standard of academic training, and their interests in academic training can be stimulated. The Book Review Competition focuses on reading and writing skills, which are the core part of students' training, and also provides a platform for academic interaction between teachers and students and a soil for the cultivation of students' knowledge community, creates a good academic atmosphere, and accumulates helpful experience for the reform of law teaching and the training of students' academic innovation ability.

Key words: academic book review, academic criticism, competition, academic innovation ability, legal personnel training

"红色基因""法治基因"融入思政课实践教学的模式改革*

魏　奇　赵　琳**

摘　要：思政课是落实立德树人根本任务的关键课程，积极进行实践教学的改革探索是当前思政课教学改革的重点所在。从党的教育方针、学校的办学定位和历史文化出发，直面思政课教学中仍然存在的问题，近年来学院全面探索将"红色基因""法治基因"融入学校"德法兼修"人才培养目标的思政课实践教学的可能方法和路径，形成了"一根本""两基因""三融合"创新模式。以做好红色育人顶层设计与深挖红色基因的内涵及贯通集成，高扬并彰显了红色基因与法治基因，构建了"三实践四课堂七方法"的实践教学体系，创新了实践教学内容、载体和方法 ，实现了与专业、社会现实和学生成才的"三融合"。这一模式已经取得了一定效果，必将在持续探索中得以深化和完善。

关键词：立德树人；思政课；红色基因；法治基因；实践教学

"办好思想政治理论课，最根本的是要全面贯彻党的教育方针，解决好培养什么人、怎样培养人、为谁培养人这个根本问题"①，培养社会主义合格建设者和可靠接班人是我国高校确立思想政治教育根本目标的总体指向，培养"德法兼修"的高素质法治人才是我校人才培养的目标。思

---

* 本文是在荣获 2018 年学校教学成果一等奖的《思政育人"一根本""两基因""三融合"实践教学模式改革与创新》一文的基础上提炼而成的。

** 魏奇，西北政法大学马克思主义学院院长、教授，主要研究方向：创造思维、教育管理、思想政治教育。赵琳，西北政法大学讲师，主要研究方向：中国近现代史。

① 习近平在学校思想政治理论课教师座谈会的讲话，http：//cpc. people. com. cn/n1/2019/0319/c64387-30982249. html. 2019-3-18。

政课成为"落实立德树人根本任务的关键课程"①，在实现这一目标中扮演主渠道、主阵地作用。作为陕西省重点马克思主义学院，我校几年来积极探索思政课教学改革，初步形成了"一根本""两基因""三融合"实践教学模式，取得一定成效。

一 立德树人是思政课改革的"立身之本"

习近平总书记指出："我国高等教育肩负着培养德智体美全面发展的社会主义事业建设者和接班人的重大任务，必须坚持正确政治方向。高校立身之本在于立德树人。只有培养出一流人才的高校，才能够成为世界一流大学。"② 从立德树人为"根本任务"到"坚持把立德树人作为中心环节"，升华为"高校立身之本"，为高校思想政治教育指明了方向，提出了要求：就是要从全面把握和深入理解立德树人"根本任务"的高度，进一步提振立德树人作为高校"中心环节"的自觉性、彰显立德树人作为"高校立身之本"的自信力。要将立德树人融于新时代高校思想政治教育整体过程之中。

思政育人以高校思想政治理论课为主渠道，而思政课特殊之处就在于，它是一门既具有较强理论性又具有较强实践性的课程；既是系统的马克思主义理论学科课程，又有鲜明的意识形态特征。总书记概括为"政治性和学理性相统一、价值性和知识性相统一、建设性和批判性相统一、理论性和实践性相统一、统一性和多样性相统一、主导性和主体性相统一、灌输性和启发性相统一、显性教育和隐性教育相统一"这"八个统一"③。"办好我们的高校，必须坚持以马克思主义为指导，全面贯彻党的教育方针。"④ 这就决定了思想政治理论课"必须围绕学生、关照学生、服务学生，不断提高学生思想水平、政治觉悟、道德品质、文化素养，让

① 习近平在学校思想政治理论课教师座谈会的讲话，http：//cpc. people. com. cn/n1/2019/0319/c64387-30982249. html. 2019-3-18。

② 习近平：《坚持中国特色社会主义教育发展道路　培养德智体美劳全面发展的社会主义建设者和接班人》，http：//www. ccps. gov. cn/xytt/201812/t20181208_ 113807. shtml. 2018-09-10。

③ 习近平在学校思想政治理论课教师座谈会的讲话，http：//cpc. people. com. cn/n1/2019/0319/c64387-30982249. html. 2019-3-18。

④ 同上。

学生成为德才兼备、全面发展的人才”①。

毋庸讳言，当前思政课依然存在课程吸引力不足和学生学习兴趣淡化，师生思想没有交流碰撞，课程—课堂—教材—学生—社会脱离隔离等现象，三全育人新机制新格局还未完全有效形成，各个高校都在探索思政育人的实践教学改革这一重大问题。具体而言，一是教科书内容与初高中阶段的政治课学习有一定重复，四门课程之间在教师讲授中有重复，如果不能很好地回答学生关注的社会问题，大多数学生缺乏兴趣爱好，导致思政课教学实效性不断走低；二是传统的课堂教学只关注传道、授业、解惑，注重知识体系的完整性，忽略了学生的参与和对社会问题的关注，学生的主体性发挥不够；三是网络资源相对单一，思政课与专业课没有协同联动，加之我校课程设置集中在大一第一学期，客观上造成知识之间的重复和学生接受心理的抵触②。

与此同时，回顾高校思政课“05 方案”实施以来的发展历程，高校思政课建设也取得了较为令人满意的成果，尤其是在实践教学方面，无论是从宏观的大思政层面，还是从微观的具体课程层面，都有效推动了思政课实践教学的发展。据调查数据显示：“学生认为思政课实践教学有必要的占 84.8%，表示愿意参加思政课实践教学活动的占 68.9%，在回答思政课理论教学和实践教学的关系时，56.7% 的学生认为实践教学更重要。”③

因此，不管是从学习研究宣传马克思主义的主渠道、维护高校意识形态安全稳定的主抓手、全面提高人才培养能力这个核心点，还是微观的课堂教学改革、师生关系的改善、教师职业尊严的提升，高校思政课都必须强化实践教学，使思政课教学由知识传授、理论教育的过程深化为能力提升、价值认同和信仰坚定的过程，从而达到“知、情、意、行”的统一。

二 彰显红色基因、法治基因的实践教学改革

当前思政课实践教学存在的主要问题：一是实践教学碎片化、随意

---

① 习近平：《全国高校思想政治工作会讲话》，《人民日报》2016 年 12 月 9 日第一版。

② 张茂林：《高校思政课的实践教学转向分析》，《北京教育》2016 年第 6 期。

③ 同上。

化，没有和各自高校的学校定位、专业特色，学生的专业教学、专业能力结合融合；二是高校思想政治教育生命共同体没有形成，有效协同育人机制不畅，校内与校外、课内与课外脱节严重；三是线上线下未能有效融通，线上资源利用和挖掘缺乏指导。针对上述问题，结合高校思想政治教育生命共同体建设，有效实现课程、课堂、学生、学校、家庭和社会这六个要素联动（其中课程、课堂和学生三个要素构成校内思想政治教育系统；学校、家庭和社会三个要素构成校外思想政治教育系统），在多年探索基础上，我们初步形成了"一根本""两基因""三融合"的实践教学模式。

所谓"一根本"就是坚定不移贯彻立德树人这一根本；"两基因"，即彰显我校红色基因和法治基因，融入思政课和大思政育人；"三融合"，即"思政与专业特色融合、与社会现实融合、与学生成长成才融合"；从而实现"课内与课外、第一课堂与第二课堂的统一；校内与校外、学校与社会的统一；思政专业教师与辅导员队伍的统一；线上与线下的统一"，进而实现培养德法兼修的社会主义接班人的神圣使命。

（一）高扬"红色基因"和"法治基因"，培养德法兼修人才

我校是一所既有深厚红色文化底蕴，又肩负为推进全面依法治国培养高素质人才重任的高校，1937 年中国共产党在延安创办的陕北公学和 1941 年成立的延安大学是我校红色基因的渊源。毛泽东讲的"中国不会亡，因为有陕公"、习仲勋所题"学法用法，依法治国"是鼓舞师生矢志不渝、不懈前行的精神动力。传承从陕北公学一路走来的红色基因，重视将红船精神、长征精神、延安精神等红色文明与之有机融合，形成"严谨、求实、文明、公正"的校训和"法治信仰、中国立场、国际视野、平民情怀"的育人理念。

1. 红色育人顶层设计。包含了学校的红色文化研究中心和《西北政法大学构建"德法兼修、理实并重"高水平有特色第二课堂活动体系方案》《红色文化、传统文化、红色人文艺术第二课堂建设方案》，构建起一个集中华优秀传统文化、红色文化、社会主义核心价值观+法治文化既完整又有特色的文化育人体系，具体到思想政治课教学中，一是数十位老师成为红色文化研究中心的研究员；二是在《中国近现代史纲要》中，突出陕北公学在抗战中的作用，延安精神、长征精神之间的内在联系；在

《思想道德修养》中，重视社会主义核心价值观，尤其是在政法和各个战线的杰出校友“爱岗敬业”的典型故事；同时对全体法学以外各个专业开设36课时的《法学原理》课和相关法律选修课，让每一个西法大学子都有“法治信仰”，尊法、学法、守法、护法，培养法治精神，树立法治信仰，忠于宪法法律，维护公平正义。

2. 深入挖掘“红色基因”内涵，将其与大学文化建设、校外爱国主义基地建设、社会实践活动紧密结合贯通。引导组织学生参观校史展馆，讲解校园中的“老延大”优良传统和“毛泽东为学校前身——陕北公学的题词”石刻景观；宣传学习学校在各个办学历程中的光荣革命传统；在相关课程中观看《光辉历程——从陕北公学到西北政法大学》校史纪录片和《从延安走来——向远方迈进》校庆宣传专题片；配合团委和相关学院组织社会实践团队赴革命老区延安、梁家河、志丹县以及贵州、云南等地开展主题调研，参加社会调查、生产劳动、志愿服务、普法宣传、法律援助等公益活动，引导大学生向实践学习、向人民学习，服务社会，提升素质；在照金革命纪念馆、渭华起义纪念馆等地建立“革命传统文化教育基地”，不定期组织师生前往基地开展现场教学；组织师生赴延安革命纪念馆、马栏革命纪念馆、扶眉战役革命纪念馆、八路军西安办事处纪念馆、杨家沟革命纪念馆等地开展实地教学，追寻革命先辈的足迹，让红色基因入眼入耳、入脑入心。改革让思政课教学初步“活”起来。一是让学校定位、专业目标、校史校情活起来，让学校成为培养德法兼修人才的大熔炉。让校史馆、校园建筑、道路、景观、广场等有形无形的资源，都成为思政课的活资源，润物于无声，育人于处处，让西法大学子坚持正确的政治方向、树立法治信仰，成为实现中国梦的时代新人。二是让身边典型人物活起来。在师生、校友等身边的平凡人物中遴选思政和德育教育方面成绩较为突出者作为典型，形成专题实践教学资源库。让学生零距离感受和学习来自身边的、鲜活的、触手可及的榜样，感受榜样的魅力和力量，在繁杂的世界里找到真知，自信前行。三是让理论研究和思想政治工作活起来。不管是思政专业教师、辅导员还是专业课教师，积极申报课题和项目，极大地拓展了红色基因传承的视野和维度，也助升了思政教学新高度。

3. 彰显法治基因：让每一个西法大学子都有“法治信仰”，尊法、学法、守法、护法，培养法治精神，树立法治信仰，忠于宪法法律，维护公平正义。一是利用法学特色鲜明的一流学科优势，面向全校开设了《中国特色社会主义法治理论》、法外各专业开设36课时的《法学原理》课和相关法律选修课；二是连续开展"法治文化季"活动，校代表队在第十六届"理律杯"全国高校模拟法庭竞赛中夺冠；三是校团委和马克思主义学院组织参与学生社团活动，开展志愿服务、普法宣传、法律援助等公益活动，人民网对学生法律援助中心做了报道。

（二）抓重点、聚焦点、出亮点，构建"三实践四课堂七方法"的思政实践教学体系，创新实践教学内容、载体和方法

通过实践教学改革，改变传统思政课实践教学存在的简单化、形式化、个体化，逐步实现规范化、一体化和生活化，关键就是实践教学的内容、载体和教学方法的全面改革，凸显"抓重点、聚焦点、出亮点"的教学实效来。我们在多年教学改革中，逐步探索出了"课堂实践、校园实践、社会实践"三位一体的实践教学工程；"校内课堂、社会课堂、网络课堂、心灵课堂"四种课堂载体；"讨论、观感、研读、竞赛、调研、展演、反思"七种实践教学方法，实现总书记希望的"把思政小课堂同社会大课堂结合起来，教育引导学生立鸿鹄志，做奋斗者"的教学目标①。

1. 实践教学内容的拓展。"课堂实践、校园实践、社会实践"三位一体的系统性实践教学工程建设。思政课课堂实践中，主讲教师将课程教学内容划分为若干专题，特别是列出教学重点、难点，进而遴选出适合学生实践的主题、精选出若干实践课题。《中国近现代史纲要》实践教学专题分为实地考察、专题调研、人物访谈等三大类别。具体如西安红色革命旧址考察、地方革命历史遗址考察、改革开放前后某地现代化变迁调查、《纲要》课重大历史事件、重要历史人物的调研述评、近代陕西革命史中的大事件（包括起义）的历史调查以及某地的近代工业、商业、农业、新式教育等发展状况及其分析等；《毛泽东思想和中国特色社会主义理论体系概论》以社会调查为核心，同时包括网络热点实践跟帖分析、经典论著研读的"三位一体"实践教学模式，旨在推动学生通过观察社会、了解社会，深入理解马克思主义中国化理论，进而增强对中国共产党及其

① 张茂林：《高校思政课的实践教学转向分析》，《北京教育》2016年第6期。

理论成果的衷心认同。

2. 实践教学载体的丰富。一是坚持校内课堂。高校思政课实践教学立足校内，坚持校内开展为主和面向全体学生。二是重视社会课堂。学生只有走进社会才能有效做到理论联系实际，切实加深对理论的深刻理解和掌握。三是拓展网络课堂。一方面充实和完善四门课程教学网站，搭建线上教学平台和资源；另一方面，充分利用新媒体，积极开展主题宣传、网上调查、专题讨论、拍摄制作网络微视频等。四是发掘心灵课堂。充分发挥学生的主体作用，组织学生在课内外就思政课相关教学内容进行内心反思、言行自省、情感激发和心灵感悟等，发挥思政育人的潜移默化作用和隐性教学功能。

3. 实践教学方法的多样。形成了“讨论、观感、研读、竞赛、调研、展演、反思”等七种实践教学方法。一是讨论类：主要包括课堂讨论、演讲辩论、案例分析等。教师紧紧围绕教材的重点和难点问题、重大理论和现实问题以及学生关心的热点和焦点问题设计讨论主题。《纲要》教学中，引导学生将南京国民政府《临时约法》与新中国成立初颁布的《中华人民共和国宪法》以及历次修宪的内容作以对比分析，从历史变迁中体现不同时期修宪内容的变化。二是观感类：主要包括校内外参观考察，听专题报告，撰写观后感、读后感等。如《纲要》课选取《我的 1919》《建党伟业》《建国大业》《百年中国》等优秀影片和视频资料作为实践教学资源，配合教学内容学生自主学习观看讨论，撰写观后感。三是研读类：主要包括让学生利用课余时间研读一些马克思主义经典著作、时事政策等，让学生通过自主学习去深入思考和理解掌握课程内容。《马克思主义基本原理概论》课实施“一典一课”教学，选取《共产党宣言》《路德维希·费尔巴哈和德国古典哲学的终结》《关于费尔巴哈的提纲》《共产主义原理》《反杜林论》《社会主义从空想到科学的发展》《唯物主义与经验批判主义》《矛盾论》《实践论》等经典，组织“马克思主义小组”辅助开展教学。四是竞赛类：主要包括知识竞赛、歌咏大赛等，让学生在参与各级各类竞赛中加深对课程知识的理解和理论的认同。五是调研访谈类：主要包括专题调研、人物访谈、政策宣讲等，让学生在广阔的社会中自我教育、自我管理、自我完善、自我提高。如《思想道德修养与法律基础》课以“校园文明行为考察”为主题，针对师生普遍关心关注的校园文明行为乃至良好校风的养成问题独立完成一份调查报告，从现状、原因、解决思路和途径等方面进行分析、评价和总结。学生通过调查问卷、数据分析、日常观察、交流探讨等方式形成了自己的见解、心得，引发了他们自身对该问题的更多关注，很多学生表示"从我做起，从身边的小事做起""影响更多的人"等，对于优良校风的形成也具有促进作用。六是展演类：主要包括总结汇报、实践成果展示、文艺汇演等，让学生把在一定时期内思考、研读、调研的问题或排练的节目在一定范围汇报展示出来。《纲要》课通过情景模拟实践教学，即"设计情境—学生模拟—反馈"的方法展现，使学生在感怀融入历史的同时将马克思主义信仰、民族精神、爱国主义内化为精神动力。如学生编排的康有为在保国会第一次集会上的演讲情景剧、讲述红军长征故事、创编历史舞台剧《刘胡兰》《雨花台》《金陵十三钗》《雪山小太阳》，极大激发了学生兴趣，增强了教学效果。七是反思类：主要包括热点分析、历史追忆、现实观照等，主要是让学生通过心与心的交流和情与情的碰撞，达到情感的升华和信念的坚定，实现"学思践悟、知情意行"的统一，真学、真懂、真用；入脑、入心、入行，引导学生形成正确的世界观、人生观、价值观。

三　构建大思政育人新格局，实现与专业、社会现实和学生成才"三融合"的探索

全面落实习总书记"把思想政治工作贯穿教育教学全过程"的要求，努力做到"五要"，即"要遵循思想政治工作规律，要用好课堂教学主渠道，要构建中国特色哲学社会科学体系，要注重以文化人、以文育人，要用好新媒体新技术"。从学生成长过程分析，进校时的"一张白纸"到毕业时的"学有所成"，在校期间主要接受课堂主渠道教育、课外主阵地熏陶、校外社会实践锻炼等，加强和改进思想政治工作，围绕这几个方面下功夫。

（一）注重学生成长成才。建立以学生成才为中心的同心圆，思政理论课注重大一学生的思想道德、行为养成；实践课注重了解社会、了解专业、了解社团，理论联系实际、发现问题、解决问题能力培养；各专业课程注重专业能力、后续学习、专业实务培养和课程思政的巩固强化；团学活动、第二课堂注重创新创业能力培养；互联网和校园文化则打通学生成长与红色文化主流文化。探索和构建了"思政理论课专业教师与辅导员

队伍建设相融合，思政教育与意识形态工作相融合，思政主题教育与团学文化活动相融合，‘互联网＋思想教育’与传统思政工作相融合”。

（二）努力构筑“学科思政、课程思政、文化思政、网络思政、日常思政 ”“五位一体”的思政育人格局。立足全员、全过程、全方位育人的总体思路，以学科思政为理论引领，课程思政为主渠道，文化思政为融入方式，网络思政为新战线，日常思政为主阵地。五个维度叠加发力，以一体化模式把思想政治教育贯穿教育教学全过程，切实推动思想政治工作取得实效。

由于全员参与全程培养，思政教师和专业教师、理论教学和实践教学、线上与线下得到较好融合。既体现了现代教育的“双主体原则、对话性原则、情感性原则和目的性原则”，较好地改变了传统教育中教师是主体，学生被动接受教育的状况，教师和学生都是教育过程的主体，学生成为教育的主体，具有了实践意识、自我意识和主动意识，能动性得到充分的发挥，从而超越和提升了思政课实践教学效果；通过师生、生生对话、讨论，使师生在相互尊重、信任、合作中发展和培养学生的思想道德品质；教师在教学中对学生倾注真情实感，避免冷冰冰地一味灌输知识，而是把学生看成有血有肉、感情丰富的个体，针对学生的倾向性和喜好性进行深入的交流和探讨，达到了思想品德教育的目的；帮助学生树立正确的价值观念，提高学生的分析问题和解决问题的能力等，从而使学生将来成为社会主义的合格建设者和可靠接班人。

（三）推进“思想政治教育生命共同体建设”。习总书记要求“建立党委统一领导、党政齐抓共管、有关部门各负其责、全社会协同配合的工作格局，推动形成全党全社会努力办好思政课、教师认真讲好思政课、学生积极学好思政课的良好氛围”。有效实现课程、课堂、学生、学校、家庭和社会这六个要素联动，克服思想政治教育生命共同体内部各要素各自独立运行，分散、封闭、低效，互动交流不够、协同统筹缺乏，各方的管理自成体系，各方的利益难以统筹的弊端，学校和马克思主义学院积极探索“思想政治教育生命共同体建设”。一是校内要素资源整合，形成教育合力，通过重点马克思主义学院领导小组，整合校组织部、宣传部、党政办公室、发展规划与学科建设处、人事处、教务处、研究生院、科研处、高教研究所等部门推进，发挥生命共同体内各要素的“共生效应”；二是积极参与社会、社区和学生活动，积极引导大学生与老师同学、家庭成员、邻里乡亲、社区单位成员相互交往、相互影响，发挥生命共同体内各要素的"共处效应"；三是实现教育者与被教育者心灵的"共振"，发挥思想政治教育的疏导和转化"同频共振效应"。

Integrating "Red Gene" and "Rule of Law Gene" into Ideological and Political Course——Reform of the Mode of Practical Teaching of Ideological and Political Course

Wei Qi　Zhao Lin

Abstract: Ideological and political course is the key course to fulfill the fundamental task of moral education of the young. The reform of practical teaching of current ideological and political course is thus of importance. According to CPC education policy, and the direction of the university development and the history and culture of the university, the College has in recent years explored the possible ways to integrate the "red gene" and "rule of law gene" into the practical teaching of ideological and political course with its training goal of "combining morality with law", and formed an innovative mode of "one foundation", "two genes" and "three integration". In order to finish the top-level design of education with "red gene", and highlight "red gene" and "rule of law gene", the practical teaching system of "three practices, four classrooms and seven methods" is established; and the content, carrier and method of practical teaching are created, and the "three integration" —— integrating the course with students' majors, social reality and students development, is realized. This model has made some progress and will certainly be deepened and improved in its continuous exploration.

Key words: moral education, the ideological and political course, red gene, rule of law gene, practical teaching

卓越传媒人才培养模式构建与实践*

——西北政法大学新闻传播人才培养模式探索总结

罗　朋　孙　江　王　洋　刘丽华　崔保峰**

摘　要：智媒时代新闻传播行业总体格局与实践已发生巨变。传统的新闻传播人才培养体系因其开放性与融合性不足限制了人才培养模式的创新，致使培养出的学生在一定程度上难以适应传媒的快速迭代，“本领恐慌”问题日益凸显。为培养造就富有创造精神和创新能力的高素质新闻传播后备人才，西北政法大学新闻传播学院以卓越新闻传播人才教育培养计划所设立的总体目标与任务为指导，结合学校办学定位与特色，推动新闻传播人才培养模式的革新与突破。自 2016 年“卓越传媒人才培养模式构建与实践”项目获批陕西高等教育教学改革研究重点项目以来，学院在加强马克思主义新闻观教育、加强人才培养基地建设、推行学院与新闻单位从业人员互聘等方面进行了改革，并以此为牵引，创新人才培养模式。

关键词：媒介融合；卓越新闻传播人才；人才培养模式

引言

当今高等新闻传播教育的核心目标，是培养造就富有创造精神和创新

* 基金项目：陕西高等教育教学改革重点研究项目“卓越传媒人才培养模式构建与实践”（项目编号：17BZ039）。

** 罗朋，西北政法大学新闻传播学院教授，文学博士，主要研究方向：新闻传播史、影视传播。孙江，西北政法大学新闻传播学院教授，主要研究方向：传媒法与法治新闻研究、新闻传播教育研究。王洋，西北政法大学实验师，主要研究方向：传媒技术与实践教学。刘丽华，西北政法大学新闻传播学院副教授，文学博士，主要研究方向：文学艺术传播。崔保峰，西北政法大学助理工程师，主要研究方向：新媒体技术与实践教学。

能力的高素质新闻传播后备人才，但随着数字化、数据化、智能化媒体时代的到来，新闻传播行业从总体格局到具体实践都发生了巨变，传统的新闻传播人才培养体系因其前瞻性、开放性与多元融合化等方面的不足，在一定程度上限制了人才培养模式的与时俱进，旧有模式培养出的人才在一定程度上难以适应传媒快速迭代的变化，“本领恐慌”问题日益凸显。

近年来，为不断深化新闻传播教育综合改革、提高新闻传播人才培养质量，西北政法大学新闻传播学院以卓越新闻传播人才教育培养计划所设立的总体目标与任务为指导，结合学校办学定位与特色，积极探索并实践卓越新闻传播人才培养的有效途径，力求以此为牵引，推动新闻传播人才培养模式的革新与突破。自 2017 年“卓越传媒人才培养模式构建与实践”项目获批陕西高等教育教学改革研究重点项目以来，学院积极对标《关于加强高校新闻传播院系师资队伍建设实施卓越新闻传播人才教育培养计划的意见》和《关于提高高校新闻传播人才培养能力实施卓越新闻传播人才教育培养计划 2.0 的意见》的目标任务，在加强马克思主义新闻观教育、加强人才培养基地建设、推行学院与新闻单位从业人员互聘、改革创新人才培养模式等方面进行了卓有成效的探索与实践，并积累了一定的经验。

一　新媒介环境下我国卓越新闻传播人才培养的目标要求

（一）“卓越新闻传播人才”培养计划的提出与目标要求

《国家中长期教育改革和发展规划纲要（2010—2020）》中明确提出：“坚持以人为本、全面实施素质教育”是当代教育改革发展的战略主题，其核心是要解决好培养什么人、怎样培养人的问题，重点是面向全体学生、促进学生全面发展，目的则是提高学生服务国家服务人民的社会责任感、勇于探索的创新精神和善于解决问题的实践能力；高等教育人才培养，要牢固确立人才培养在高校工作中的中心地位，着力培养信念执着、品德优良、知识丰富、本领过硬的高素质专门人才和拔尖创新人才。

解析这一纲领性文件，可以看到，国家对高等教育人才培养总体要求是面向全体学生、促进学生全面发展，其中，人才的培养又可以划分为高素质专门人才和拔尖创新人才两个层级，而信念执着、品德优良、知识丰富、本领过硬则是考量不同层级人才培养质量共同的维度，具体涉及政治思想素养、品德修养、专业理论知识素养与业务能力素养等4个方面，而社会责任感、创新精神和实践能力则是人才培养的核心指标。这一纲领性文件，为新闻传播人才的培养明确了目标与方向。新闻传播后备人才的培养应围绕“提高学生服务国家服务人民的社会责任感、勇于探索的创新精神和善于解决问题的实践能力”这一目标，做出积极而切实的回应。

为了落实规划纲要，教育部、中宣部于2013年6月发布了《关于加强高校新闻传播院系师资队伍建设实施卓越新闻传播人才教育培养计划的意见》（简称《“1.0版”意见》），要求高校新闻传播院系要不断深化高等新闻传播教育综合改革、提高新闻传播人才培养质量，实施卓越新闻传播人才教育培养计划，并将“努力造就一大批政治立场坚定、业务能力精良、作风素质过硬的新闻传播后备人才”作为卓越新闻传播人才的教育培养目标。意见要求高校新闻院系要从加强师资队伍建设、加强马克思主义新闻观教育、创新人才培养模式、强化实践教学环节等方面着力，完成5项主要任务。具体包括加强马克思主义新闻观教育、加强人才培养基地建设、推动高校与新闻单位从业人员互聘、推动人才培养模式改革创新、推动优质教学资源共建共享，构筑起卓越人才培养框架体系，有效推进卓越新闻传播人才培养计划的实施。

由此不难看出，“政治立场坚定、业务能力精良、作风素质过硬”是考量卓越新闻传播人才培养质量的3项硬核指标。而要实现卓越新闻传播人才的培养目标，必须对既有的人才培养体系进行综合改革与重构，这一人才培养体系须以马克思主义新闻观教育为统领，以师资队伍建设为基础支撑，以创新人才培养模式为抓手，以强化实践教学环节为落脚点，这样才能确保卓越新闻传播人才培养实现政治立场坚定、业务能力精良、作风素质过硬等目标要求。

新闻传播学科的建立与发展，与新闻传播行业的实践发展紧密相连；新闻传播教育的人才培养也具有很强的实践导向，在校园内培养新闻传播行业的后备人才，难以回避校园之外的行业实践新发展、新格局对专业人才的新要求，需要在密切关注新闻传播行业发展新趋势的同时，及时掌握新闻传播实践领域对专业人才知识、素养与能力的具体要求，并由外及里，有针对性地及时更新教育教学内容、调整人才培养体系、创新人才培养模式，以提升人才培养质量。特别是在培养具有创新能力、创造能力的卓越传媒人才的过程中，应注重结合新媒体时代行业发展需求，明确人才培养目标，以创新能力、创造能力的培养为指归，探索人才培养的新模式，建立实践教学环节、创业教育、产学研相结合的多元融合型人才培养机制，圆满完成卓越新闻传播人才培养任务。

（二）卓越新闻传播人才教育培养计划 2.0 版意见的要求

随着互联网信息交互技术与应用的发展，数字化、移动化、智能化成为媒介融合发展的驱动力。2014 年，中央全面深化改革领导小组发布《关于推动传统媒体和新兴媒体融合发展的指导意见》，媒体融合发展被提升到国家战略层面，建设网络强国、占领网络舆论阵地、掌握网络传播主导权成为重要的战略部署，大数据、智能化、云计算（在云端用人工智能处理大数据）不仅成为传媒行业发展的一个大方向，也上升为建设网络强国的国家发展战略，培养高素质、创新拔尖人才，成为服务建设网络强国战略的重要任务。然而，传媒业出现的新变化、新生态，使得既有的高等新闻传播教育的不足进一步凸显，教学内容滞后于行业的发展，人才培养体系相对封闭、单一，人才培养质量的提升进入“瓶颈”状态，特别是重专业知识传授、轻实践能力培养的人才培养模式，使得学生走出校园进入传媒行业后，创新实践能力不足，“本领恐慌”问题较为普遍。新闻传播人才培养体系亟待针对新情况，进行具有前瞻性、开放性、多元融合的转型与革新。

2018 年 9 月 17 日，教育部、中宣部发布了《关于提高高校新闻传播人才培养能力实施卓越新闻传播人才教育培养计划 2.0 的意见》（简称《“2.0 版”意见》），明确提出要加强和改进高等学校新闻传播专业建设，全面落实立德树人的根本任务，坚持马克思主义新闻观，用中国特色社会主义新闻理论教书育人，培养造就一大批具有家国情怀、国际视野的高素质、全媒化、复合型专家型新闻传播后备人才。

相较于《“1.0 版”意见》，《“2.0 版”意见》对卓越新闻传播后备人才的培养提出了更具体、更高规格的要求，家国情怀、国际视野、高素质、全媒化、复合型、专家型成为衡量卓越新闻传播人才的综合指标——其现实针对性与实践导向也更加鲜明，为卓越新闻人才的培养设定了更为清晰具体和合理可行的目标与方向：“形成遵循新闻传播规律和人才成长规律的全媒化复合型专家型新闻传播人才培养体系，培养造就一大批适应媒体深度融合和行业创新发展，能够讲好中国故事、传播中国声音的优秀新闻传播后备人才。”至此，构筑具有前瞻性、开放性与多元融合的卓越新闻传播人才培养体系，其目标与途径更为明晰具体。

从《“1.0版”意见》到《“2.0版”意见》的提出，西北政法大学新闻传播学院的人才培养，始终密切关注新闻传播行业的新变化，坚持人才社会需求导向，聚焦卓越新闻传播人才教育培养计划所设立的总体目标与具体任务，因地制宜，结合自身办学优势与特色，努力构建遵循新闻传播规律和人才成长规律的全媒化、复合型、专家型新闻传播人才培养体系，不断探索并实践卓越新闻传播人才培养的有效路径，创新人才培养模式，力求以此为牵引，构筑具有前瞻性、开放性与多元融合的卓越新闻传播人才培养体系，全面提升新闻传播人才的培养质量。

（三）从各大高校创新型新闻人才培养模式经验看卓越新闻传播人才培养模式探索与实践的必然性与可行性

社会与行业发展的快速变化，对新闻传播教育进行全面深入的综合改革势在必行，这已成为各高校新闻传播教育者的共识。各大新闻传播专业院校也积极回应时代变化对人才培养的新要求，分别提出了各具特色的创新型人才培养模式，从理论与实践相结合、学科交叉与融合等多方面入手，强化素质教育，在教育教学过程中将宽口径、厚基础、强能力培养相互贯通，借助社会和媒体资源协同育人，全面提升学生的素养、知识与能力，培养一专多能的复合型人才、创新型人才。

一些院校将新闻传播学人才培养体系中的专业知识体系构建加以重组革新，提倡文理交叉，增加社会学、经济学等跨学科课程，并将新技术融入新闻传播学等核心课程，以实现知识交叉复合、一专多能，具备全媒体素养和综合实践能力；一些院校以媒介融合发展的趋势为导向，积极引入移动互联、大数据、云计算、虚拟现实等最新媒介技术，帮助学生搭建新型知识图谱。还有一些新闻传播院系，遵循“重基础、强实践”原则，强调人才培养要“宽口径”“强本领”，力求从知识与能力、应用与创新等维度，培养具有全媒体业务技能的创新型新闻传播人才；不少院校也将校内的教育教学培养扩展到校园之外的实践育人，借助社会和媒体力量，搭建以产教融合为目标的校内外实训实习平台，共建校外实践基地、共建课堂、进行项目合作等，协同育人，满足应用型、创新型人才培养的需要，使得通识教育与专业教育相互支撑，理论教学与实训实践密切配合，确保了对学生综合素质的全面发展，创新思维、创造精神与创新能力的培养得到提升。

全媒体时代带来的新闻生产乃至消费方式的巨大变革，对传统新闻传播教育和人才培养提出了新的挑战，旧式的新闻传播人才培养已经不适应信息时代、知识经济时代快速发展的要求，培养具备创新意识、创新精神和创新能力的新闻传播人才，这是社会发展需求和新闻行业竞争需要对新闻传播教育提出的新要求。对以上新闻院校人才培养情况的调研与分析，也为本项目的研究提供了可资借鉴的样本。

（四）探索培养卓越新闻传播人才模式的积极意义

培养卓越新闻传播人才，可以为我国新闻传播事业的健康快速发展提供强有力的人才保障和智力支撑。由于新闻传播技术的快速迭代，新闻传播行业的发展可谓日新月异，现有的高等新闻传播教育人才培养体系的更新却相对迟缓，造成了新闻传播人才培养与社会发展、行业需求不相适应的问题。因此，本项目将卓越新闻传播人才培养模式的探索与建构作为研究内容，具有积极的现实意义和应用价值。

1. 人才培养模式的创新是对融媒体时代新闻传播人才要求的真实回应。媒介融合不仅表现为新闻从业能力的一体化融合，还表现为媒介组织、专业技术、社会市场、政策法规等方面的融合，条块分割的新闻传播教育模式无法满足学生全媒体思维与能力的培养已成为共识。重塑新闻传播人才的知识结构，并将传统“采、写、编、评、摄”的技能链进行延伸，培养其“录、播、管、创”等更多技能项，才能适应多种媒介形式与内容生产形式的变化。

2. 人才培养模式构建过程中对新闻传播教学内容、方法及实践环节的科学改革有助于破解新闻传播人才培养中理论与实践脱节的难题。一方面，“唯知识论”“唯技术论”等缺乏大局观的机械思路无法真正提高学生专业水平；另一方面，传统的新闻传播教育相对封闭，课堂实践具有滞后性，这又进一步扩大了行业需求与新闻教育之间的差距。

3. 人才培养模式是各新闻院校的改革重点，已积累了丰富的经验。自《“1.0 版”意见》发布以来，不少学校关于卓越新闻传播人才培养的探索已经初见成效，大类培养、基地建设、部校共建、校媒共建等方面均有所突破。但总体上来看，新闻传播人才培养模式依然存在方向不明朗，具体措施落实不到位的情况。

本项目从明确培养目标定位、更新人才培养方案、加强马克思主义新闻观教育、加强人才培养基地建设、构建多元融合的实践能力培养平台、强化实践环节、推行学院与新闻单位从业人员互聘等不同层面对培养模式进行了嵌入式改革，以期与新闻传播行业发展相呼应，通过对卓越新闻传播人才培养模式的探索，导引新闻传播人才培养面向人才市场需求，进行具有前瞻性的转型，不仅满足当前新闻传播行业发展，特别是西部地区对新闻传播人才的需求，同时培养并供给未来西部地区乃至全国新闻传播行业发展需求的人才，实现全媒体时代新闻传播人才培养的实质性变革，为我国新闻传播行业的大发展培养大量具有创造精神与创新能力的新闻传播人才。

二 西北政法大学卓越新闻传播人才培养模式的探索与构建

（一）卓越新闻传播人才培养模式的构成与要解决的问题

人才培养模式是学校教育思想与人才培养理念的集中具体体现。人才培养模式主要包括人才的培养目标、培养方式及其运行方式，涉及培养单位所设定的学生知识、素质与能力等的组成结构以及实现这种结构的主要运行方式。就高等新闻传播教育来看，提高人才培养质量，必须建构起科学、合理、可行的人才培养模式，这一模式的搭建，无论是对学生知识、素养与能力等组成结构的设计，还是对实现这种结构的主要运行方式的设置，不仅要有现实针对性、前瞻性、开放性，还应注意多元融合，积极引入社会与行业力量协同育人，面向社会与行业发展的新现实、新问题，有针对地构建学生知识、素养与能力等的组成结构，确保这种结构的主要运行方式科学、合理、可行。

为提高新闻传播人才培养质量，西北政法大学新闻传播学院不断致力于教育教学改革，努力探索新闻传播人才培养的有效途径与方式。依托陕西高等教育教学改革研究重点项目“卓越传媒人才培养模式构建与实践”，根据卓越新闻传播人才教育培养计划的主要目标与任务，聚焦人才培养模式的探索与实践，力求面向社会与行业的新发展，有针对性地解决以下具体问题：

1. 人才培养与媒介融合的行业发展需求衔接不足的问题

“互联网+”、移动互联网、大数据、人工智能等新技术的迭代发展，重构着新闻传播行业的生态格局，传统媒体与新媒体不断融合，媒介融合成为发展的大趋势。基于互联网平台的媒体融合创新，推动着主流媒体从信息总汇转为数据总汇，不少互联网平台在担负新闻等公共信息等分发的同时，还担负着通讯、社交、电商、服务等多种社会功能，而旧有的新闻传播教育体系因其针对的是广播电视、报纸期刊、电影等传统大众媒介，为学生搭建起的知识、能力、素质等结构框架相对单一，开放性与多元融合不足，所培育的人才的知识储备与实践能力相对行业发展需求滞后，面对媒体融合的新生态，所培养的人才“本领恐慌”成为棘手问题。

2. 专业知识理论传授与实践创新能力培养不平衡的问题

我国新闻传播教育发展历史不长，与哲学、文学、历史等学科相比，课程体系、教学内容、培养方式等的构建还不成熟，重视以教师为中心的封闭式知识讲授、轻视以学生为中心的开放式实践能力培养，是人才培养中普遍存在的问题。面对社会与行业的快速发展，新闻传播教育需要自觉反思与提升，着力于教学内容与培养方式的变革，探索多元融合的全媒化、复合型、专家型人才培养模式，有效解决学生知识理论积累与实践能力培养相融合的问题，力求知行统一，使学生的知识积累与社会、行业的新发展紧密联系，在开放式、探索式的“专业＋实践＋创新/创业”学习过程中，促进学生的全面发展，提升学生的社会责任感、创造精神与解决实际问题的实践创新能力，成为能够服务于国家和人民的实践型、创新型人才。

3. 人才实践能力培养模式相对单一、多元融合不足的问题

卓越传媒人才的培养，要求立足于国家社会发展与行业需求，培养具备家国情怀、国际视野的高素质全媒化、复合型、专家型新闻传播后备人才，涉及的要素包括政治思想素养、人文素养、专业理论素养和专业实践能力素养等，需要建立起跨文化、跨学科、跨媒体技能的融合性人才培养模式。既有的人才培养模式中，有的注重素质教育、专业理论教育与学生个性化发展紧密融合，有的注重新闻传播学与其他学科的交叉渗透，有的

注重新闻传播理论培养与专业实践能力培养互相支撑，还有注重跨文化融合的，但在现有培养模式中，卓有成效的跨文化、跨学科、跨媒体技能的融合型人才培养模式少见，特别是对学生全媒体、跨媒体实践创新能力的培养，模式相对封闭、简单，开放性和融合性不足。这需要在重构人才培养模式的过程中，引入社会与行业的多种教育资源，加强协同育人平台和实践基地建设，打通学校专业教育与社会行业实践相结合的绿色通道，为学生走出校园后的职业发展奠定扎实的基础。

（二）卓越新闻传播实践能力培养模式的构建思路与内容

人才培养模式包括人才的培养目标、基本培养方式和运行方式，这也是本课题组建构卓越新闻传播实践能力培养模式的基点。人才培养目标是卓越新闻传播实践能力培养模式构建的方向指引，学生的知识、能力、素质等组成的结构方式，是卓越新闻传播实践能力培养模式构建的主要内容。基本培养方式和运行方式则涉及实现这种结构的主要运行方式。

“卓越传媒人才培养模式构建与实践”项目研究响应媒介融合时代的行业发展需求，紧跟信息传播技术的新发展和业界格局的新变化，以卓越传媒人才培养作为主要研究对象，聚焦人才培养的核心——人才培养模式的探索，紧扣高素质、全媒化、复合型、专家型新闻传播人才培养目标，将卓越传媒人才的培养方案制定与实践作为课题研究的核心问题，构建了全媒体知识与技能融通、法学与新闻学融通、专业教育与创新创业教育融通的立体化人才培养模式。本项目研究主要包括以下内容：

1. 明确人才培养模式构建的目标

高素质专门人才和拔尖创新人才是当下新闻传播教育要培养造就的两种类型的人才，卓越新闻传播人才当属拔尖创新人才，在人才培养模式的构建中，搭建起政治信仰、人文素质、专业知识与创新能力培养相融通的结构，力求所教育培养的传媒人才能够达到卓越传媒人才的培养目标：立场信念坚定、作风素质过硬、具备全媒化、复合型、专家型人才的知识储备与实践创新能力，能够适应媒体深度融合和行业创新发展。

在具体实践过程中，本研究项目注重以自身所拥有的优势法学教育资源和地处西部的地缘特色，以马克思主义新闻观教育统领人才培养全过程，积极传承西北政法大学“陕北公学”的红色基因，着力培养学生达成政治立场坚定、作风素质过硬的目标；以学校法学教育的优势资源形成

“法学＋新闻传播”的复合型人才培养特色，培养学生成为既精通新闻传播专业理论又熟悉法学专业知识的复合型、专家型人才，达成学有所长、一专多能的目标；引入行业合作力量搭建实训实践平台，培养学生的全媒体专业技能、创造性思维与创新实践能力，以业务能力精良达成适应媒体深度融合、推动行业创新发展的目标。

2. 建立具有综合性、开放性、前瞻性的培养模式与运行方式

本课题组聚焦人才培养模式的改革实践，将政治立场、人文素养、专业知识理论与技能、实践创新能力等相融通，以实践贯穿培养的全过程，以构建层次丰富、要素完备的人才培养模式：紧扣高素质、全媒化、复合型、专家型目标，将卓越传媒人才的培养方案制定与实践作为课题研究的核心问题，构建了全媒体知识与技能融通、法学与新闻学融通、专业教育与创新创业教育融通的立体化人才培养模式。这一模式以素质培养——立场信念坚定，作风素质过硬——为基石；以专业积累——全媒化复合型专家型的知识储备——为支柱；以实践创新能力培养——适应媒体深度融合和行业创新发展——为指归，我们将其概括为具有开放性、前瞻性与多元化的“基石牢固＋支柱坚实＋指归明确”人才培养模式。

随着媒体融合发展的继续深化，高等新闻传播教育的人才培养模式的转型创新将会进一步提速。面对这样的大变局，新闻传播教育和人才培养应具有开放性、前瞻性，关注并及时将新理论、新方法、新技术引入教学环节中，保持人才培养模式及其运行方式的开放性、前瞻性与多元融合，力求达成威斯康星大学新闻学院教授 Michael Wagner 所提出的目标：新闻学院的训练，应该是培养学生们毕业时可以从事现在还不存在的工作！是的，也许今天你所阅读的媒体，三四年后就会死亡，但当原有的媒体死亡、更新鲜的媒体形式出现时，谁能够抓住这样的机遇，成为新的拓荒者和弄潮儿？一所合格新闻学院培养的合格毕业生应该可以做到。

3. 以实践创新能力培养贯通人才培养全过程

国内外的新闻传播教育界都意识到了传媒人才培养过程中，新闻实务教学开展形式的重要性。如亚利桑那州立大学克朗凯特新闻与大众传播学院 2006 年成立的“新媒体创新实验室”。也有新闻学院以新闻产品的思路改造实务教学流程，社区新闻、公众号运营与栏目制作等形式已有非常成功的案例。针对我国新闻传播教育中技术与实践技能的缺乏，国内部分高校进行了有效尝试，并取得了不错的成效。如中国人民大学建立了国内

一流的新闻传播实验中心“思科网真实验室”，开设跨媒体工作坊，将其纳入正式的课程体系，培养学生的融媒体综合操作技能；华中科技大学从新闻媒体中选拔有实战经验的人才作为新闻与传播学的教师，将业界的生产流程引入实践教学中。

科学的设计可实现教育资源在更高层面上的配置和优化。推进校企合作，创新培养制度，由高校和行业两方面的专家共同研制人才培养方案，可以更加科学地确立人才的目标和质量规格，有助于保证高校卓越传媒人才的培养。如2010年，纽约城市大学研究生院新闻学院与奈特基金合作成立研究中心，致力于帮助新闻工作者提升与培养媒体领导力，在“创业新闻学”的兴起过程中，发挥了重要的推动作用。又如，清华大学马克思主义新闻学与新闻教育改革研究中心与中网融媒（北京）文化传播有限公司携手共建网媒，以媒体融合的学术研究和实践探讨为目标，着眼于世界媒体融合的最新动向，并以专家咨询、大数据科技为支撑，为国内媒体融合发展提供动力；中山大学大数据传播实验室与腾讯微信、今日头条等保持数据合作和行业研究，组织“新闻业研究圆桌论坛”，并连续3年出版《中国新闻业年度观察报告》；复旦大学新闻传媒学院成立SMG演播中心，引进企业资源为学生提供实践技能锻炼。

面对已经出现的挑战，“融合”成为新闻传播研究和教育领域的主题，国内外各高校的人才培养模式改革实践不断开展，但制约传媒人才培养水平的“道与艺”“理与技”“学与创”两张皮的现象仍然存在。卓越传媒人才作为高水平传媒人才具备复合型、专家型、创新型的特点，其培养需要将综合素质、人文素养、专业技能、道德修养的教育融入人才培养的全过程之中。在转变思维、坚守优势、调整课程、整合资源的基础上，更需要注重改革成果的综合效益，提升卓越传媒人才培养体系的完整性、灵活性与融通性。本课题基于现有的研究成果，立足传媒人才培养的现实需要，试图构建一种层次丰富、链条完整的人才培养模式。

三　西北政法大学卓越传媒人才培养模式探索的具体实践

本项目研究过程中，目标明确，注重通识教育与专业教育、专业基础和技能训练、专业教学平台与媒体实践平台等有机融合，强调以实践创新能力的培养贯通对学生培养的全过程，成效显著。

(一) 完善清晰的人才培养目标，具体可行的培养方案

1. 明确卓越传媒人才培养规格，制定具体可行的培养方案

新媒体时代的快速变化，使得新闻传播人才的培养面临严峻的挑战。高等新闻院系对新闻传播人才的培养与市场的人才需求之间存在着较明显的差异。时代对于传媒人才的政治素养、专业伦理、创新意识，以及全媒体、计算机、策划管理能力的重视程度快速提升。而目前新闻传播人才培养存在的主要问题集中在以下几个方面：培养目标不明确，层次混乱，特色不鲜明；教学内容滞后，教学方法单一；人文、艺术、技术结合较弱；教师团队建设不足；考核标准单一等。西北政法大学新闻传播人才教育也面临同样的难题。

针对旧有人才培养模式下暴露出的系列问题，建构新的人才培养模式成为必然，而人才培养目标作为重要的方向指引是进行卓越新闻传播人才培养模式建构的根本，因此明确卓越新闻传播人才的培养目标也成为本项目研究的重中之重。

卓越人才是符合时代需求、能够引领行业走向的精英骨干力量。“卓越”一词包含有优秀和不平凡两层意思，卓越人才既意味着人才所具有的高知识水平、高素质修养与强实践创新能力，也意味着人才具备超越一般人的个体能力优势与特色。故此，高标准、特色化的知识、素质与能力培养就成为卓越人才培养的题中之意。

卓越新闻传播人才是卓越人才在新闻传播学科的具体化体现，本课题组依据两版《意见》中对卓越新闻传播人才培养目标的表述，结合我院自身特色与优势，力求对标国家卓越传媒人才培养的总体要求，从知识、素养、能力和特色化等方面进行明确设定，力求对卓越新闻传媒人才的培养在以下方面具备高水平与特色优势：

(1) 坚持马克思主义的基本理论与方法，具有坚定理想信念和社会责任意识，能够坚守社会主义法治理念，坚守新闻真实性等基本原则，恪守新闻传播职业道德与职业规范。具有推动改革发展、传播先进文化、促进社会文明进步的伟大理想及高度的社会责任感。

(2) 掌握新闻传播学基本理论、方法及相关理论知识，具有宽广的国际视野，拥有深厚的人文素养、社会学科相关理论知识及其他信息传播

相关学科知识。具备与新闻传播实践发展相适应的业务操作能力、管理沟通能力及实践创新能力，能够适应新媒体变革和社会发展对于新闻传播行业的需求。

（3）具备扎实的法学理论基础，能综合运用法治思维、法学和新闻传播学专业理论知识与专业技能方法，有效解决新闻传播实践中的实际问题。

（4）具备较强的自我学习能力、创新意识和批判精神，掌握文献检索与利用的基本方法，具备初步的科研能力。

（5）具备国际化视野，熟练掌握并运用一门外语，在专业方面达到较高的应用水平。

2. 修订培养方案，更新课程体系，增加实践课比例

（1）根据卓越传媒人才培养目标，针对课程内容不适应新媒体发展趋势等方面的问题，全面修订人才培养方案，构建科学合理的卓越新闻传播人才培养课程体系。着眼于应用型、复合型卓越新闻传播人才培养目标，在通识课程模块中设定含法学、文学及其他人文学科和边缘学科的课程，拓展学生社会科学与人文科学专业基础与能力。

（2）调整主干课程，紧跟传媒业发展趋势。增设《新闻传播学研究方法》课，在打通各专业核心课程的基础上，加入《数字媒体技术》《网络与新媒体概论》《融合新闻学》《出版与数字出版概论》等必修课程；新开设《数字多媒体作品创作》《新媒体数据分析与应用》《网络舆情监测与研判》等偏重全媒体实践能力培养的新课程，使学生专业知识结构能够对接媒介发展需求。

（3）对部分课程进行更新，提升实践能力培养课程的比例。加大采写编评摄等课程课时，将《新闻采访》《新闻写作》等训练学生采写能力的课程调整为72课时；合理调整开课顺序，加强课程间的融合与贯通，注重理论与实务结合课程中实践环节的设计，为开放式教学留出空间，增设《综艺晚会编导实训》《戏剧影视表导演原理与实践》等综合类课程。

（二）建设产学研结合的立体化“实战式”平台，操练本领、剔除恐慌，提升人才的综合实践能力与核心竞争力

1. 开展丰富的工作坊实践教学项目

依托“现代传播实验中心”“虚拟仿真实验教学中心”组织开设了“3DMAX”“3D摄影技术”“H5交互式新闻内容制作”等专业进阶、前

沿媒介技能工作坊。在工作坊教学中，通过案例研讨、项目研讨等方式，营造开放氛围，提升学生对前沿知识的熟悉程度和自主学习的能力。本项目开展以来，共开设 11 期工作坊教学实践活动，工作坊覆盖的学生总数超过 200 人次。通过工作坊实践教学活动的开展，课题组积累了丰富的互动教学案例，验证了项目式实践教学模式的良好效果。

2. 建设校内外多样态的实训实践平台

创设校园多媒体实训实践平台、校内外媒介技能与应用大赛、企业实训实习基地、社会实践与社会服务项目、创新创业实践项目等多层次、多种类的多样态实践平台。

（1）组织指导教师团队，有针对性地指导学生自主创办涵盖报刊、音视频、新媒体等各种媒体类型的校园媒体。指导学生积极实践新型的新闻生产方式——“中央厨房”新闻生产方式，参与融媒体综合实验项目“虚拟仿真电视节目制作”，实践以“中央厨房”理念为核心的新闻传播内容的生产方式与流程。

（2）开展各类专业技能竞赛，激发学生积极参与专业实践活动，提升学生的全媒体实践应用能力。本项目研究开展以来，先后举办了新闻采访、DV 短片创作、纪录片创作、版面设计、新闻摄影、配音大赛等专业技能比赛，比赛不仅覆盖了学院 6 个专业的学生，还延伸到了其他院系，不少比赛吸引了来自陕西不同院校的学生参与。

（3）定期举办开办学术沙龙、读书会等。在学院青年教师的组织引导下，卓越传媒人才基地班的同学定期召开读书交流会、学术沙龙，围绕专业核心书目选择经典书籍进行深入阅读，并选取优秀读书心得与广大同学进行分享、讨论和交流。在撰写读书心得的基础上，每学期都会内部出版学生学术读物《阅思集》，这有效地提升了学生的阅读、思考和学术写作能力。

（4）利用社会与行业资源建立协同育人长效机制，激励学生积极参与传媒实践。与西安广播电视台联合出品的《青春直播间》每周六 19：00黄金时间在 FM95.0 播出；与《法制日报》社、法律出版社等单位建立实习合作关系，与法律出版社合作开展校对人才培养项目；与四川广播电视台合作开办法制广播节目《970 说法》；与 DCKD 德中艺术设计交流协会联合开展“蓝色集装箱”海外实习项目。

（5）开设“名家大讲堂”“双创大讲堂”，引入学者、实务专家、优秀校友进行交流，集学术前沿、行业动态等多元知识信息汇入，充分体现学科交叉融合理念，开拓学生视野，真切感知与体验理论和实践结合的方式，理解学术研究的意义。

3. 参与课题项目，接受初步学术科研训练

充分利用我院的全媒体实践教学基地和省级舆情研究重点基地，采取教师与企业技术人员合作的方式开展联合培训，参与过培训的学生可以辅助教师开展相关课题的调研，以浸入式学习方式对学生进行初步的学术科研训练，在文献检索、社会调查、数据采集整理与分析等工作中，培训学生的学术思辨能力与科研创新精神。

（三）开设创新实验班，开拓卓越传媒人才培养的新路径

1. 融合创新，科学设计创新实践班培养计划、制定相关管理制度

在明确卓越传媒人才培养目标、全面实施培养方案的基础上，为进一步凸显卓越新闻传媒人才的优势与特色，呈现优秀人才的引领示范作用，学院成立特别工作委员会，开设卓越新闻传播人才培养基地班，进行卓越传媒人才培养模式的创新实验。创新实践班以培养卓越传媒人才为目标，选拔优秀学生进入实验班，实施独立的人才培养方案，科学规范管理基地班建设工作。

2015 年，学院创立首届卓越传媒人才培养基地媒体班，首届基地班学员已毕业，11 名推免或考研究生，1 名海外媒体就业，17 名到中国民航、中铁、西影厂等企事业单位工作。从升学、就业情况看，基地班人才培养成效显著。2019 年新开设“卓越法新复合型人才培养创新实验班”，优选新闻传播学院和经济法学院 2017 级学生共同参加，由两学院辅导员担任班主任，执行独立的人才培养计划。

基地班、实验班在探索卓越新闻传播人才培养、“新闻＋法学”复合型人才培养模式和实践路径方面成效显著。我校杨宗科校长用“立志高远、勇于担当、创新发展、追求卓越”肯定了创新班教育改革的示范引领作用。

2. 联合培养，凸显法新结合特色

创新实践班授课教师不仅为校内新闻学专业、法学专业师资，另聘请业界知名专家、记者、管理者、策划人走入课堂，借法学与新闻学融合教学，帮助学生打破专业壁垒、坚守社会主义法治理念；借专业与行业联合

教学，坚定马克思主义新闻观、增强社会责任感。

教学方法上突出案例教学、专题讨论等形式，气氛活跃。课堂教学内容由法学和新闻学共同构成，主要围绕两个学科前沿理论与发展现状展开，如“解析‘赵宇案’的信息传播”“人工智能与劳动法”等。同时渗透实践技能，如“如何让画面更出彩——演播厅导播控制技巧及系统应用”“如何用镜头讲故事”等。

引入国际化课程，不仅拓宽学生的学术视野而且帮助学生打开国际视野。首届基地班的第一堂课就由美国天普大学克莱因传媒学院教授 Cornelius B · Pratt 开授。

3. 强化实践，为创新实践班搭建形式多样的实践教学平台

实践教学活动是卓越传媒人才培养过程中的重要组成部分，为了全面提升创新实践班学生的各项实践能力，要求其积极参与各类工作坊、社会服务项目、创新创业实践等活动。在校内外各类互动实训平台上经过锻炼的基地班学生明显增强了专业自信心，大部分的学生在短时间内都有不同程度的获奖收获，在专业教学实践活动中发挥了引领作用。

暑期实践特别为创新实践班安排了“重走圣地路，追寻红色足迹”的实践活动，学生赴延安进行寻根调研，围绕深入学习马克思主义新闻观这一主题进行了一系列现场教学活动。通过文献整理、调研活动与媒体产品制作等方式加深了对国情社情、我国新闻事业发展情况及学院历史的了解，现场接受马克思主义新闻观教育，拓展所思、检验所学。

（四）建设与卓越传媒人才培养模式相匹配的教师队伍

1. 创新人才引进方法，持续优化教师团队结构

既然卓越传媒人才需具备复合型、专家型、创新型的特点，那么对于师资数量和质量都有着较高的要求，在学校领导和多部门的支持下，学院通过柔性引进、兼职教授、校企互聘、访问学者等多元化途径引进人才。立项以来，从业界引进具有媒介工作经验的高端人才 1 名，引进法学博士 2 名、艺术学博士 1 名、计算机博士 1 名。目前，我院专职教师人数 51 人，实验员 6 人。

从改善教师学缘构成的角度出发，借助法学优势学科的优秀教师资源，同时鼓励本院教师攻读法学博士学位或进入法学博士后流动站，更有利于凸显法新结合的专业特色，为卓越传媒人才培养做好长远师资储备。

2. 激发教师个人潜力，在实践教学和学术科研中迅速成长

在卓越传媒人才培养过程中，要求青年教师跟进指导各类实践实训项目，读书会、各类大赛、校园媒体、工作坊等均由青年教师担任负责人。青年教师学习能力强，积极进取，外语水平高，爱岗敬业，在很多方面和大学生有着较为接近的心态和共同话题，更容易成为卓越传媒人才培养过程的良师益友。输送青年教师到境外大学进行交流访学，通过进一步学习深造，提升综合能力与专业素养。

鉴于引进实务教师比较困难的问题，学院打破资格论、专业论束缚，充分发挥实验课教师实操能力强的特点，使他们在实践教学环节中发挥优势，指导学生进行各类实践实训活动。

鼓励全院教师积极申报各类课题项目，大幅度提升学院整体科研实力，设置院级教改、科研项目，营造学术氛围。使教师团队也以卓越为奋进目标，激活潜在力量实现教书育人的良好成效。

四　卓越传媒人才培养模式构建与实践项目的实施效果和推广价值

（一）实施效果

1. 全媒体卓越新闻人才实践能力培养效果显著

本项目积极探索人才培养的新路径、新模式，合理配置实践教学资源，注重让一般学生共享优质资源，特别是卓越新闻传播人才实验班和法新结合实验班的成果被推广至学院6个本科专业，学生综合素质、创新实践能力等显著提升。

学生自主创办的《闻新周报》《西法大radio》《新锐传媒》等校园全媒体实践能力培养平台，全年生产各类新闻作品逾千条，学生在讲好中国故事、传播中国声音方面进步显著。学生主持国家级、省级创新创业项目17项。“主持人大赛”已连续举办19届，成为陕西高校具有品牌效应和影响力的校园大赛，每年都吸引了省内高校学生的踊跃参与，为省市级广播电视台等媒体单位直接输送人才20余人。

在卓越传媒人才实验班的暑期实践——“重走圣地路，追寻红色足迹”活动中，学生赴延安进行社会调研，在延安新闻纪念馆等红色教育

基地进行了一系列现场教学活动，参与文献纪念馆的文献整理、文献数字化制作等，深化了学生对马克思主义新闻观的理解与接受，强化了学生家国情怀与社会责任意识，通过所学、所思，在实践中践行了马克思主义新闻观，并用专业所长，服务贡献社会。

学生适应全媒体行业发展的实践创新能力极大提升，近 3 年来，毕业生在人民网、《法制日报》、今日头条和新浪网等主流媒体、新媒体或在新媒体相关部门就业的人数达年均百余人，并有毕业生在海外媒体就业。

2. 深化校媒合作，实践能力培养平台的搭建效果显著

本成果注重学校教育与媒体行业实践的有机结合，与中广上洋科技有限公司、清博大数据科技有限公司签订战略协议，通过共建技术设备领先的融媒体实验室、协同开展舆情分析与数据挖掘等课题的方式，为学生实践创新能力培养开拓了新路径。近 3 年来，与人民日报海外网、四川省广播电视台、西安市广播电视台等媒体合作并独立承担 3 个栏目的节目制作。

建成人民日报、新华社等媒体的国内实习实训基地 32 个。在德国 DCKD 德中艺术设计交流协会设立海外传媒实习基地 1 个，已有 5 批师生 20 余人完成了在 DCKD 的工作任务，并获得 DCKD 协会的极大好评。

3. 学生以新媒体创新实践能力服务社会，相关经验在兄弟院校推广

本成果组织学生以专业实践技能积极参与社会服务与社会实践项目。例如，由学生主要参与完成的“半壁山镇借助新媒体提升基层党建与社会公共服务”项目被新华社、中新社、人民网等央媒报道后，产生较大社会影响；在“2016 年全国大学生微电影夏令营运城实践活动”中，学生获得多个奖项，学院获得组织奖；学院多个实践平台以校企协作、剧目公演等方式实现繁荣文化市场、输送优秀专业人才的服务效果。

在 2017 年教学评估与学科评估中，中国政法大学黄进教授、华中科技大学张昆教授等评估专家高度评价本成果：“实践教学具有特色鲜明、体系完整、内涵丰富、层次分明的特点，基本覆盖全媒体时代的人才培养全过程，具有示范意义。”

本成果总结论文被新闻传播学科权威刊物《新闻与传播研究》特刊（2019 年）收录。此外，人民日报、人民网、光明日报、光明网、新华网等多家媒体对我院人才实践能力培养的理念与做法进行了报道。

（二）推广价值

本项目成果具有积极的推广价值。本项目成果在“立格联盟”新闻传播学院院长论坛等新闻传播教育交流平台进行了经验分享，华东政法大学、甘肃政法学院、新疆大学等院校也借鉴应用我院人才培养的模式和做法；海南省公安厅、山东省政法委和陕西省公安厅等单位邀请我院师生为其开展新媒体培训，指导宣传手段创新、舆情处置研判、新媒体应用与制作等方面工作。

深化新闻传播教育改革，探索新媒体环境下新闻传播人才所应具备的能力素质和高校人才培养模式创新，有助于为我国新闻传播事业发展输送高素质的优秀人才，具有理论和现实意义。卓越传媒人才培养模式不仅培养新闻媒体需要的专业人才，也为非新闻机构培养公共传播人才，提升国民整体媒介素养和传播能力，借助技术与媒体的革新在更广泛领域做出更多的贡献，促进社会发展，传承传媒人追求的家国情怀、社会责任和人文理念。

人才培养模式是保证培养出卓越传媒人才的必要条件，也是西部高校在与媒介融合、网络思维、创新创业大潮接轨中取得建设成果的关键环节。卓越传媒人才培养模式涉及培养观念、培养方式、培养方向等方面的重大改变，涉及专业课程设置、教材改造、实验设计、实践改革等核心环节，并将传播技能应用过程本身作为一种社会实践加以研究和反思，超越简单的工具技术学习，提升了教学内容和体系上的学理性和科学性。同时这一改革的重要目标之一就是提升传媒人才的创新能力，使其走向社会和市场，实现理论与实践的互动提升，如果此项改革获得成功，将会产生良好的社会效益与经济效益。

党的十九大报告明确提出：人才是实现民族振兴、赢得国际竞争主动的战略资源。卓越新闻传播人才的培养任重而道远，希望通过本项目的探索与研究，能够为新媒体时代新闻传播后备人才的培养提供具有可行性的经验。

Building of Excellent Media Personnel Training Mode and Practice

Luo Peng Sun Jiang Wang Yang
Liu Lihua Cui Baofeng

Abstract: Great changes have taken place in the pattern and practice of the news and communication industry in the era of intelligent media. Due to the lack of openness and integration, the traditional personnel training system of news and communication restricts the innovation of training mode, which makes the students unable to adapt to the rapid iteration of media to a certain extent. In order to train the high-quality personnel with creative spirit and innovation ability, the School of Journalism and Communication of Northwest University of Political Science and Law, guided by the overall goal and task set up by the education and training plan of excellent media personnel, promotes the innovation of the training mode in combination with the school's orientation and characteristics. Since the "Building and practice of excellent media personnel training mode" project was approved as the key teaching reform project of higher education in Shaanxi Province in 2016, the school has carried out reforms in emphasizing the education of Marxist view of journalism, the development of personnel training base, and promoting the mutual employment between the school and news organizations, and innovated the personnel training mode based on this.

Key words: media convergence, excellent media talent, personnel training mode

理论·实践·创新创业：三位一体培养卓越商科人才的探索

张荣刚　徐京平*

摘　要：介于双一流高校和应用型高校之间的多科性大学的人才培养定位及其实现，是一个长期普遍存在、影响深远且持续发酵的问题。本文以政法高校的商科类专业为对象，基于因材施教、理实并重、需求导向等育人理念，分析发现其培养需要面向实践来传授理论，以理论引领锻造实践意识。提出建构理论教学、实践教学和创新创业教学三位一体的培养架构，并以比赛、实习实训为基本教学手段，将理实并重理念贯穿于课堂理论教学、实验实践教学和创新创业教学三个大的教学环节，推动学生获得符合其禀赋和学习基础的良好成长。

关键词：需求导向；理实并重；创新创业；卓越商科人才

一　引言

1997年以前，我国有一大批行业所属高校，在国民经济和社会发展中做出了巨大贡献，学校也在相关领域形成了完整的教学科研资源和突出的行业（产业）领先指导地位，例如“建筑老八校”“四邮四电”“立格联盟（政法）高校”“纺织高校”“石油高校”“农林高校”等。1997年后，这些学校的主办单位发生了巨大变化，每个行业的龙头学校有1—2所划归教育部直接管理，其他则划归所在省市管理。划归地方管理的学校行业特色突出，但又不属于行业部门主管，从办学定位上既不甘于完全应

---

* 张荣刚，管理学博士，西北政法大学商学院教授、院长，主要研究方向：风险与危机管理，产业投融资管理。徐京平，经济学博士，西北政法大学商学院副教授、副院长。主要研究方向：投融资管理，风险与绩效。

用化，又难以获得国家的学科建设重大战略如“211”“985”“双一流”等工程的青睐；从学科结构上，不能像以往那样继续集中力量突出核心学科，相继进行了大跨度的学科和专业扩张（自己没有清晰图景的盲目综合化），积极开办新专业而忽略了自身条件和学科成长规律；经过二十多年的发展，形成了一批定位介于双一流高校和应用型高校之间的省（市）属高水平大学（重点建设大学）；同时，这些行业院校发展来的多科性大学举办了大量未必能与核心专业发生良好互动、形成合力的非核心主流专业；这些学校这些专业的人才培养定位及其实现，是一个长期普遍存在、影响深远但发酵缓慢的问题，也是一个亟待解决的重要问题。

对于这些问题，一批专家学者进行了积极的探索和研究。尚世昌（2019）呼吁高等教育深耕转型，品德学习创新、博雅学习创新、智慧学习创新、多元学习创新、专业学习创新，实现适性扬才、幸福就业。任亮等（2019）建议基于供给侧改革的理念与实践推动高校协同育人工作，积极探索校企合作、校际协同等多种“政产学研”开放式协同育人供给模式①。郭献章等（2019）提出“系统性创新思维”原理与策略在实验教学中应用的意义与方法，指出“系统性创新思维”在教学设计与创新思维训练中的重要性和该模式在操作过程中易形成的对创新概念理解上的偏差②。梁宁娜（2018）提出选择适合的有特色的人才培养模式，建设全方位的以能力培养为目标的实践教学体系，校企合作共建实训室与实习基地，重视理实并重的师资队伍建设等③。

由于笔者所处教学科研和管理岗位，根据信息资料掌握情况，选择政法类高校的商科类专业作为研究案例。基于西北政法大学商科学生的禀赋条件和学习基础，研究探索面向社会需求、家长预期、主管部门评判，由学校协同学生、企业、社会四方力量，共同构建包含课堂理论教学、综合实践教学、创新创业教学三个互相衔接、耦合联动的单元形成理实并重的教学体系，培养需求导向、能力导向的卓越商科人才。

---

① 任亮、朱飞：《供给侧改革下高校协同育人平台运行机制研究》，《中国高校科技》2019年第6期。

② 郭献章：《“系统性创新思维”在实践教学中的应用》，《实验技术与管理》2019年第1期。

③ 梁宁娜：《应用型本科工商管理专业建设探讨》，《经济师》2018年第2期。

二 政法院校商科专业人才培养的现状

如前所述，由划归地方管理的行业性高校发展而来的多科性大学，一般均受到所在省市的高度关注和重点支持，但由于行业属性比较鲜明、主导领域在全国的竞争地位较高，所以围绕其核心学科和专业进行发展思路安排，是必然选择。但由于所在省市对其核心领域人才的吸纳数量限制，必然会推动其有一定的综合化调整，调整中非核心学科的发展定位、学生培养方向、核心能力的塑造等涉及其长期发展的关键事项，成为回避不了的问题。

同样的，作为前述高校的典型，我国政法类高校的法学以外专业发展也需要考量其发展目标和导向。政法类高校最初有国家安排的五院四系中的五院，即北京政法学院（现中国政法大学）、西南政法学院（现西南政法大学）、西北政法学院（现西北政法大学）、华东政法学院（现华东政法大学）、中南政法学院（现并入中南财经政法大学），后续陆续又设立了上海政法学院、甘肃政法学院（现甘肃政法大学）和山东政法学院等省市所属的政法高校，以及合并成立河南财经政法大学。这些政法高校中，中南财经政法大学和河南财经政法大学的财经类专业在校内学科发展中占据优势，其他学校均以法学作为优势学科，商科类专业相对较弱。

大学生的培养，最可怕的是高不成低不就。一方面是受学而优则仕的传统观念左右，目前在校的大学生的父辈不少也读过大学，有较成功的工作和生活，但那是20世纪八九十年代或更早的事，当前的学生看到的往往是父母的荣耀，而选择性地忽视了其奋斗的艰苦、努力的辛勤，因此不容易脚踏实地；另一方面是他们从衣来伸手饭来张口衣食无忧的家庭和社会环境养成了不劳而获、少劳多获的懒惰行为方式，苦和累是父母和别人的事，渐渐养成懂万事万物，就是不懂身体力行是人之根本，不懂千里之行始于足下的切实要求；此外，家庭和学校、社会不能充分尊重教育规律，一直以大学升学率、名校录取数等为指标作为学生的培养目标，而不是去培养脚踏实地干事业的劳动者，可以说培养了上大学的人，不负责培养社会事业的劳动者。进入新时代，随着新业态、新工作方式对商科人才的能力构成提出越来越高的要求，前面这些特点都是与时代要求不相容的。因而，“卓越”成为必须适时做出的系统和科学反应，聚焦于卓越商科人才探索实践是必然选择。

三 商科人才能力特质的需求分析

（一）教育理念：教育规律的内在要求

1. 对传统“因材施教”理念贯彻的需要

孔子所提出和践行的“因材施教”思想对中外教育发展贡献巨大、影响深远。所谓“因材施教”，一般是指根据学生的个性心理特点及知识、能力现状，从实际出发，采取不同的途径、措施和方法进行教育和教学。因遗传、环境和教育等因素的影响，不同的人个性也互不相同，知识、能力、情感、意志、性格等方面都表现出不同的特点和发展倾向，对某一学科知识的兴趣和接受能力也会有很大的差异。因此，在教学中，如都按统一的要求和进度进行，就很难让学生都得到充分的发展。

我们认为，通过高考的严苛选择、划分，不同分数段的学生个人禀赋、能力倾向的差异是较为明显的，而高考成绩接近的学生各种特质也较为接近，这就需要各类学校、各个专业在统一要求的基础上，要结合本校本专业学生普遍的学业基础、个性、心理特点和发展倾向而“因材施教”。

2. 理实并重理念的科学应用需要

“理实并重”源于儒家传统“知行合一”观和德国“双元制”职业教育，力图将课堂讲授、理论阐述与操作训练、实践感悟相结合，以抽象与直观交替演绎，达成素质和技能的同步建构①。有学者认为目前大学学科（科学研究）、专业（人才培养）与产业链（知识转化或服务社会）之间的独立和封闭无法满足创新驱动发展战略②。

目前，在我国高等教育领域，高职和应用型本科高校较多使用“理实并重”的说法，其他高校有忽视两者结合的倾向，但实际上，教学研究型大学的绝大多数学生将来同样要承担实务工作，而且其实务工作能力

① 王剑：《王阳明知行合一思想重释》，《中华文化论坛》2016 年第 8 期。

② 王凯、胡赤弟、吴伟：《基于“学科—专业—产业链”的创新创业型大学：概念内涵与现实路径》，《清华大学教育研究》2017 年第 5 期。

必须要有充分、深刻的理论认识引领，更要强调以知导行、知行并进、知而必行，为不断激发学生探索环境与发展问题提供内在动力。我们从学生现状和需求出发，针对学生的特点把教育教学与学生的实际、认知特点、年龄特点、情感特点、个性心理等因素联系起来，立足于“以学生发展为本”，教师通过身体力行，成为学生进行自我管理和提升的有力督促者，发现并发展学生强势智能，因材施教，才能达到理想的教育教学效果。

3. 精准培养卓越人才的必然要求

我们认为，不同于拔尖和应用型人才，卓越人才培养的人群规模、实务操作、合作意识、继续学习能力均有其特定要求。卓越人才不是设计师，但需要面向设计师、面向顶层设计，卓越人才不是操作工，但其要指挥引领操作工，顶天立地、上牵下拉，是系统化工作中的中坚人群①。如何培养需求导向、能力为重的卓越商科人才，这是教书育人的关键问题。我们背靠政法大学，依托省级教改项目“商科大学生创新创业能力的协同培养模式研究”“法律硕士实践能力培养的探索与实践”和“利用在线教育推进创新创业教育研究”、以实践为导向的“《人力资源管理概论》课程教学方法改革研究”、培养学生综合实务能力的“《电子商务》课程教学探索与实践”等校级教改项目，针对商科人才培养过程中存在的培养目标模糊、知识体系宽泛、钻研意识低和专业素养不足等问题，进行系统探索。

4. 理论学习为先导开展创新创业教育的需要

我们认为，开展创新创业教育并不是要将理论排除在外，学生并不会看到理论——它是无形的，隐藏在实践之中，是一种培养学生从事商事活动的综合能力的教育，其核心是实践意识和统筹能力培养，而非简单的技能传授。王占仁（2019）认为高校创业教育是普遍培养和提高所有专业的大学生创新意识和创新能力的“广谱式”教育，广泛“种下创新创业的种子”②。针对创新创业跨学科、多交叉的内在要求，我们在 CNKI 中国

---

① 季敏：《法律实践教学模式改革与创新研究——基于卓越法律人才教育培养计划》，《长春大学学报》2013 年第 4 期。

② 孔洁珺、王占仁：《以文化为载体的大学生创业教育实现路径》，《中国高等教育》2019 年第 10 期。

知网检索，发现当前采用多学科视角进行实践教学研究的仅有21篇。因而，构建全方位、立体化的研究格局，有意识地采用多学科和跨学科的研究范式，加强高校创新创业教育问题的整合研究势在必行。

（二）教育改革：创新创业的指向要求

国务院颁行的《关于深化高等学校创新创业教育改革的实施意见》明确强调将创新创业教育纳入教学主渠道，贯穿高校人才培养全过程，着眼于创新创业教育的广泛性和普及性，实践是检验创新创业教育成效的试金石①。这一重大举措的目标是通过不断深入变革，推动创新创业教育中的人才培养、知识创新和成果转化问题解决，打破组织边界，形成多种维度的反馈创新创业教育闭环。

武毅英（2019）认为目前创新创业教育研究单一，无法揭示创新创业教育的本质规律，应实现理论思辨和实证调查相结合②。孟晓媛、刘继东（2019）发现在高等院校创新创业教育的实施过程中存在学生洞察发现能力较弱，系统规划不够科学等瓶颈问题③。钱俊（2016）提出按照融合的范围构建专业课程教学融合模式、跨专业联合教学模式与社会化合作模式④。武毅英、杨冬（2019）提出应立足本土，审慎甄别、选择和改造域外创新创业教育经验，避免机械效仿和简单移植⑤。实际上，创新创业教育以创新性人才的培养为目标，需要学科建设、教学管理、课程体系、激励约束四个方面协同推进，而且要充分结合学科实践特色突出的优势，集中学科优质的教学、科研和管理资源，对本科生创新能力培养的实践教学体系进行构建。

---

① 教育部：《关于大力推进高等学校创新创业教育和大学生自主创业工作的意见》［2018-5-7］http：//www.edu.cn/zcxx_ 10008/20100601/t20100601_ 481165.shtml。

② 武毅英、杨冬：《近20年中国高校创新创业教育研究的知识图谱》，《现代大学教育》2019年第4期。

③ 孟晓媛、刘继东：《基于数据分析的大学生创新创业教育研究》，《现代教育管理》2019年第7期。

④ 王万川、刘晓明、黄兴海、钱俊：《产教融合发展的内涵和实践路径研究——以扬州软件信息产业为例》，《职业时空》2016年第5期。

⑤ 武毅英、杨冬：《近20年中国高校创新创业教育研究的知识图谱》，《现代大学教育》2019年第4期。

（三）需求导向：商科本科生的能力结构

21 世纪初就有专家指出，21 世纪需要的人才应具备融会贯通、创新与实践结合、跨领域综合、智商情商兼高、沟通与合作、从事热爱的工作和积极乐观 7 个特点。这与教育部提出的“新文科”不谋而合，也正是“卓越”商科人才的培养方向。

因此，从 2014 年至今，西北政法大学进行了 8 个年级学生体系化培养的探索和实践。本成果以西北政法大学商科学生为实践对象，包括 2015—2018 共 4 届毕业生和 2015—2018 共四个年级的在校生。项目实施以来，参加学习、比赛、创业实践、创业培训的学生累计约 7600 人次，部分毕业生也受到我们成员的持续跟踪指导。

（四）成长节奏：构建“课堂—实践—创新创业”体系框架

卓越商科人才培养是一个系统工程，必须形成总体效果。我们提出了以推动学生成长为核心，面向社会需求、能力供给两个方面，协同校方、学生、企业、社会 4 方，耦合课堂、实践和创业 3 个教学单元，依托学生成长的 5 个阶段，打造理实并重的卓越商科人才培养体系。相关工作主要从课堂理论教学、综合实践教学和创新创业教学三个相辅相成的环节展开。

1. 在课堂理论教学环节中，明“理”是重点

面向需求导向设计课程体系、课堂教学内容，精准响应用人单位及社会对政法大学商科人才的需求和期望，结合西北政法大学背景增设特色化的法学课程模块。

2. 在综合实践教学环节中，促“实”是核心

将能力导向贯穿始终，开展“商＋法主线牵引、三类平台齐用、四大模块展开、五个阶段递进”的体系化梯度培养。

3. 在创新创业教育环节中，实现“理实并重”培养理念的高度耦合

将理实并重导向渗透进思维培育、技能提升和后期指导三个阶段工作的推进中，以贯穿学生培养主要环节的流程化推进，真正实现理论认识引领下的实务能力提升。

四　理实并重思维下开展的主要教学探索

在课堂教学中，面向社会需求，增加了法学课程模块、理论课程实验模块；在综合实践教学中，通过仿真实验、集中实习、综合实践与专业比赛等加以“实”化，并与理论教学对照；创新创业教育则是过程导向，理实并重用好理论教学、综合实践教学的成果；这3个教学单元既相互独立、又有所交叉，形成相互耦合的卓越商科人才培养体系。

(一) 以需求导向为主的课堂理论教学

基于高素质应用型人才定位下，以目标、逻辑和模式为视角，依据本科实践教学的内涵及特征，分别从功能、内部关系、实施路径等三个维度进行论述，勾勒构建面向实践的理论教学模式。

1. 课程体系优化

面向需求，培养能力，通过“课程价值—核心课程—辅助课程”的思路牵引课程体系，在培养方案中设置了法学模块特色课程，结合课程时长、结构、主题和内容、课程实操、演练等环节要求，课程融入了互动、技能、实操、作业等环节，优化课程的教学方法。(表1)

表1　重点课程教学方法革新强化课程组价值

课程名称	教学方法改革	对商科学生的价值
工商管理导论	互动讨论	经营意识启发、人格塑造与定位明晰
职业生涯规划	作业、个体分析	
法学原理	综合案例引领的理论	
市场学	模拟分析、案例	市场分析、策略制定与执行、自我商务权益保护的能力
定价理论与策略	基于案例分组比赛	
电子商务概论	翻转课堂、分组演练	
消费者权益保护法	案例分析与讨论	
广告法	考试方式：广告评析赛	
管理运筹学	模拟、课堂比赛	决策引领、组织管理及风险防控的初步能力
组织行为学	案例分析、分组作业	
公司法理论与实务	讲授、结合商务事项分析	
公司战略与风险管理	结合注会、案例分析	

续表

课程名称	教学方法改革	对商科学生的价值
民法学	理论教学	组织管理的基础能力 企业法务基础素养
绩效与薪酬	模拟招聘、无领导讨论	
人员素质测评	胜任能力、模拟测评	
合同法	案例贯穿教学	
劳动关系管理	模拟谈判、案例分析	
社会保障法学	立法背景综合分析	
人力资源管理法律与实务	结合	
会计学	嵌入实验、仿真训练	财务核算、税收筹划和财务决策的基本能力
财务管理学	项目分析	
税收	税收筹划分组对抗	
税法学	结合具体商业活动研讨	
公司联合并购与重组法律实务	重大案例贯穿教学	

2. 课堂教学探索

①充分考虑实践需要的理论教学

根据“学生成长阶段”不同，构建了以“通识教育+专业教育+创新创业教育”为主体的三大教学单元；结合不同教学环节实施了“翻转课堂”“以赛带教”“模拟对战”等多法并举、多式并存、协同提升的教学探索与实践。

②理论教学中设立实验教学环节

我们把智能化时代理念融入专业教学改革之中，让学生通过任务驱动、角色扮演等方式开展虚拟仿真实验。经济管理虚拟仿真实验中心自2014年至今已建成财务决策实验室、贸易与金融实验室、电子商务实验室、虚拟仿真实验室，承担了会计电算化、审计实务、内部审计、人力资源管理、统计学实验、电子商务实验、网络营销、服务营销、会计信息系统、物流管理等近50门专业课的实验教学任务；每学年可开出各种实验项目近70项，实验课开出率100%。

（二）以能力导向为主的综合实践教学

需求导向，把学生个体发展与就业需求作为实践教学的依据之一，从而构建实践教学体系；实践教学的教学要素安排及教学目标设置，应当与人才培养定位相匹配；综合实践教学梯度推进，基础实践重在掌握分析和解决问题的方法，专业实践重在提高学生解决实际问题的能力，综合实践重在提高学生的整体专业素养。

1. 梯度实践教学

“商＋法主线牵引”，培养方案设计上，按政法大学的社会普遍认知，结合商科专业特色，坚持“法＋商”主线牵引前行；

“三类平台齐用”，在实践教学空间安排上，实验中心平台、校内第二课堂平台、社会实践平台都充分利用；

“四大模块展开”，在实践教学内容安排上，按实验（实训）模块，实习（见习）模块，论文（设计）模块，创新创业、素质拓展、社会实践等活动模块展开；

“五个阶段递进”，在教学进程安排上，按五个阶段推进：一是专业认知，增进学生的专业认同和学习自觉性；二是基础训练，促进学生掌握分析和解决问题的科学方法；三是专业操练，提高学生解决实际问题的能力；四是实践培训，主要是 SYB 等创业培训类课程；五是综合实践，促进学生综合素质的提高。

2. 集中实习教学

商学院已建立了 50 多个实践教学基地，一、二年级都要参加教学实践实习活动，三年级暑期参加全员集中毕业实习。明确一名专职教师负责指导和对接一个实习单位，聘请实习单位的相关人员担任实习导师，校内责任教师与实习导师共同制订实习计划，向学生说明实习目标、要求、计划并考评，考评要有总结报告、作品成果、相关证书与图片或视频等。

3. 实践考核探索

面向卓越商科人才要求，《电子商务概论》《市场营销学》《管理运筹学》等课程进行了考试改革。如《电子商务概论》通过项目建设（完整商业策划书及路演 PPT）进行多元化考核，提供跨境电商、农村电商、康养电商等专题资料，每 5 名学生组队全学期完成路演所需的项目策划书（商业策划书）、PPT、讲演稿，教师负责组织路演，由校外专家等担任评委给出路演成绩。

4. 系列专业比赛

培人才之所需，供市场之所求。以比赛为载体，促进学生全面发展。

在校内举行创富竞赛、市场调研、广告评析、案例分析等课程竞赛。各专业组织学生参加一项以上省级以上专业比赛，譬如电子商务系的“互联网＋”大赛、财务审计系的“新道杯全国财务大赛”“福斯特杯审计业务大赛”“金蝶云管理创新杯”等。

（三）理实并重导向的创新创业教学

创新教育应当注重人的发展和创新思维拓展，创业教育应当更注重实现自我价值与实践意识和创业者定位的培养，加深校、政、企深度合作机制，打造开放共享、协同共生的创新创业教育生态系统。

1. 举办大型综合比赛

连续举办10届校级市场营销大赛、连续举办6届模拟经营大赛。赛事联手行业内知名企业，场内场外双结合进行比赛。近两年受省委教育工委委托，与山阳县合作承办省级市场营销大赛，吸引省内高校一万余名同学参赛。

同时，连续主办5届校级模拟谈判大赛，承办第7届全国模拟谈判大赛，组织师生进行劳动关系案例整理分析。

2. “大创项目”训练

2012年至今，“教育部大学生创新创业训练计划”校级立项271项、省级186项、国家级86项。教师累计500多人次参与项目指导，部分项目如“初晨网”“新锐青年工作室”等已创业成功。

举办“互联网＋”大学生创新创业大赛，鼓励大学生向移动互联网、云计算、大数据、物联网等新一代信息技术与行业产业紧密结合，累计获得校级立项264项，省级立项12项，参赛项目类别涉及“互联网＋”公共服务、“互联网＋”商务服务、“互联网＋”公益创业、“互联网＋”文化创意服务等七大类。

3. “SYB”及毕业后指导

商学院的“青年创业培训项目”（SYB）创业培训基地为省属创业培训定点机构，由人力资源和社会保障厅认定，目前已完成了1200余人的各类创业培训任务。2017年，我院被批准确定为“陕西省创新创业试点学院”，以试点学院建设为抓手，依托商品、沙盘等实验室，与华春众创工场、西安多元创新经济研究院签署共建“大学生创新创业实践基地”，开展创业辅导、创业项目孵化和投融资对接，打造“政府、企业、高校、家庭”协同参与的创新创业锻造体系。

（四）整体上打造理论与实践贯通的卓越人才培养体系

基于需求导向、能力导向，探索通过产教、校企、校地、家校合作打造理论教学体系与实践教学体系并重的卓越商科人才培养体系。（图 1）

五　总结

（一）卓越商科人才培养体系的核心是理实并重

面向需求辨析卓越商科人才的内涵、梳理其能力构成，确立高水平大学商科人才培养体系的核心理念应是理论教学与实践教学并重，为卓越类商科人才培养模式的改革进行了理论探索。

（二）耦合了卓越商科人才培养的三个模块

卓越商科人才培养是一个系统工程，从青年教师发展入手，整体协同，发展外部资源支持；通过课堂理论教学、综合实践教学、创新创业教学 3 个模块的耦合互补、持续优化，期间鼓励学生自然分流，确立“学生主体、教师主导”观念，学思践悟，解决了高水平大学商科学生专业素养培养乏力的问题，形成课上与课下、校内与校外、理论与实践的教学体系。

（三）协同建设形成了特色化教学实践载体

我们探索实验了系列有特色的教学模式或实践载体，形成了“翻转课堂”“以赛带教”“模拟对战”“模拟沙盘”等课程小循环与培养机制大循环契合的实践载体，打通学生能力培养的启发、模拟、竞赛、实战、实践分步走的成长与发展路径。

（四）应用成效逐步显现并持续提升

有效提升学生整体能力。学生近年参加全国比赛，获得一等奖计 13 项，二三等奖及组织奖共计 56 项，并获“优秀组织单位”称号。近十年

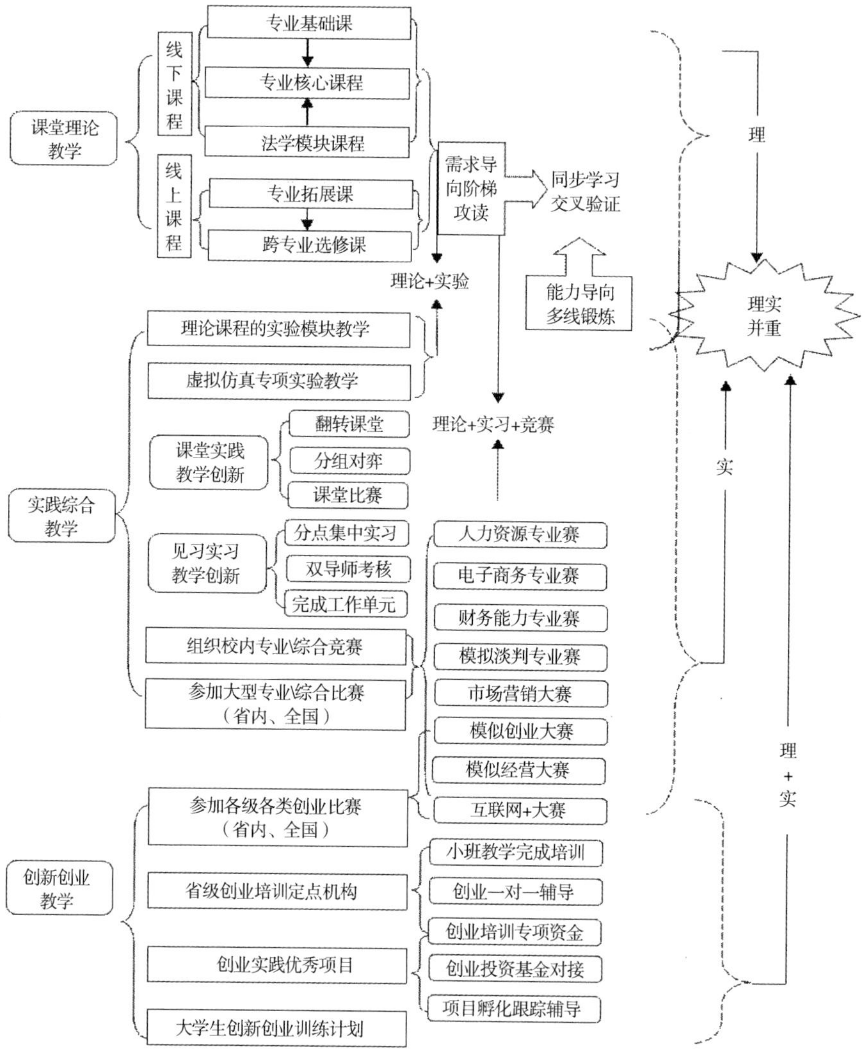

图1 卓越商科人才培养机制示意图

来陕西首次省级市场营销大赛，全省1万余名学生参赛，我院有3组学生进入前6名。

提升教学能力和教学资源。我们先后获得学校5个校级、2个省级教改项目；建设实践教学基地50余个，聘任企业高管58人担任实务导师；重点建设了18门主干课程，建设虚拟仿真实验教学中心、实践教学基地，已经在4届毕业生和4级在校生教学中进行实践，受益学生7600余人。

孵化出一批教改与教研成果。我们围绕项目内容，出版专著 2 部，出版教材 3 部，在《陕西教育（高教版）》《西北高教评论》《榆林学院学报》《煤炭高等教育》等发表学术论文 29 篇；组织比赛 6 大类计 21 届。

毕业生对学校的认可度高，对教学效果评价好。问卷调查显示，90%的毕业生对教学工作表示满意；93%的学生家长对学校教育教学工作表示满意；用人单位对学校的满意度为 96%。

Theory-Practice-Innovation and Entrepreneurship: Trinity Pattern to Train Excellent Business Personnel

——On the Training of Students of Business School of Northwest University of Political Science and Law

Zhang Ronggang　Xu Jingping

Abstract: The personnel training orientation and its realization of a multi-disciplinary university, which is different from "Double first-class universities" and application-oriented universities, is a long-standing and far-reaching problem. Based on the educational ideas of teaching students according to their aptitude, paying equal attention to both theory and practice, and demand orientation, this paper finds that the training of business major students needs to teach theory according to the practical needs , and develop practical consciousness with theory as the guide. This paper also puts forward the building of a three-in-one training framework of theory teaching, practice teaching and innovation and entrepreneurship teaching, and takes competition and practical training as the basic teaching means, and in the meantime, the idea of emphasizing both theory and practice runs through the three major teaching links of classroom theory teaching, experimental practice teaching and innovation and entrepreneurship teaching, so as to give impetus to students' growth.

Key words: demand orientation; pay equal attention to both theory and practice, innovation and entrepreneurship, Outstanding business talent

面向基层社会治理的政治学专业本科人才实践教学探索*

侯学华　刘文沛**

摘　要：在国家治理体系与治理能力现代化的背景下，政治学专业建设和人才培养需立足于政治学学科的时代特点，科学设定专业人才培养目标，围绕政治学人才的核心知识体系探索人才培养模式。随着现代政治科学的发展，政治学专业人才培养目标亟须与社会实践相结合。理论教学须与就业面向相匹配，强化基层专题调研，运用政治科学的理论知识分析“典型村庄”与“不同类型乡镇”的差异性特征，为解决基层社会治理难题储备知识并积蓄力量。坚持“理实同修”，开展“面向基层社会治理”的实践教学，构建“学生自主组织-专业教师指导-政府机构和社会组织协同育人”的人才实践育人模式。

关键词：学科定位；人才培养；基层治理；实践教学

一　面向基层：新时代政治学专业实践教学的学科定位

政治学由“传统”而“现代”，成为具有一般意义的社会科学，进入现代科学知识体系，有效地解释着人类社会的政治现象，阐释了“治国理政”的逻辑变化。党的十八大立足时代前沿，提出了国家治理体系与治理能力现代化的时代命题，习近平总书记站在“百年未有之大变局”

---

* 基金项目：西北政法大学重点教改项目“政治与公共管理类本科人才实践教学改革研究”（项目编号：XJY201602）

** 侯学华，西北政法大学政治与公共管理学院教授，硕士生导师，历史学博士，主要研究方向：基层治理。刘文沛，西北政法大学政治与公共管理学院讲师，政治学博士，主要研究方向：政治学理论。

的时代潮头，积极改革创新，探索治国理政的时代特点与科学规律，统筹推进“五位一体”总体布局、协调推进“四个全面”战略布局，创新社会治理，明确提出“共建共治共享”的社会治理格局。

政治学专业人才只有“沉下去”才能培养高素质专业人才。“从基层开始”“具有基层工作经验”是国家公务员考录、遴选的必备条件。习近平总书记多次指出，要“以改革创新精神做好培养选拔年轻干部工作”，要“注意培养有专业背景的复合型领导干部”，“优秀年轻干部要有足够本领来接班，加强学习、积累经验、增长才干，自觉向实践学习、拜人民为师”。基层社会治理是治国理政的试验场，是青年学子的“试错平台”。政治科学人才要从基层开始磨炼，这是治国理政的必修课，“基础不牢，地动山摇”。因此，人才培养目标须与就业面向匹配，就必须强化基层专题调研，学会用政治科学的知识分析“典型村庄”“不同类型的乡镇”的差异性特征，为解决基层社会治理难题储备知识、积蓄力量，这是治国理政精英必备的“常识”。作为社会学科的一个分支，政治学专业建设和人才培养必须与时俱进，围绕政治学学科的时代定位，科学设定政治学专业人才培养的目标，围绕政治学人才的核心知识体系探索人才培养模式。

二　坚持“理实同修”，构建多元协同育人的实践教学模式

长期以来，立德树人、实施素质教育，强化大学生实践能力、创新能力，已成我国高等教育改革的共识。在《普通高等学校本科专业目录》中，政治学是法学门类下的一级学科，包含政治学与行政学、国际政治、外交学、国际事务与国际关系、政治学、经济学等专业。在“德法兼修、理实并重”的改革背景下，政治学本科专业如何实现理论与实践的结合，培养德才兼备综合能力突出，解决中国社会面临现实问题的应用型、复合型人才，已成为一个亟待破解的专业课题。

基于这一专业人才培养的使命与责任，西北政法大学政治与公共管理学院通过调研实务部门的人才需求规格，比较国内一流高校政治学本科专业人才培养模式，确定了“面向基层，理实同修”的政治学专业人才实践教学的改革方向，探索以解决基层社会现实问题为实践教学抓手，培养

政治学专业人才聚焦基层社会问题，解决基层社会难题的调查研究，精准施策的应用型人才培养路径。

传统政治学本科专业教学以讲授为主，涉及政治发展与政治前沿的教学内容不够丰富，实践教学不成体系，缺少体验式教学的内容，导致人才培养目标与社会需求有一定偏差。当今世界正处于“百年未有之大变局”，政治学专业本科人才培养须与时俱进，培养适应新时代、新变化，科学应对国内外政治局势的专业人才。因此，传统的理论教学与实践教学须深度融合，在课堂教学中渗透治国理政的现实问题，不断创新实践教学形式，增加“面向基层、深入现场”的体验式教学内容，培养熟悉政府职能运行和中国基层社会的“治国理政人才”，实现“立德树人”的根本目标。

实践教学目标围绕政治学与行政学人才如何成长为基层社会治理经验丰富的治国理政人才而展开。坚持“理实同修”，以实践教学促进理论教学效果，在强化理论教学的基础上，积极开展“面向基层社会治理”的实践教学，构建了“学生自主组织，专业教师指导，政府机构和社会组织协同育人”的政治学专业本科人才实践育人模式，以基层社会治理典型案例为实践教学素材，改变了政治学专业教学的“空谈模式”，使理论与实践紧密衔接，实践教学促进理论教学升华，有效提升了政治学本科人才培养质量。

坚持问题导向，以实践教学促进综合技能提升为目标，促进了“学生自学、教师教学、社会督学”的“三学融合”，使理论教学与实践教学彼此促进，师生“面向基层”“理实同修”，聚焦西部基层社会治理的特殊问题，为基层社会治理培养政治学专业人才，既锻炼教师团队，也凸显了西北政法大学政治学专业发展的区域特点和人才培养特色。此外，通过实践教学引导学生树立职业生涯目标，鼓励学生既要重视专业理论研习，又要重视基层治理综合技能培养，明确职业规划发展方向，教师因材施教，全面提升人才培养质量。

三　实践教学开展过程中存在的问题及改革路径

围绕政治学学科的时代定位，以及面向基层的政治科学专业人才培养的目标，实践教学需要解决以下三个主要问题：首先，政治学本科专业人才培养的规格与实现路径不匹配的问题。政治学专业人才是应用型复合人才，课程体系设计以理论教学为主，教学形式相对单一，理论与实际脱节，培养复合型人才所需的案例教学未被重视。其次，政治学本科专业人才培养方案中存在理论教学与实践教学“两张皮”的现象。教学内容偏重理论思辨，内容抽象、缺乏生动性，教师主导的实践教学只限于“讨论”，可参与度不高，需构建“主体多元、形式多样、案例鲜活”的实践教学体系。再次，政治学本科人才“毕业去向”不明，学生缺少职业发展规划。单一的理论教学无法支撑复合型专业人才的成长，毕业生就业市场竞争力不强。针对以上问题，我们实施了以下改革措施：

1. 聚焦基层社会治理，以实践教学改革铸造政治学人才培养特色。

实践教学首先需要修订完善人才培养方案，提高实践教学比重，延长实践教学过程，以实践教学助推复合型人才培养目标的实现。坚持问题导向，构建了学校、基层政府和社会组织协同育人体系，在实践中强化“社会适应能力、创新意识和公共精神”的专业素养教育；增加“危机管理”“社会调查与统计”“管理文秘实务”等实践性强的课程，增加“社会热点问题分析”“典型案例分析”等教学模块，贯彻“理实同修”的育人理念，促进专业理论和现实问题交互共融，强化专业综合技能训练。

2. 创建实践教学平台，围绕基层社会治理构建实践教学体系。

创建“基层社会管理与创新研究会”作为组织动员学生、开展专业实践教学的组织平台和自治平台，以“学生自治、学术调研”“聚焦基层社会治理”为导向，引导师生“走进乡村找问题，走进政府学管理”，组织了32个调研小队、200多人次开展专题调研。按照“自愿组队—专业指导—基层调研—撰写调研报告—分享调研成果”的运作模式，以地区为依托，围绕陕西省“基础教育均衡”“典型村庄治理”“农村集体产权制度改革”等基层治理问题开展寒暑假调研，在实践中实现自我管理、理论学习和综合能力的同步训练，乡贤和村干部成为社会实践教师；借助省、市、县“公民代表进政府”平台，组织学生300人次走进各级政府考察政府运行，向公务员学习行政管理经验。“学校—基层政府—社会组织”协同育人的实践教学体系已形成，人才培养的区域特点和专业特色鲜明。

3. 提炼基层社会治理创新案例，实践教学促进专业综合素质提升。

实践教学基地建在基层，把陕西基层社会治理的经验整理成教学案例，以省情、县情和政府管理创新作为教学素材。围绕实践教学内容组织报告会 58 场，创办“协商民主基层社会治理高端论坛”，主办全国学术研讨会 3 次，既拓展了学生专业视野，又深化了专业教学与社会治理创新的协同推进。学生积极“走出去”，走进特色乡镇、典型村庄，积极践行“理实同修”育人理念，其公共品德、语言表达和自治能力等综合素质得到全面提升。

4. 职业规划引领人才培养，实现研究基层和面向基层就业“两条腿走路”。

坚持职业规划引领和学术兴趣驱动的“双轮驱动”模式，通过职业规划大赛引导科学发展，就业面向基层社会治理需求，学生活动、学术研讨聚焦基层热点问题，面向基层社会治理的实践教学稳步推进，本科专业人才发展方向与就业方向一致，“面向基层”的一次就业率和升学率均得到提高。

四 实践教学成果推广及应用成效

1. 实践教学成果推广到学院人才培养的全过程，示范带动效果明显。

学院新生入学后，通过专业教育稳定专业，通过实践教学活动提升专业学习兴趣。聚焦基层社会治理问题，倡导理实同修，促进理实相融，已成为学院复合型、应用性专业人才培养的探索模式和实践教学改革的指导理念。面向基层社会治理的实践教学改革辐射带动效果明显，有效地将实践教学、专业人才培养、综合能力提升融为一体，已辐射到公共管理学、经济学、金融学、法学、社会学等各专业人才培养过程。这一实践教学改革最初以政治与公共管理学院的本科生、研究生为主，现已具有“带动校内各专业，影响周边高校，引起国内同行关注”的影响力，西安外国语大学、河北师范大学的学生组织相继来学校学习、调研，具有很好的示范带动效果。

2. 以实践教学改革推动理论教学改革，提升政治学本科人才培养质量。

面向基层社会治理的政治学专业本科人才实践教学以创建基层社会管

理与创新研究会为组织创新形式，推动学院实践教学改革和专业综合改革。研究会的自治模式已扩展到迎新、学生文体活动的组织过程。研究会通过调研成果报告会，分享调研心得，凝聚共识，兴趣带动，把志愿研究、服务基层社会治理的同学组织起来，实现了自主学习、自我管理，成为活动育人、综合能力培养的重要形式。实践证明，该模式有效促进了师生互动、教学相长，政治学专业教师团队凝聚力强，梯队成长好、进步快，教学水平高。政治学专业学生专业思想稳定，围绕基层社会治理方向的毕业论文有 40 篇，毕业实习报告 41 篇；毕业生升学率高，平均升学率为 21%，从事专业研究或考公务员的人数占 60% 以上，示范效果显著。人才培养质量高，近 5 年来，共获得大学生创新创业项目立项 87 项，基层社会治理问题研究论文 129 篇，为基层社会治理储备了研究型复合人才。

3. 面向基层社会治理的政治学本科专业人才实践教学改革受到国内同行专家的充分肯定。

中国人民大学教授、“长江学者”曾湘泉认为我院改革定位准确，重点突出，有利于政治学学科的发展和特色彰显。中国人民大学教授、“长江学者”张康之认为，“面向基层进行理论研讨和实地调研有利于专业发展和创新，面向基层社会治理的实践教学模式既是学术交流平台，也是成果展示平台”。中国著名基层社会治理专家、“长江学者”、武汉大学教授贺雪峰高度评价“实践教学改革特色鲜明”，人才培养坚持“面向基层社会治理”对政治学专业本科人才培养质量、专业改革与学术创新都有很好的示范效应。

五 实践教学人才培养模式创新的成果经验

首先，凸显了实践教学的专业特点，基于政治科学本土化、专业特色化的前提，聚焦政治学与行政学本科人才实践教学内容和形式的全面提升。面向基层社会治理的实践教学改革突出组织形式、实践内容与实践效果之间的内在关联，积极探索实践教学与理论教学的形式互补和内容渗透，重视对基层社会问题、典型案例等原始教学内容的研究与提炼，丰富了实践教学的内容，提高了实践教学质量。围绕基层社会治理召开的学术交流会、座谈会既是学习场所，也是培养、锻炼学生参与管理进行综合技能训练的实践教学活动。这一改革模式消除了课堂教学与实践教学脱节、“两张皮”的现象，改变了实践教学就是课堂讨论“陈旧”案例的形式，将实践教学场地拓展到田间地头、乡镇政府会议室、学术研讨会，学生“理实同修”，学以致用，将政治学理论用于分析典型村庄治理、基层政府公共政策绩效，促进理论与实践和谐统一。

其次，创新了实践教学组织形式，构建了专业教师和学生自治组织成为实践教学组织的“两个中心”，强化了学习过程的“双重领导”。实践教学改变了教师主导课堂、以交流讨论为主的常见组织形式，实现了学校、基层政府与社会组织三方“协同育人”。基层社会管理与创新研究会主导基层社会调研的组织过程，专业教师指导调研报告、论文写作的学术过程，凸显了“教师教”与“学生学”互动过程，实现了教学相长。同时，实践教学场地多元，教学方式灵活，内容丰富，案例鲜活，效果显著。

再次，延伸了师生互动、教学相长的体验式教学过程，提高了人才培养质量。面向基层社会治理的实践教学改革以基层调研、社会治理过程考察为主要内容，有体验式教学的本质特征。师生面向基层社会治理找案例，在实地考察过程中组织研讨，实现了课堂讲授与现场教学相衔接，将教学过程延伸到寒暑假和节假日，这一过程也是“师”“生”交流共同学习的过程。改革既凸显了实践教学专业特色，也激发了师生学习、研究基层社会治理热点、难点问题的探究兴趣，真正实现了教学相长。

面向基层社会立足政治学专业本科人才培养的实践教学问题，有效解决了政治学专业本科人才实践教学目标定位不清、组织形式单一、教学内容单调等常见问题。近几年，政治学专业教学团队依托实践教学改革创新，推动了专业人才培养模式改革，夯实了专业应用型复合人才的成长基础，专业知识面向基层社会治理聚焦，既有效突出了专业政治科学的特点，又体现了鲜明的本土化特色，极大地推动了西部地区政治学学科的特色化发展。

An Exploration to Talents Cultivation for Political Science Undergraduates

Hou Xuehua　Liu Wenpei

Abstract: A grassroots-level social governance based model with the modernization of national governance system and ability, talents cultivation should set scientific goals on the basis of the time characteristics of the discipline of politics, focusing on the core knowledge system. With the development of modern political science, talents cultivation goals should also be combined with social practice. Theory teaching should suit the needs of employment, and highlight field research at the grass-roots level of governance. It should apply the relevant theory to the analysis of the disparity between "typical village" and "diversified villages", so as to accumulate much knowledge and experience for the solution of governance difficulties at the grass-roots level. College teaching should stick to "theory plus practice", conduct teaching based on "grass-roots level social governance", and construct a talent cultivation model of "student self-organization-professional guidance-government body and social organization assistance".

Key words: discipline orientation, talent cultivation, governance at grass roots level, practice-based teaching

刑事案件侦查“三位一体”虚拟仿真实验教学体系的构建与实践

——以西北政法大学刑事案件侦查虚拟仿真实验中心为例

台治强*

摘　要：虚拟仿真实验是教育部确定的“五大金课”建设之一。从公安类本科专业的课程特点和教学需要出发，将信息技术、虚拟仿真技术与实验教学深度融合，构建了刑事案件侦查、现场勘查、侦查文书制作＋实验教学管理平台“三位一体”的公安类刑事案件侦查虚拟仿真实验教学体系，改变了传统教学的“灌输式”教学方式，弥补了在教学中过分偏重理论讲授的教学缺陷，充分拓展了真实实验的深度和广度，在培养学生应用能力、动手能力、写作能力等综合素质方面发挥了重要作用。

关键词：刑事案件侦查；虚拟仿真；三位一体；实验体系

自1989年虚拟仿真实验的概念被首次提出以后，国内外若干高校都陆续开展虚拟仿真实验教学研究。2013年，教育部根据《教育信息化十年发展规划（2011—2020年）》，决定开展国家级虚拟仿真实验教学中心建设工作，其目的是鼓励高校采用多媒体虚拟现实技术和仿真技术，构建高度仿真的虚拟实验环境和实验对象，并进行教学方法、实验手段等方面的改革研究与实践探索，使实验教学及时跟上相关教育技术的发展。2018年6月教育部召开的新时代中国高等学校本科教育工作会议提出了包括虚拟仿真在内的“五大金课”建设，2017年和2018年教育部分别发布《关于2017—2020年开展示范性虚拟仿真实验教学项目建设的通知》① 和

---

* 台治强，西北政法大学公安学院副院长，教授，主要研究方向：刑事图像技术。

① 教育部：《关于2017—2020年开展示范性虚拟仿真实验教学项目建设的通知》（教高厅〔2017〕4号）。

《关于开展国家虚拟仿真实验教学项目建设工作的通知》①。目前，虚拟仿真实验教学已成为高等教育信息化建设和国家“五大金课”建设的重要内容，从实验教学最新发展趋势来看，开展虚拟仿真实验教学项目建设是新时代高校本科人才培养中的一个重要任务，也是未来高校实验教学发展的必然趋势。

我们开展刑事案件侦查“三位一体”虚拟仿真实验教学体系专项研究，旨在从公安专业的特点和性质出发，建立一套符合现代高等教育规律的、满足未来公安应用型人才发展需要的、具有创新性、科学性的和公安专业特色鲜明的实验教学新模式。按照“重视学生在实践教学活动中的主体地位，充分调动学生学习的积极性、主动性和创造性”原则，改变传统教学的“灌输式”教学方式以及在教学中过分偏重理论讲授的教学方法，在形式上更加重视综合实验教学训练，在内容上密切教学与公安实务和现代侦查技术的联系，在教学目标上要有利于加强学生自学能力、独立分析解决问题能力的培养，有利于加强学生创新思维和创新能力的培养，有利于学生个性和才能的全面发展。

一　公安类专业开展刑事案件侦查“三位一体”虚拟仿真实验教学体系研究的必要性

公安类专业包括公安学和公安技术两个专业大类，主要专业有侦查学、经济犯罪侦查、治安学、刑事科学技术、交通管理专业等。公安本科教育是我国高等教育的重要组成部分，公安类专业无论从人才培养目标还是学科性质来看，都是面向公安实践的具有很强实践性和综合应用性的应用型学科。刑事案件侦查是公安各本科专业最为核心的教学内容，一个完整的案件侦查活动涉及侦查学原理、侦查措施、专案侦查、现场勘查学、法医学、物证技术学、刑事图像技术、视频侦查技术、侦查讯问学、查缉战术、犯罪心理学、刑事诉讼法等十几门公安专业骨干课程和专业基础课程的相关知识和技能，单凭某一门课程和某一个单项实验并不能解决专业人才培养中的教学问题。根据对我校公安类专业毕业生的社会追踪调查及

① 教育部《关于开展国家虚拟仿真实验教学项目建设工作的通知》（教高函〔2018〕5号）。

用人单位的信息反馈表明，公安类专业的毕业生普遍存在着适应基层刑侦工作慢的问题，特别是刑事侦查办案动手能力差，有一部分学生在接触实际案件时，总有一种茫然不知所措的心理，在学校所学到的刑事侦查知识与实际工作有很大差距，所学知识不能尽快地转为具体工作能力，给用人单位和学生本人造成了许多工作方面的困难。究其原因有二：第一，学生毕业时，对刑侦的办案过程缺乏完整的印象，感到心中没底，毕业初期不能很快适应工作。刑侦专业课虽然也进行过一些单项实验，但学生的印象是零散的，一般办案过程究竟有哪些基本环节，每个环节需完成哪些工作，学生还缺乏整体性知识的掌握。这些问题如果放到毕业实习中去解决，一是为时过晚，二是由于实习时间和工作任务的局限，学生也难得接触或亲自办完一个典型刑事案件。第二，基础课、专业基础课和专业课的融会贯通没有真正解决。各门课程都是独立的学科，没有一个环节把这些课程“串”起来，揭示它们之间的普遍联系，使教学内容在学生头脑中形成完整体系。因此，有的学生理解不了课程之间的联系，甚至认为基础课没用，对专业基础课也不很重视，而只注重学习专业课，至于各科理论与刑侦工作实践的关系就更难以捉摸了①。

另外，公安类专业的专业课程教学只偏重于基本概念、基本理论和基础知识的课堂讲授，实验教学的内容和教学条件的保障，与公安应用型人才培养的要求匹配度不高，课程中缺乏动手操作能力训练和应用能力培养，无法做到知识、能力、素质的有机融合。课程教学与公安实战结合不紧密，学生缺乏学习热情。教学内容呈现陈旧性和低阶性，无法做到“以学生为中心”的教育理念。没有开设专门的公安文书写作课程，侦查文书写作能力缺乏系统训练和培养，在实际办案中常见侦查文书不会写、案卷材料不会制作整理。

二　构建刑事案件侦查“三位一体”虚拟仿真实验教学体系

我们从公安政法院校公安类本科专业的课程特点和教学需要出发，将

① 台治强：《论“模拟案件侦查综合训练”实践教学模式的构建与实施》，2015 侦查学人才培养模式改革研讨会论文集，群众出版社 2015 年 12 月。

信息技术、虚拟仿真技术与实验教学深度融合，于 2014 年 9 月在公安政法院校中首先开展公安类虚拟仿真实验教学研究。

取得的主要成果：

1. 开发了具有原创性的刑事案件虚拟仿真实验系统、现场勘查虚拟仿真实验系统和侦查文书制作系统，与专业公司合作开发了开放式虚拟仿真实验教学管理平台。构建了刑事案件侦查、现场勘查、侦查文书制作+实验教学管理平台“三位一体”的公安类刑事案件侦查虚拟仿真实验教学体系。

2. 编制《刑事案件侦查虚拟仿真实验用户手册》《现场勘查虚拟仿真实验用户手册》《侦查文书制作用户手册》和《开放式虚拟仿真实验教学管理平台用户手册》等实验操作和说明手册，发表研究成果论文 5 篇。

3. 建成的西北政法大学刑事案件侦查虚拟仿真实验中心，是全国公安政法院校第一个公安类虚拟仿真实验教学中心，具有先进性和国内一流水平，2016 年 10 月获批陕西省省级虚拟仿真实验教学示范中心。

4. 《刑事案件侦查虚拟仿真实验》获 2016 年全国高等学校虚拟仿真实验教学资源成果二等奖；《刑事案件侦查虚拟仿真实验教学研究与实践》获西北政法大学 2019 年教学成果一等奖；刑事案件侦查虚拟仿真实验系统和侦查文书制作系统，2016 年分别取得了软件著作权。

5. 2017 年申报获批两项横向项目获得资助经费 13 万元，进行刑事案件侦查虚拟仿真实验教学体系相关软件的二期开发研究，室内盗窃案件现场勘查虚拟仿真实验教学软件、室外杀人案件现场勘查虚拟仿真实验教学软件、法医尸体解剖虚拟仿真实验教学软件和侦查讯问虚拟仿真实验教学软件等已基本成型。

（一）刑事案件侦查“三位一体”虚拟仿真实验教学体系的教学价值

1. 利用虚拟仿真实验的特有效能，突破真实实验的瓶颈。刑事案件侦查“三位一体”虚拟仿真实验教学体系，通过虚拟仿真技术成功解决了真实实验无法开展的不可及、不可逆的侦查办案程序等实验，不可再现、不可还原的犯罪现场和勘查等实验，高危、高污染、高成本的法医尸体解剖和物证分析检验等实验。充分拓展真实实验的深度和广度，解决原先“做不到”“做不好”“做不了”“做不上”的突出问题。

2. 通过案件侦查综合实验，融合多门专业课程知识，搭建综合能力训练平台。刑事案件侦查虚拟仿真实验系统是一个大型综合实验，由一个真实案件（入室盗窃杀人案件）贯穿全过程，由8个三维实验场景即指挥中心、案发现场、中心现场、痕迹实验室、声像实验室、技术侦察实验室、抓捕场景和讯问室等构成不同的虚拟仿真实验环境，由10个关键侦查程序包括既接报案、现场勘查、调查访问、视频侦查、案情分析、物证技术检验、侦查措施、技术侦察、抓捕、讯问等环节构成丰富的实验内容。成功将案件侦查所涉及的多门课程相关知识和内容整合，融会贯通，构成一个跨课程的集专业综合知识和技能训练为一体的综合性实验平台，培养学生案件侦查的综合技能和综合应用能力。

3. 以现场勘查虚拟仿真实验系统为依托，强化动手能力和分析能力培养。该系统由一个仿真的现代小区和一个室内现场2个场景构成，虚拟勘查箱设计了60余种的各类现场勘查工具和设备，布置20余种痕迹物证的提取与处理的实验内容，严格按照现场勘查规范和流程，通过三维引擎来虚拟再现案件现场和勘查全过程，开展现场保护、实地勘验、痕迹物证提取、现场照相、现场录像、现场绘图、现场笔录、现场勘验信息系统录入等，使学生犹如身临其境地进行现场勘查，培养学生的案件现场识别与保护能力、勘验与检查能力、访问与笔录制作能力、痕迹物证的采集与检验能力，以及犯罪现场综合分析研判能力。现场勘查虚拟仿真实验是一个综合性实验实训教学系统，它不仅可以虚拟再现案件现场和现场勘查全过程，解决传统的刑事技术类课程实体实验室实验内容单一，综合性、设计性内容缺乏的问题，而且在一定程度上可替代一些如现场勘查、现场摄影、痕迹检验、法医学、微量物证检验等课程的实体实验教学，同时可以开展一些传统实体实验无法实现的高危险、高污染或高成本的实验项目，克服了传统实体实验教学的各种制约和弊端①。

4. 侦查文书制作实验教学系统着力训练侦查文书制作能力。该系统根据公安侦查机关实际办案程序，筛选出使用频率较高的24项侦查文书为必做实验。既可与案件侦查虚拟仿真系统和现场勘查虚拟仿真系统配合

① 台治强：《基于刑事技术应用型人才培养的现场勘查虚拟仿真实验》，2018法庭科学国际研讨会暨第十二届全国公安院校刑事科学技术教育论坛论文集，中国人民公安大学出版社2018年8月。

使用，也可用于真实案件文书的制作整理，具有可拓展性和虚实结合性。本系统很好地弥补了侦查文书写作课程缺位，解决了学生文书写作能力缺乏系统训练的问题，使学生的案件侦查、现场勘查和文书制作“三位一体”的综合素质和能力得到全面提升。

5. 开放式虚拟仿真实验教学管理平台可高效管理实验教学和学生开展各项实验。该平台提供了全方位的虚拟实验教学管理功能，包括实验中心门户网站的实验登录、实验教务管理、实验教学管理、实验前理论知识学习、实验过程智能指导、实验结果自动批改、实验报告提交、实验室开放预约管理、系统维护管理等。平台还可扩展为为第三方服务的虚拟实验教学资源，为兄弟院校提供远程虚拟实验教学服务和共享教学资源。

（二）主要创新与特色

1. 从满足公安应用型人才发展需要出发，坚持问题导向和需求导向，构建的刑事案件侦查、现场勘查、侦查文书制作＋实验教学管理平台“三位一体”的公安类刑事案件侦查虚拟仿真实验教学体系，符合现代高等教育规律，改变了传统教学的“灌输式”教学方式，以及在教学中过分偏重理论讲授的教学方法，在形式上更加重视综合实验教学，在内容上密切实验教学内容与公安实务和现代侦查技术的联系，在教学目标上注重培养学生应用能力、动手能力、写作能力等综合素质。

2. 虚实结合的案情设计和逼真的各种场景、角色和实验环节设计，侦查程序的规范性和侦查技术方法的丰富性和前沿性，贯穿案件侦查全过程的实验内容综合性，使实验内容达到高阶性、创新性和挑战度的“两性一度”① 标准。高阶性就是达到知识、能力、素质的有机结合，能培养学生解决复杂问题的综合能力和高级思维；创新性体现在三个方面：实验内容具有前沿性和时代性，实验形式体现先进性和互动性，实验设计具有探究性和自主性，全面培养学生分析问题和解决问题的创新能力；挑战度是实验内容有一定的难度，使学生完成实验有跳起来摘桃子吃的感觉，充分激发和调动学生的学习兴趣和热情。

3. 把刑事案件侦查虚拟仿真综合实验作为一个独立的教学环节和教

---

① 熊宏齐：《国家虚拟仿真实验教学项目的新时代教学特征》，《实验技术与管理》2019 年第 9 期。

学形式纳入专业教学计划和人才培养方案，设置为一门实验课，在专业课学习之后毕业实习之前集中一定的时间段实施，突破传统的“课程教学＋毕业实习”的“两分法”专业教学模式，构建“课程教学＋虚拟仿真综合实验实训＋专业实习”三位一体的公安类专业教学新体系。

三　研究成果的应用与推广效果

（一）教学效果良好，人才培养质量显著提高。从2016年9月开始，已为本校公安学院三届本科专业学生提供刑事案件侦查虚拟仿真实验教学。学生通过体验式、沉浸式的虚拟仿真实验方式，身临其境地参加模拟办案全过程，全方位勘查现场，制作各类侦查文书，激发了对专业课的学习热情，提高了侦查能力、证据意识、现场勘查能力和文书制作能力，形成系统的专业综合技能。通过案件侦查虚拟仿真综合实验训练的学生，实习单位和工作单位普遍评价为“综合知识和能力扎实，熟悉案件侦查的各个环节和程序，现场勘查能力和技术操作能力强，文书写作功底好”。

（二）成果的先进性和创新性，在国家级层面获得高度认可。作为全国第一个开发的刑侦类虚拟仿真实验教学资源，全国公安政法院校第一个公安类虚拟仿真实验教学中心，自获2016年全国高等学校虚拟仿真实验教学资源成果二等奖以来，在全国范围内引起较大反响，得到全国高等学校国家级实验教学中心联席会、中国高等教育学会等相关部门的高度认可和好评。教育部教育装备研究与发展中心副主任李平教授认为本成果“能从专业教学的实际需要出发，突出了综合应用和紧贴公安实战需要，开发建设的理念和设计都有创新，很有特色，值得推广”。项目负责人台治强教授多次受邀参加国家级实验教学中心联席会主办的“高等学校国家级教学示范中心建设巡回交流会”、中国高等教育学会主办的“高等学校虚拟仿真实验教学建设与应用论坛”、第50届全国高教仪器设备展览会的“校企合作虚拟仿真实验项目成果展示会”等全国性会议，并分别在大会作交流发言。2019年6月西北政法大学被全国虚拟仿真实验创新联盟指定为公安技术类工作组组长单位，项目负责人被指定为公安技术类工作组组长。2019年12月项目负责人被确定为教育部高等学校公安技术类专业教指委委员。

（三）在本领域的开放、示范、共享与推广应用效果。本项目的研究成果和经验，无偿与兄弟公安政法院校分享。近三年来，项目负责人分别受邀到北京警察学院、江苏警察学院、四川警察学院、山西警察学院等公安院校进行经验交流、技术指导和虚拟仿真实验项目论证，得到同行的高度认可。北京警察学院、湖南警察学院、南京森林警察学院、甘肃警察职业学院、湖南警察学院、四川警察学院、西南政法大学、中南财经政法大学、陕西警察培训学校等十余家院校纷纷来我校参观、学习和交流，认为我们开发的教学平台和教学软件非常专业，内容丰富前沿，科技含量高，技术性强，为他们的虚拟仿真实验中心建设和实验软件开发提供了很好的参考和借鉴。下一步，我校在申报国家级虚拟仿真实验项目的基础上，将积极开展虚拟仿真实验教学资源的开放与共享机制研究。

Development and Practice of "Trinity" System of Simulated Experiment Teaching of Criminal Investigation

——Take the Simulated Experiment Center of Criminal Investigation at NWUPL as an Example

Tai Zhiqiang

Abstract: Invented and simulated experiment is one of the "Five Golden Courses" determined by the Ministry of Education. Based on the characteristics of the course and teaching of the public security undergraduate, with the deep integration of information and simulation technology and experiment teaching, a simulated experiment teaching system of criminal investigation, field investigation, "investigation document production + experiment teaching management platform" is built, which changes the traditional "instilling" teaching method, and makes up for the defects of over emphasis on theory teaching, fully expands the depth and breadth of real experiment, and plays an important role in training students' practice ability, writing ability and other comprehensive qualities.

Key Words: Investigation of criminal cases, simulation; Trinity, experiment system

教学研究

不离不弃，相辅相成

——教学有效性视角的民商关系*

程淑娟**

摘　要：教学有效性视角的民商关系需要从教学理念、教学内容和教学方法三个方面进行探讨。商法是私法，是民法的特别法，商法与民法有联系也有区别，商事实践是认知、理解、验证和应用商法制度的主要场所；这些教学理念可供参考。教学内容方面的民商关系不能一概而论，应当注意细化不同情况，因地制宜地处理民商关系；商法总论、商事单行法和商事案例中的民商关系各有特色。教学方法方面，运用民商法律原则、理念，知识以及法学方法的比较是有效的教学方法。

关键词：教学有效性；民商法；民商关系

民法总则的颁行，已经开启了中国民商合一的立法体制。商法学界仍有观点力主中国应另行制定一部《中华人民共和国商法通则》。① 或许未来可期，但从商法学课程的教学视角看，教师面临的最大现实仍是在民商合一的立法体制之下，如何既关切到民法之理念、原理与制度，又做到商法教学的有效性。可能在个别具体的商事制度教学中，如证券法、保险法，这个问题尚不明显；但是，对大量“民商交融”的制度以及复杂的商事实践，教学中的民商关系应如何处理是相当突出的问题。从教学有效性视角重新思考民商关系的应有态势是我们在考虑民商关系教学时应予探讨的重点问题。本文不揣浅薄，从商法学课程的教学理念、教学内容和教

---

* 基金项目：陕西省教学改革重点项目“民商法课程研究型教学改革研究”（项目编号：17BZ040）。

** 程淑娟：西北政法大学教授，法学博士，主要研究方向：民商法学。

① 参见范健《商法的时代性与时代商法——创制一部反映时代需求的〈中国商法通则〉》，《学术论坛》2019 年第 1 期。蒋大兴：《〈商法通则〉/〈商法典〉的可能空间？——再论商法与民法规范内容的差异性》，《比较法研究》2018 年第 5 期等。

学方法三个层面对教学中应有的民商关系进行探析，以求教于同仁，共同致力于商法教学有效性的提升。

一 商法学课程的教学理念：源于私法，彰显特色

商法自身的理念自有其学理和部门法方面的深意。从教学角度看，教学理念更多是教学经验的总结和提炼，是教师在教学活动中基本的态度、观念和信念。商法的教学理念属于教育学的范畴，它不能简单等同于商法理念。由于商法教学内容、教学方法的不同，对于何为商法的教学理念也缺乏统一的认识。允许多样化商法课程教学理念存在，是高等教育应有的包容性。对教学理念的评价不应如学术观点那样讲求创新与逻辑自证，而应当从有效性，即应以教学效果进行评价。笔者在多年的商法教学实践中认为，本着让学生认知清晰、学以致用的出发点，鉴于商法理念的独特性以及民商关系的客观态势，认为商法课程的教学理念可以阐述为以下三点：

（一）商法属于私法

如何理解民商关系，既取决于我们如何理解商法，也取决于我们如何界定民法。虽然商法在历史渊源、伦理基础、规范前提、价值观念等方面与民法存在区别，但毋庸置疑的是，商法与民法一样，均属于私法，民法与商法的区别绝非公法私法那般迫切与清晰，商法始终都是民法的特别法。商法归属于私法的教学理念可以让学生对商法课程的归属有清晰的认识，也对回顾和深化民法知识大有裨益。因此，商法属于私法是需要向学生明确解释的首要教学理念。

（二）商法与民法既有联系又有区别

商法课程的教学理念还应当为学生搭建起清晰的商法与民法之间的关系模型。很多高校法学院在课程设置方面一般都是学生先学习民法，之后才学习商法。扎实的民法基础有助于学生理解商法的很多具体制度。商法与民法的法律原则如主体平等、意思自治、诚实信用等保持一致，商法所使用的很多法律概念如法律行为、请求权、抗辩权等也均来自民法，并且

民法构建起的私法体系也容纳着商法的诸多具体制度。如公司是民法总则规定的营利法人，破产是债的特别清偿等。但是，商法课程的教学任务就是要阐述这些制度的特殊规则，因此相应的教学理念就是为学生讲清楚商法作为民法的特别法究竟在哪些领域是一致的，在哪些领域又是特殊的，如果有特殊规则，这些规则又具体是什么。这就需要区分不同的民商关系模型。这一教学理念的优势在于学生比较容易在民、商法的相同与不同中对比和理解商事制度，形成清晰的民、商法理念之分；也能深刻理解商法理念的特殊性及意义。例如，对最高人民法院指导案例 67 号，裁判观点中“分期付款买卖的主要特征为：一是买受人向出卖人支付总价款分三次以上，出卖人交付标的物之后买受人分两次以上向出卖人支付价款；二是多发、常见在经营者和消费者之间，一般是买受人作为消费者为满足生活消费而发生的交易……”尽管很多民法学者对该观点有不同意见，[①] 但是如果理解了单方商行为理论，该观点的正确性和适用性就应予以全面肯定。当然，这一商法与民法联系、区别的教学理念，为教师提出的要求即是民、商法均需要精通，而绝不可以出现知识的脱节甚至错误。

（三）商事实践是认知、理解、验证和应用商法制度的主要场所

很多学生认为民法制度比较好理解，特别是那些能与自己生活经验相对接的制度。商法却是实践中的法，很多商法具体制度和规则均是商事实践发展而来，如果学生不了解商事实践，例如票据的流通、证券期货交易规则等，就很难理解这些商法制度的内涵，必然会感觉商法课程艰难晦涩，面对实践更是无所适从。因此有效的商法教学要求教师必须关注丰富的商事实践。例如，实践角度的商行为其实是当事人的交易模式；商事买卖是最典型的商行为，实践中融资性买卖、循环贸易等均是基于当事人的商业需求所创造。再如商事担保，虽然《担保物》《物权法》已经构建起详尽的担保规则，但实践中大量非典型担保如让与担保等值得关注。学生对商事实践的认知有一个过程，在大学阶段让学生熟悉商业实践着实困难，但教师的这一教学理念却极为必要。在教学条件允许的前提下还是应

① 周江洪：《分期付款买卖合同的解除及其限制——“汤长龙诉周士海股权转让纠纷案”评释》，《交大法学》2017 年第 4 期。

该尽量引导学生关注实践。比如开展各种形式的案例教学、小型研讨课、法律诊所、模拟法庭等，特别是在商法课堂上以教学内容为主线采用案例教学应该是最适宜的教学方法。近年来最高人民法院的裁判文书公开制度、指导性案例制度都为我们提供了丰富的案例研习资源。通过这些商事实践的展示，学生所理解的将不仅是具体的商事制度，更能对民法抽象规则的适用性加以认知和反思。

二 商法学课程教学内容：细化内容，分别应对

商法学的教学内容非常丰富。以马工程教材的《商法学》为例，商法学的教学内容包括商法的一般原理、商事主体、商事行为、公司法、非公司企业法、商业银行法与支付法、保险法、证券法、期货交易法、商事信托和投资基金法以及破产法。这些教学内容中的民商关系不能一概而论，应当注意细化不同情况，因地制宜地处理民、商法关系。

（一）商法总论：以民法为参照的补充和提升

商法是民法的特别法，商法总论在商法学课程的教学中相当重要。它除了廓清商法的内涵和外延，还应起到沟通民商法的桥梁作用。通过商法总论也能让学生系统掌握商法的基本原理，能触类旁通地理解更多商事制度和实践。客观而论，商法总论本身能否证成无论如何也绕不开与民法的关系。但为了论证商法的独立性而刻意回避其与民法的联系，或片面夸大其与民法的区别，甚至背离民法既有的体系，[①] 都不能让商法总论部分的教学更为有效。如何处理商法总论部分的民商法关系，需要相当的教学智慧与策略。以下以商主体和商行为为例分别说明。

1. 商主体是民事主体的类型之一。商主体是经商营业者。在我国当前的法律背景下，商主体所包含的三个子类型即商自然人、商合伙和商法人，它们均具有独立的商事人格。但商主体可依据《民法总则》分别归类为《民法总则》中的自然人、合伙企业、法人，因而商主体与民事主体显然是特殊与一般关系。民法不仅涵摄民事主体，还涵摄着商事主体。商法无须重复民法关于民事主体的一般规定，只是需要为商主体提供特别

---

① 肖海军：《民法典编纂中商事主体立法定位的路径选择》，《中国法学》2016 年第 4 期。

的商事规则。这些特别的商事规则在商事主体部分主要体现为对民法规则的补充。例如，民事主体特别是自然人的人格构成方面并无特别建构要求，但商事主体的人格却需要商业名称、商业账簿、商事登记和营业资产的支持。在授课时立足商主体对民事主体规则的补充，学生往往很容易理解和接受商主体制度的逻辑主线。

2. 商行为是含有商事要素的行为。民商关系的交融以及商行为的特殊性，特别是商法如何精细化地对商行为加以调整，历来是教学的难点。但学界对商行为的研究却浅尝辄止，加剧了这个领域的学术不确定性。例如关于商行为的内涵，学界的观点已经多达将近二十种，实为罕见。应当说，商行为并不重复民法意思表示的具体规则，立法对商行为的规制在于主体的商人性、方式的营业性和动机的营利性等商事要素；这些商事要素本就是被法律行为因提取“意思表示”的公因子而被忽略的要素，因为商事要素根本达不到如“意思表示”那样高的抽象程度。当然，也可能因这些商事要素的规制需要对意思表示规则有所需要，如对意思表示解释的外观主义。所以，商行为就是这些包含商事要素的行为。它与民事法律行为侧重意思表示规则应当是不同的视角。同样基于商行为是含有商事要素行为的原理，学生也能很好理解为什么商行为还可以包含不作为法律行为的事实行为，因为一个事实行为即使没有意思表示，但如果包含了相关商事要素，则当然可以成为商行为。实践中的商行为很多时候适用的就是民事法律行为的规则，如意思表示的识别、法律行为的效力规则等。至于商行为的特有规则仍应按类型化的方法，结合商行为的子类型才能加以阐述，如绝对商行为因商事特色突出，基本逸出了民事法律行为的规则体系，但相对商行为却是民商需要区分的重点。

（二）商事单行法：民法的隐蔽与张扬

由于商事单行法有成文立法支撑，不同商事单行法的制度往往自成体系，相互不交叉、不重合；很多商事单行法也拥有自己独特的原则和制度体系，尤其是话语体系的独特性，如保险法中的保险利益、保险金额、保险标的等；使这些商事单行法倾向于各自为政。并且至少在表象上这些商事单行法与民法没有显示出直接的关系。在教学中即使我们无意刻意拉近这些商事单行法与民法的关系，但其间民法的隐蔽与张扬也时时在提醒我们要处理好民法与这些商事单行法的关系。以下三个方面应当是商事单行法教学有效性中民、商法关系的方法论：

首先，大量民法的基本概念在商事单行法中得以应用和具体化。例如物权、债权作为基本的财产权分类，在诸多商事单行法中皆有应用。再如企业破产法中各类别除权、各类破产债权的认定，请求权与抗辩权作为一组对应权利模型在保险法部分的应用等。当然，商事特色也可能对民法基本权利分类的确定性有所混淆，例如票据权利就很难简单归为物权或者债权，但这恰是向学生阐述商法特色的机会。再如，民法对法律行为有多种分类，我国的票据法律行为作为单方法律行为、实践法律行为，这就形成了对法律行为相应类型强有力的支持。公司法中的决议作为法律行为中意思表示特殊形成机制的法律行为。而票据行为在解释上的文义性、外观主义，是法律行为解释中表示主义的典型例证等。

其次，有些商事单行法是民法制度的具体应用。最为典型的应当是合同法。我国合同法在传统上被归为民法。但合同法确实是最重要的商事单行法，也是商行为的基本规范，诸如合同的订立、效力、解释、解除、变更，以及债务承担、债权转让等都是商行为制度的应有内容。如果民法学课程已经完成这部分教学任务，商法教学就应当深入，如合同类型的混合与并立，便是合同法具体制度在商事领域的灵活应用。再如我们时常将企业破产法比喻成民商法中的航空母舰，因为这个商事单行法规定的是破产原因下债务的清理法和企业的再生法，也是全面、综合运用民商事法律的一个特殊领域；民法中作为单个制度的所有权、抵押权、撤销权、抵销权、解除权等几乎可以在破产法中被悉数用到。可见，在这些商事单行法的教学中，民法的存在其实相当张扬。

最后，商事单行法的教学有效性仍在于其特有制度的阐释。尽管不需要有意识隔断商事单行法与民法的联系，但商事单行法的教学有效性评价应着眼于这些商事制度的商法特色。笔者认为，一方面有效的教学应当是阐释这些制度“是什么”“怎么办”，另一方面还要给学生讲清楚“为什么”。而在解释这些制度的缘由时，除了民法抽象的基本原则，很多制度还需要运用商法的理念来解释。例如公司法中股东知情权、司法解散、公司社会责任等均体现了商法的利益平衡理念。证券期货交易、票据流转的若干规则是商法交易效率和安全理念的体现等。因而商事单行法的教学有效性还应当可以实现商法理念的具体化，并实现各个颇有特色的商事单行法在理念方面的整体性。这足以映证商法理念的独特和可应用性，由此也可以进一步使学生形成清晰的商法意识、商法思维。

（三）商事案例教学：民商交融，形成合力

当前很多商法独特性的观点，大多是从学术或学科意义上而言的。在大量的商事实践中，民商的知识、原理、制度，均是交融状态，民商合力才能解决实践问题。以下用笔者教学中的两个案例来加以说明。

例一：2013 年 5 月 3 日，X 信托公司与叶甲、叶乙签订一份《信托融资合同》，约定叶甲、叶乙以其享有的 Q 公司 100%股权收益权向 X 进行信托融资，融资资金用于某酒店的内部装修，还约定了融资金额利率、融资期限等。上述协议签订之前的 2013 年 4 月 8 日，叶甲、叶乙以其持有的 Q 公司的股权与 X 公司签订了《股权质押合同》，担保期为主合同生效之日起 2 年。后 X 向 Q 公司汇款 1.6 亿元，Q 公司分三笔向 X 支付了回购溢价款若干。后 X 发现 Q 公司在收到信托资金后未启动某酒店装修而是挪用了资金，于是宣布债权进入处置期，执行额外 3%的利率，未到期的也提前到期。随后，X 诉至法院，要求返还资金若干。

法院对该案的判决指出：信托融资计划是本案的主合同，属于借款合同。股权收益权转让合同是信托融资合同的附件，其中对回购借款并无明确约定。但股权收益权转让期与信托融资合同的融资期限一致，叶甲、叶乙及 Q 公司有到期回购的义务，表明融资期限到期后，X 公司应获得回购款及溢价款而不再享有股权收益权，因此，股权收益权转让合同并非实际转让股权收益权，而是为了保障信托融资合同的履行。此外，信托融资合同关于本金偿还和利息支付的约定中每期回购款及溢价款的计算方式明确固定，并未以股权收益权为计算基础或依据，也表明回购款本金及利息支付与股权收益权转让并无直接关联。且与建行的合同约定了 X 公司的监管，所以，本案当事人所签合同与金融借款合同最为相似。该合同除超过法定利率部分无效外，其他有效。回购款本金 1.6 亿元应当作为借款本金，各期回购溢价款是借款期内的利息，对逾期未返还的回购本金计受的复利、处置期内 3%的综合融资利率，均属于逾期利息。对逾期未返还的回购溢价款计收的复利，应当认定为复利。后法院认定除返还 1.6 亿本金，还有 4000 多万元的利息，被认可的担保包括股权质押和抵押。①

---

① 参见重庆市高级人民法院（2014）渝高法民初字第 00045 号民事判决书。

上述案例本应当是一个典型的商事案例。我们发现学生学习的困难是民商法的知识在实际案例中可能很难泾渭分明。从法院的结论看，其所应用的抵押权、质权、主合同、从合同、当事人意思表示的认定、意思自由的尊重、合同的归类（金融借款合同）、合同效力判断、利息本金的计算等均是在应用民法的原理。民、商法知识的协同才是理解这类案例的应有方法。

例二：甲、乙拟共同出资设立一家有限公司，注册资本 1000 万，甲、乙各出资 500 万。后来甲向乙的个人账户转款 5000 万，乙将其中 500 万作为甲对公司的出资，其余 4500 万均用于公司事务。两年后，甲、乙分歧严重。甲主张 4500 万是自己向公司的借款，应予返还本息；乙则主张 4500 万是其投资，应当按资本公积金对待，不允许抽回。该案无借条及任何其他书面证据。

这个案例若判断出甲超过注册资本所支付的款项究竟属于对公司的借款还是对资本公积金很难。何谓出资、何谓资本公积金显然是商法领域的基本概念，而甲转款 5000 万的意思表示究竟为何却是民法法律行为意思表示的解释问题。本案最终遵循民事诉讼的原理和证据规则或许可以判断当事人诉讼请求是否成立，但显然单靠民法或者单靠商法根本无法得出结论。

如果我们把教学的有效性落脚为商事问题的解决，即使是较为纯粹的非讼事务，如公司上市、发行债券中的诸多事务，也很难说仅商法知识就足以处理。我们时常发现很多人只懂（狭义）民法但没有商法思维，也经常发现很多人商法知识丰富但民法原理却时而露怯，这是两种表象不同但本质相似的偏差。我们的教学中，很多老师也仅负责民法或商法的一部分，甚至更精细地仅研究民法或商法中的一部分。但即便如此，教师在教学意识方面认可民、商两个学科彼此的开放和包容，贯彻民商交融、相辅相成，或许才是最有效的教学方法。

三　商法的教学方法：民商法学方法的对比是较有效的教学方法

商法学的教学方法也是多样的，相信每一个教师都有自己独特的教学方法。笔者所述的民商法学方法的对比或许稍显抽象，但从商法知识教学的有效性而言，确实是可行的商法教学方法。

（一）民商法的原则、理念比较

在商法学课程的教学之中，澄清商法理念无论对于明晰民、商法关系还是顺利讲授商事具体制度均至关重要。学界对于商法理念已经基本形成了一致的观点。例如商事营业维持、商事交易效率安全、国家适度干预等。很多学者将商法原则与商法理念等同，然而商法原则与商法价值、商法功能性质相异，但又相互联系。以马工程《商法学》教材为代表的主流观点认为，商法原则虽然具有抽象性，却属于法律规范的范畴，裁判者可以援引并作出裁判。商法功能、商法价值是重要的、抽象的，但不具有裁判上的意义。①

然而，上述观点遇到的问题是：大量的裁判文书已经显示，实践中的法官并不能依据诸如“商事营业维持、商事交易效率安全、国家适度干预、利益平衡”等“商法原则”作出裁判；商事裁判能够引用的，至多是民法基本原则。例如最高人民法院指导案例第 15 号“徐工集团工程机械股份有限公司诉成都川交工贸有限责任公司等买卖合同纠纷案”中，法院认定关联公司人格混同，严重损害债权人利益的，关联公司相互之间对外部债务承担连带责任时所用到的相关法条包括《中华人民共和国民法通则》第四条以及《中华人民共和国公司法》第三条第一款、第二十条第三款，其中的《民法通则》第四条即作为民法基本原则的“民事活动应当遵循自愿、公平、等价有偿、诚实信用的原则”。笔者认为，在教学中，除了尊重现有法律秩序的需要之外，诸如法律原则、法律理念、法律价值、法律功能的内涵还是应当遵循法学界的一般认识，不宜混淆以免学生误读误用。

一个部门法的法律原则，即是我们常说的“基本原则”，应当是对整个部门法的抽象，也就是说，这些原则适用于部门法的全部立法、司法和法律实践。达到如此高程度的抽象才能被称为是法律原则。在民法中，如果没有具体法律规范的支撑，裁判者可以引用民法基本原则对案件进行裁判。而法律“理念”，在抽象程度上高于法律规范，但低于法律原则；它

① 《商法学》编写组：《商法学》（马克思主义理论研究和建设工程重点教材），高等教育出版社 2019 年版，第 16 页。

可能仅适用于该部门法的某一领域而并非适用于全部领域，比如商事营业维持原则在商主体法部分体现较多；商事交易效率安全则主要是商行为部分的要求。当然，抽象程度最高的应当是法律价值，即法所追求的目标，如公平、正义，它们是不再区分部门法意义的、所有的法均应当遵从的价值。法律功能是法律所发挥的作用，商法的功能是由价值、原则、理念和法律规范所组成的法律部门对于社会的作用和意义，可以从经济、社会、历史、文化等多个视角加以阐明。

总体看来，上述术语的内涵已经在法理学界实现了认识的统一。商法学在论及它们的基本内涵时难谓创新。因此，就商法这个特定的部门法而言，笔者认为，商法的理念和商法的功能确有独到之处。尤其是商法理念，可以说，这些商法理念是为数不多的、商法的共同性规律，甚至可以说，纷繁复杂的商法之共性即是商法的理念。如果我们把民法定位为传统的、具有封闭性的民法，则商法理念的特殊性即与民法形成鲜明对比从而得以显现；但在法律价值、法律原则方面民法和商法却是一致的。《中华人民共和国民法总则》第一章的“基本规定”中所规定的民法基本原则，目前就是私法的基本原则，适用于商事关系并无悬念。如果商法没有与民法在法律价值、法律原则方面的一致性，商法与民法将无法共生于私法，更无法解释实践中民商法的共融和协同作用。但商法区别于民法的独立理念却是鲜明且稳定的，商法的理念不仅能成就商法作为独立部门法，更是理解和应用若干具体商事制度的基本依据。

（二）民、商法的知识比较

教学强调因材施教，教学方法的大一统显然是不可能也不可行的。但笔者认为，由于学生商事实践经验的匮乏，在商法教学中，民、商法比较有助于形成对商法正确的知识观，因而是比较有效的教学方法。

建构主义教学观认为，学生的学习不是简单的记忆，而是会结合自己的知识背景、经验来建构出相关的知识结构。这就是说，教师在进行教学时，不是机械地灌输知识，而是要针对学生的知识结构，引导学生主动地建构起应有的知识体系、内容。① 而民商对比的教学方法，恰恰就是基于学生已有的民法功底，通过对比，进一步夯实学生的民法功底，并实现有

① 杨维东、贾楠：《建构主义学习理论述评》，《理论导刊》2011年第5期。

效的商法教学。例如，民商事均针对交易展开，但民事交易可能更局限于特定当事人之间，交易模式较为简单；而商事交易则采用“营业”这一概念，可能运用复杂的交易模型，涉及多方当事人，如连续性的买卖；也可能将已经定型的交易模型予以并立，如融资性买卖、保理合同、复杂金融产品设计；或者混合，如大量混合类型交易。因此商法应对的交易可能更多需要处理多方当事人、多个交易类型之间的关系。因而民法所坚守的某些原则如债的相对性、公司股东有限责任等原理可能时时被打破。民商知识的比较方法应用范围较广，如商事代理与民事代理的区别；商事居间与民事居间的区别；商事委托与民事委托的区别；票据流转与债权转让等。学生在这种知识的比较中容易领会商法与民法的制度差异，从而进一步理解商法知识并夯实民法的功底。

（三）民、商法的法学方法比较

民法和商法共用许多法学方法。不过民商区别较为明显的方法是民法习惯抽象涵摄方法，而商法多用类型化方法。所谓抽象涵摄，也称“提取公因式”，即将对象中的共性抽象出来，进而对这些共性制定的抽象规则也将毫无例外地适用于含有这些共性的具体对象。民法中的诸多抽象概念，如“人”“权利”“法律行为”，以及民法的诸多法律规范，都是这种抽象涵摄方法的应用。这种法学方法的优势很明显，也正是由于这种优势才形成了大陆法学民法逻辑自洽的学科体系和规范体系。但是，抽象涵摄方法也有自身的不足，那就是因涵摄（提取公因式）的需求，而不得不忽略很多事物的具体性，因而有可能引发究竟何为事务“本质”的疑问。① 最典型的就是民事法律行为这一抽象概念，因“意思表示”这一公因式的提取需要，而将主体身份、行为方式、行为动机均不得不忽略。而商法，之所以能够成为民法的特别法，就是因为它较民法的抽象程度较低，更为具体，也更需要灵活多变。因此商法不适宜抽象涵摄的方法，类型是更为适宜的法学方法。

例如我们对商主体的解释，很难达到民法“人”“人格”这样的抽象程度。当我们解释什么是中国的商主体时候，我们的答案是“商主体是指商自然人、商法人、商合伙”，在我们解释什么是商主体的人格时，我

① 拉伦茨：《法学方法论》，陈爱娥译，商务印书馆2004年版，第95页。

们的答案是“商主体的人格包括企业（客体意义）、商事名称、商业登记、商业账簿”。再如商行为，我们不可能像界定民事法律行为那样通过恒定不变的“意思表示”这一要件就完成抽象概念的塑造，而只能将商行为界定为“含有商事要素，如主体商人性、方式营业性、动机营利性等的行为”。但这些商事要素，不仅有些商行为可以或缺甚至全缺，而且在解释何为“商人”、何为“营业”、何为“营利”时，它们还在相互循环论证。如果回答中国的商行为有哪些时，我们大约只能按商行为的具体类型来回答。这就说明，商法其实是将被民法因涵摄需求而滤掉的事实因素又加以规定。之所以这样做，无非是因为法律调整的公平正义需要，因而在法学方法论层面，商法仍是民法的特别法。

或许商主体和商行为所应用的类型化方法很难让习惯了抽象涵摄的民法思维所接受，因而未来可期的商法通则立法难点也将在于此。但毫无疑问的是，抽象涵摄的民法方法无法适应丰富多变的商事实践，如果在教学中能明确这一点显然会提高教学的有效性。而如果转换至法律适用视角，这一民、商法学方法的区别就更为明显。抽象涵摄方法对应的法律适用方法是三段论，即大前提（本案事实）、小前提（法律规定）到结论。在认可三段论式法律适用方法合理性的同时，我们也应注意到机械适用这种方法的缺憾。这种法律方法所进行的推论仅仅是一种逻辑的思考，对作为大小前提的法律规定和案件事实均缺乏论证；即使是逻辑完全合理的结论，也不一定符合法律公平正义的价值判断。这是因为作为大前提的法律规定和作为小前提的案件事实都未必确定，它们很可能存在解释的空间。所以，抽象涵摄的三段论式法律适用较为适宜简单的民事案件，而复杂的商事案件中，案件事实本身需要证明和归类自不待言；所涉及的法律规定也一样需要解释。商事实践飞速发展，立法者的预见性有限；法律语言也可能受制于文句的表达不能全面准确地传达立法者的意旨；法律本身规则众多，体系庞杂，某单一的法律条文，如果不结合法律的体系和目的进行解释，就很可能被片面理解甚至误读。可见，无论是事实还是法律，为了公平正义法律价值的考量，其实都需要司法进行公正的判断和选择。基于上述理由，类型化的法学方法应当得到重视。在法律适用中，类型化的方法主要是归类思维，即寻找事实和法律规范的最相似性。当然，所谓“最相似性”并非任意为之，而是要秉承公平正义的法律价值，以及诸多商法理念之维系去寻找和归类。

总之，民、商法学方法的区别是最深层次的民商有别，它从法学方法视角证成了商法作为民法特别法的地位，也进一步厘清了民、商法之间的联系与区别。而若掌握这种方法，其实诸多民、商法的实践问题也都有可能迎刃而解。更重要的是，类型思维带给我们的启示并不止于一种解释方法，它更是在法律适用的实践层面为学生打开一扇窗，因而提升了教学的有效性。

四　结语

在我国，民法和商法的关系是一组有趣的存在。无论学界如何争论，但有效的商法教学确实需要民商法的不离不弃和相辅相成。商法教学如果没有民法的原理、知识和制度作为基础，很难独善其身；而民法也一样，如果不运用商法加以丰富和发展，民法在整体上就会固守现有的逻辑体系和解释方法，并将落后于这个伟大的新时代。从商法的教学来看，这门课程的神奇之处恰恰在于既要通达民法原理更要精通商法理念和制度规则；无论教与学，其难度均远大于其他部门法。因而立足民商关系展开教学有效性的研讨仍有继续深入的必要。

Complement Each Other: On the Relations between Civil and Commercial Law from the Perspective of Teaching Effectiveness

Cheng Shujuan

Abstract: The civil-commercial law relationship from the perspective of teaching effectiveness needs to be explored from following three aspects: teaching philosophy, teaching content and teaching methods. Commercial law is a private law and a special law of civil law, and commercial law is related to and different from civil law. Commercial practice is the main field to recognize, understand, verify and apply commercial law system. The civil-commercial relationship in the teaching content can not be generalized. We should pay attention to the details of different situations and deal with the civil-commercial relationship according to different conditions. The civil-commercial relationship in the general introduction of commercial law, commercial separate law and commercial cases has its own characteristics. In terms of teaching methods, a comparison between civil and commercial legal principles, concepts, knowledge and legal methods is an effective teaching method.

Key words: effectiveness of teaching, civil and commercial law, the relations between civil and commercial law

基于翻转课堂的公法类课程混合式教学方案设计

——以《行政法学》课程为例*

杜国强　张　艳**

摘　要：随着信息化与网络化时代的到来，翻转课堂、混合式教学等新型教学方式正在颠覆着传统的教育理念与教学过程。翻转课堂是混合式教学的有效路径。本文以《行政法学》课程为例，构建一个“一课程”“二主体”“三阶段”“四目标”的模块体系，通过翻转课堂实现混合式教学，并在相关发现的基础上提出了进一步完善的方向。

关键词：翻转课堂；混合式教学；教师；学生；行政法学

一　问题意识

信息与信息技术正在对人类社会产生着前所未有的冲击，数字化、网络化、电子化成为风靡一时的潮流，教育教学同样受到影响。从积极面看，信息化不仅在对教与学部分要素的增量强化、再设计教与学活动以形成新的教学方式、深刻而全面变化以产生全新的教与学活动等方面具有显著作用，① 更重要的是，它颠覆了传统的师生角色，使学生能够借此实现“按自己步骤学习”的目标。但是，过于依赖信息技术可能造成教师作用的弱化、教学过程的失控、教学效果的偏离等问题。基于翻转课堂的混合式教学模式可以较好地解决这一问题。本文以混合式教学与翻转课堂的基

---

* 基金项目：陕西省教育厅2017年高等教育教学改革研究项目“基于翻转课堂的公法类课程混合式教学模式研究”（项目编号：17BY062）、西北政法大学行政法学院高等教育教学改革研究项目“PBL教学法在行政法学课程中的运用”。

** 杜国强：西北政法大学行政法学院，副教授，主要研究方向：行政法学。张艳：西北政法大学行政法学院，讲师，主要研究方向：行政法学。课题组成员还有：王周户、李大勇、管华。

① 管钰琪、陈渠、祝智庭：《信息化教学创新》，《现代教育技术》2018年第12期。

本理论为基础，对《行政法学》的教学方案设计进行了总结与思考，以期为混合式教学的进一步实施积累理论与实践经验。

二 翻转课堂是实现混合式教学的有效途径

传统教学模式是面对面的教学（Face to Face Learning），教与学在教室的教学活动中完成，教学方法以教师讲授为主，教学目标在于促进学生对知识的记忆与理解。教师是教学活动的主导者，学生处于被动接受者的地位。此种教学方式在完整与系统地传授学科知识等方面固然有其不可替代的作用，教师能借此将学科的基本概念与基本原理传授给学生，学生亦能够通过教师手把手的引导，快速、集中地获取大量知识。然而不能否认的是，面对面的教学无法充分发挥学生学习的主动性，更无法帮助学生形成学习过程中的情感体验，因而课堂教学效果较为沉闷。有的教师课堂讲授很努力，却是“剃头担子一头热”，无法在课堂上充分地调动学生参与课程内容，有的教师为教学投入大量的资源，却面对“播种的是龙种，收获的是跳蚤”的窘境。如何发挥学生在教学过程中的主体作用，激发其自主学习、积极思考、敢于创新的热情成为诸多教学改革的基本关怀。

20世纪90年代后，多媒体与互联网技术的兴起推动了教学过程的变化，有人将其称为网络学习（E-leaning），传统单向式的教学方式逐渐步入历史。教学设施的改善使教师与学生处在一个友好逼真的教学环境之中，视频、音频、即时通信工具等新型手段的大规模应用，不仅提供着丰富且形象的教学资源，也带来了多样化的知识获取途径与多元化的师生互动方式，这些都对教学效果的改善起着有力的助推作用。但是，人们逐渐发现，网络学习催生着不同形式的、与教育教学理念偏离的副产品，硬件越来越好，电子白板取代了传统的黑板、触摸屏又取代了电子白板，纸质内容高度电子化，然而教学过程本应具备的灵活性、生成性、人文性却被忽视，个别教师对学生的自我学习过程不闻不问或者敷衍了事，认为应该由学生通过网络自行查询，有的课堂成为教师演示教学素材的场所，或者放映视频，或者播放课件，学生被动地收看或浏览。

对信息化教学手段的过分依赖，短期内对学生或许会具有一定的吸引力，这不仅源自教学手段的内容与形式，而且与教师卸除自身责任后学生学习压力的降低相关，学习不再是被监督的过程，而是一个完全自主选择的事项，学什么、怎么学交给学生自主决定。这就忽视了高等教育的终极目标——培养“人”，任何的教学技术仅仅是手段，手段应该以培养学生的理论素养、专业能力、思维与方法为目标。然而，前述目标置换现象——只知手段，不顾目标，却在网络学习中一定程度存在着。

混合式教学模式（Blended-Learning）在这种背景下应时而生，它强调教学过程教师与学生、线上与线下、课中与课外、讲授性教学与研究性教学的连接与组合。[①] 学界近年来研究较多，其基本内涵概括为以下几点：其一，教学主体上，教师与学生角色的结合，教师是教学的主导者，学生是学习的主体；其二，教学目标上，实现学生在理论素养、专业能力、思维与方法等方面的全方位发展的结合；其三，教学手段上，传统教学方法与信息化方法的运用与结合；其四，教学评价上，过程评价与结果评价的结合。应该说，混合式教学具有整合、优化不同教学资源、教学手段与教学方法的作用，但实践中，仍然存在师生互动不强、教学手段的结合缺乏有力依托机制等问题。

翻转课堂（Flipped Classroom）的出现为混合式教学的实践提供了有效的抓手。2007 年前后，美国科罗拉多州落基山林地公园高中的两位化学教师为解决课堂缺席学生的补课问题，尝试使用录屏软件去录制 PPT 演示文稿和教师实时讲解的音频，然后再把这种带有实时讲解的视频上传到网络供学生下载或播放，这种方法后来被无需补课的学生也接受，并形成“课前在家里听看教师的视频讲解，课堂上在教师指导下做作业（或实验）”的教学模式，相比传统的“课堂上听教师讲解，课后回家做作业”教学习惯，师生关系、教学形式或内容都发生了翻转或颠倒。随着非营利性网站“可汗学院”对优质教学视频与学习支持工具的研发与传输，翻转课堂在全美以至全球开始推广，方兴未艾。

翻转课堂的基本做法是：课外尤其课前环节，学生利用网络收看教师提前录制的视频、阅读教师布置的文献，并通过在线测试强化、巩固学生对基础知识的掌握，这仍然是一种网络化的讲授性教学，不过讲授的时间前移至课堂之外、上课之前，讲授的形式由线下转变为线上，前移后的线上讲授有利于学生根据自身不同情况自主掌握学习的快慢节奏；学生对教

---

① 王艳丽、程云、王锋：《基于翻转课堂理念的混合式教学模式设计与实践》，《中国教育信息化》2016 年第 10 期。

师提前布置的主题或问题进行自主学习，进而尝试寻求解决问题的方案，原先漫无目的、很难做出刚性要求的预习时间被充分激活；课中，不同小组在与教师及其他同学的互动中展示观点、接受评价，感知不同视角的冲击，最后在课后修正、完善自己的见解，形成更深入的认识。这一过程具有强烈的研究性教学特征，它通过延伸与拓展教学时空的方式，对混合式教学加以落实。

三 基于翻转课堂的“一二三四”混合式教学模块构建

基于翻转课堂的混合式教学模式的构建，需要通过不同的模块构建其体系，我们将其称为“一课程”“二主体”“三阶段”“四目标”。

（一）“一课程”——课程模块

一门课程不可能在所有章节都实施翻转，这不仅有学时限制的原因，而且亦与翻转课堂会明显增加教师的教学工作量相关，更重要的是，就每一教学内容的内在本质而言，也并非只有通过翻转的方式才能够学习。这需要教师对实施翻转课堂的课程知识点进行合理拆解，作出是否翻转、翻转什么、如何翻转的预先决定。

1. 翻转的标准。课程内容是否适合翻转时需要考虑三个因素：其一，是否翻转。如果某一知识单元存在清晰的概念界定、具体的操作建议、客观的评价标准，学生课前可以通过视频等素材了解概念、完成知识性学习，则适宜翻转；[①] 换言之，如果最基本的概念尚在形成之中，甚至有较大争议，则不宜翻转；其二，翻转什么。布鲁姆 1956 年出版的《教育目标分类学，第一分册：认知领域》，为指导和评估教师教学和学生学习提供了难度从低到高的认知水平框架，即知识、理解、应用、分析、综合和评价，这个框架被广大教师认同。一般认为，在布鲁姆认知领域中，记忆、理解和运用属于低级思维活动，适合课前翻转，而认知领域中的分析、评价和创造，属于高级思维活动，适合课堂教学；其三，难度高低。即便基本性的概念有共识，但如果内容难度过高，学生无法完成教师课前

① 王玮：《翻转课堂的“翻”与“不翻”》，《教学与管理》2016 年第 1 期。

布置的任务或者无法有效地进行课堂讨论，仍然不宜实施翻转。

2. 翻转的强度。对适合翻转的内容应作翻转强度的区分，如果某一知识单元的翻转部分理论与实务争议较大，尚未形成定论，开放性较强，可以弱翻转，采取对分课堂——教师讲授一半、学生讨论一半；反之，学生通过自己对资料的消化，完全可以形成自己的论述与讲授体系的，可以进行强翻转，学生全程讨论、教师引导总结。

（二）“二主体”——主体模块

1. 教师模块。教师仍然是教学过程的主导者，其主要作用不再是讲授或单向的知识传递，而是涉及教学过程，运用多种方式激励学生参与课程讨论，进行研究性学习。

2. 学生模块。学生是教学过程的主体，主动与其他同学共同参与课程内容的学习，能够积极地发现问题、分析问题、解决问题。

（三）“三阶段”——阶段模块

1. 课前——导学。教师需要围绕翻转内容提供教学资源，包括教学音视频、在线测试题、教学 PPT、参考文献。教学音视频可以是教师亲自录制，也可是网络上的优秀开放资源；PPT 要详略得当，过于简略必然影响学生预习，过于烦琐可能导致学生不容易抓住重点；在线测试题不宜太难，以学生掌握教材基本知识点为目标；学生收听、观看，查阅文献，找出不理解之处，与教师线上沟通，然后围绕主题进行线上或线下的小组讨论。

2. 课堂——深化。学生分组讨论、提出问题、给出对策、分享学习成果，并回答老师与其他同学的提问。这一环节是对学生学习成果的检验。

3. 课后——巩固。教师对学生的课堂表现进行评估，并针对性地回答学生的问题；学生针对教师提出的意见，进行 PPT 的修改、根据教师要求撰写小论文、对课堂讨论内容与讨论过程进行回顾、反思。

（四）“四目标”——目标模块

翻转课堂的目标是重点培养学生的四种能力。（1）读：读文献，会梳理不同观点，进行综述；（2）说：能够在课堂把自己的想法大胆、流利、有逻辑地表述出来；（3）听：从他人的讲述中发现问题，体会要点；（4）写：书面语言规范，论证有理有据。

学生的读说听写应反映出本门课程应具备的理论素养，具备法律思维与法律方法。即一方面，学生能够在全面化、有体系地掌握知识点的同时，接触到本课程的学科的发展前沿；另一方面，面对社会现象与案例分析具有专业化的思维与方法，具体到法学领域，学生应该能够排除情感、道德、舆论影响，运用法律规范、法律原则进行权利、义务、责任的理性分析。

四 基于翻转课堂的《行政法学》课程混合式教学的实践

《行政法学》是我校法学专业本科生的一门必修课，开设在大学二年级下学期，共54课时，平均每周三学时，本学期使用教材为王周户教授主编的《行政法学》。该课程主要帮助学生掌握行政法学的基础理论、基本知识、主要制度，为学生理解我国行政法治目标、现状与问题奠定初步的基础。

从学生对该门课程的普遍感受看，理论性较强、较为抽象，有一定难度，相比私法类课程，学生学习的积极性不高，学习过程被认为相对枯燥，有引入翻转课堂、改善教学效果的必要性。

2017—2018学年下学期、2018年至2019年下学期，我们在省级教学改革课题研究的推动下，结合不同章节的教学内容，进行不同强度的翻转。

（一）弱翻转：课前阅读文献＋收看视频＋在线测试＋教师讲授＋学生讨论。对于教学内容不能完全反映当前行政法律制度最新发展的部分，课前布置需要阅读的文献，学生需要在收看视频后，于规定时间完成在线测试，课中教师讲授40分钟，其余均交给学生进行讨论。

（二）强翻转：课前阅读文献＋收听音频＋在线测试＋学生讨论。对于体系相对完整的教学内容，课前布置需要阅读的文献，学生需要在收听音频后，于规定时间完成在线测试后，尝试完全翻转课堂，不同小组间允许提问、评价，有助于学生对教学内容的把握。

无论哪种程度的翻转，翻转课堂的核心环节与主要形式都是小组讨论。不同小组的任务是对教师提前安排的主题进行探究和汇报成果，尽量让所有学生都参与探究。

表 1　　《行政法学》翻转课堂基本安排

混合式教学方式	教学内容安排	课时安排	在线测试	学习方式	课后作业
课前阅读文献＋收看视频＋在线测试＋教师讲授＋学生讨论	行政主体	6	10 道	课前自学 检测效果 小组展示 课后共享	1 道
课前阅读文献＋收听音频＋在线测试＋学生讨论	公务员制度 行政立法	3 3	10 道 10 道	课前自学 检测效果 教师讲授 小组展示 课后共享	1 道
课前阅读文献＋课堂讲授＋课后作业	其他章节	42		课前预习 教授讲授 课后作业 邮件、微信沟通	每章 2 道

从表 1 看，基于翻转课堂的混合式教学尚未在全部课程内容中展开，弱翻转课堂和强翻转课堂共占 12 学时，占总学时的 23%，其中弱翻转课堂与强翻转课堂，各占翻转课堂的 50%。翻转课堂中，主要以学生个人和小组基于主题的探究和汇报活动为主，尽量让所有学生都参与到探究和汇报活动中，体验做学术研究并与他人分享的乐趣。翻转课堂之外的其他章节，涉及学科基本概念、基本原则等基础知识的，课前布置需要阅读的文献，课中预留 15 分钟，安排学生对知识点进行陈述，然后由教师展开讲授与疑难剖析，课后学生需要完成指定的作业，加深对专业知识的理解。这实际也具有一定程度的翻转色彩。

具体实施的情况为：

第四章行政主体部分——弱翻转。首先让学生通过阅读学术文献了解行政主体理论，鉴于教材内容已经不能适应我国行政组织发展的实践、党和国家机构改革的现状，因此，我们采用弱翻转，课前录制了视频，布置了文献及需要完成的作业，以学生自学为主。“新进展”由教师讲解引导，然后学生围绕主题进行讨论。

课前指定 6 个学习小组，每组 6—7 名同学，对相关内容进行重点学习，并将学习成果形成报告（以 PPT 形式为主）；课中各小组将报告与其他同学分享和交流，让所有学生都了解该领域的最新进展，拓展他们的学习视野，引发学生的兴趣和关注。教师对各小组报告进行适当点评，或是根据学生报告情况进行适当补充讲解，对学生课内或课外学习中存在疑问的地方进行答疑解惑。课后学生根据兴趣，完善 PPT。

小组讨论主题分别为：我国行政主体理论的本土特色、我国行政机关体系、我国行政组织法存在的问题与解决对策、行政授权与行政委托的区别、大部制与行政机构改革中的法律问题、如何从法律方面认识我国的垂直管理体制、如何从法律方面认识我国临时机构的成立与运行。

第五章公务员制度、第七章抽象行政行为部分——强翻转。这两部分相对内容较为稳定，行政法学界不存在重大争议，我们提前让学生听音频学习，再结合教材内容，进行强翻转。

课前同样指定 6 个学习小组，每组 6—7 名同学，对相关内容进行重点学习，以学习成果形成报告的形式分别负责不同的主题，介绍主要观点、实践难点等。上课时，各小组直接汇报自己的学习成果，通过组间对比，让学生了解各自展示的优缺点及其应用。教师适当地引导学生对其展示内容进行完善、讨论，补充讲解重点内容或是学生没讲到的内容，回答学生的提问。课后，学生需要将完善后的 PPT 与作业交给教师。

公务员制度的小组讨论主题分别为：我国公务员范围与争议、公务员的类型划分及其意义、如何认识公务员的辞职权、简介并评析我国公务员的权利救济制度、如何理解《公务员法》第 54 条的规定、公务行为与个人行为划分的标准、如何认识公务员法律关系与一般劳动法律关系相比的特殊性。

抽象行政行为的小组讨论主题分别为：如何认识现代国家中的行政立法现象、行政立法的民主立法原则、行政立法的权限、行政立法的依法立法原则、行政立法的主体、行政立法的监督审查机制、行政规范性文件存在的问题及解决对策。

五　混合式教学模式的初步效果与问题

（一）初步效果

通过《行政法学》课程教学中努力实践基于翻转课堂理念的混合式教学模式，任课教师发现，多数学生是接受混合式教学的。而且通过直接观察，此种教学方式能够丰富学生的学习体验，锻炼学生的交流表达能力、独立思考能力、解决问题能力。课题组在翻转课堂结束后，对学生进行了问卷调查，在问及“你认为翻转课堂哪个方面最让你满意”，结果表明：有49%的学生认为翻转课堂提高了学习的主体性、19%的学生认为学习效率有提高、16%的学生认为学习时间变得相对自由、16%的学生认为学习过程趋向于轻松；在问及“翻转课堂教学模式能让你什么能力得到提高”，结果表明：33%的学生认为是自学能力、26%的学生认为是交流表达能力、24%的学生认为是独立思考能力、17%的学生认为是解决问题能力。与其他方面相比，翻转课堂在增强学习的积极性方面比较明显。

（二）暴露的问题

同时，有一些因素制约了模式的应用。其一，部分学生学习主动性不强。表现为：（1）在线测试，个别学生分数很低；（2）不参与小组任务完成，仅仅挂名；（3）课堂不积极发言，小组仅对其负责的部分感兴趣。其二，课前给学生提供的资源有待改进，文本资源数量与质量需要进一步提升，音频与视频的时间需要在现有基础上增加。其三，课后的评估虽然制作了评估指标的体系，但没有完全实施，主要原因在于：（1）我校五号楼智慧教室系统存在缺陷，学生手机端的操作较为不便，需要不断地刷新，学生因而转用微信群方式讨论，影响了系统数据的准确性；（2）成绩公平性的考虑，学生成绩涉及推免、评优，如果按照这个指标评估成绩，可能会影响不同班级学生成绩的公平性。

表2　《行政法学》翻转课堂的评价指标

评价项目	一级指标	二级指标	三级指标	备注
教学效果	课前	阅读文献	时间长度	定量指标 占总评成绩 的10%
		听音频看视频	时间长度	
		在线测试	正确率	
	课中	学生活动	学习态度	定性指标 定量指标 占总评成绩的20%
			学习深度	
			学习广度	
		课堂气氛	宽松	
			融洽	定性指标
		教学目标	听	定量指标 占总评成绩的 10%
			说	
			读	
			写	
	课后	完善PPT	内容与形式	定量指标 占总评成绩的60%
		课后作业	解决问题	
	终结性评价	期末考试	卷面成绩	

（三）改进方向

基于翻转课堂理念的混合式教学要想在《行政法学》课程教学中取得更好的效果，我们需要从以下几个方面做出努力：

第一，确立学生自主学习的理念与能力。在基于翻转课堂理念的混合式教学模式中，教师不再是主动的讲授者，而是知识的引导者、讨论的参与者、思考的启发者，课堂教学不是理论的传递，而是共同学习、内化知识的环节。学生需要适应教师的角色变化，要转变“等”“靠”的思维，确立主动学习的理念，逐渐掌握自我学习的能力与技巧。唯此，才能保证教学效果，并为其终身学习打下基础。

第二，教师要在教学过程花费心思、提高能力。与传统教学相比，基于翻转课堂理念的混合式教学需要教师付出得更多，例如课前精选文献、录制音视频、课堂引导与评价，每一个环节都考验着教师的职业道德。基于翻转课堂理念的混合式教学，有两个关键词“翻转课堂”“混合”，哪些内容混，怎么在翻转课堂中混，需要教师根据课程内容、学生特点、现有条件进行综合考虑，以及考核标准的优化与运用等问题都有待进一步研究。

第三，需要学校层面建设高质量的教学资源。优质的教学资源是混合式教学取得良好效果的条件之一，学校可以考虑建设适合网络学习的微课、微视频，建设适合个别化与个性化教学需求的教学资源，并促进资源的共享和利用，这是混合式教学取得持续发展的重要保障。

Design of Blended Teaching Scheme for Public Law Course Based on Flipped Classroom

——Take “Administration Law” as an Example

Du Guoqiang　Zhang Yan

Abstract: With the advent of the era of information and network, new teaching methods, such as Flipped classroom and Blended teaching, are changing the traditional educational philosophy and teaching process. Flipped classroom is an effective way of blended teaching. Taking the course of Administration Law as an example, this paper constructs a modular system of "one course", "two subjects", "three stages" and "four objectives"; and Blended teaching can be realized by flipping the classroom; and lastly puts forward the direction of further improvement on the basis of relevant findings.

Key words: Flipped classroom, Blended teaching , teachers, students, Administration Law

“输出式教学法”改革研究

——以《网络法》教学改革为例*

李　艳**

摘　要：“输出式教学法”教学改革的理论前提是建立在激发学生的自觉学习意识，使学生成为课堂学习的主导者，在此过程中培养学生的表达能力、分析总结能力、逻辑思维能力等综合能力。而教师的作用就在于组织和引导学生自主学习。该教学法通过两级自我管理模式建立起学生自我管理的机制，改进课堂授课方式，采用学生授课及课前预习和先进的课堂笔记等方式达到使学生主动吸收知识的目的，并且利用课后创新性的作业及考试方式检验学习效果。教学实践证明，这种教学法收效显著，受到学生的广泛欢迎。

关键词：“输出式教学法”　自主学习　能力培养

一　“输出式教学法”改革的基本理念

法学专业本科生的培养目标应当立足于培养学生的基本能力，尤其是应用所学知识解决实际问题的能力。“输出式教学法”旨在改变以教师上课讲授为主的教学方式，变学生被动接受知识为主动地获取知识并能灵活应用，从而激发学生的学习兴趣和热情，在此过程中培养学生的表达能力、分析总结能力、逻辑思维能力等综合能力。诗人叶芝曾经说，教育不是注满一桶水，而是点燃一把火。① 如果教学的目的是注满一桶水，学生看似吸收了很多的知识，但是却不能独立思考，活学活用，遇到实际问题

* 基金项目：西北政法大学2018年度教改项目“以学生能力培养为导向的‘输出式教学法’改革——以《网络法》课程为例”（项目编号：XJY201833）。

** 李艳，西北政法大学副教授，法学博士，主要研究方向：知识产权法、网络法。

① 俞敏洪：《教育要让孩子认识自我》，《商周刊》2012年第5期。

不能找到正确的解决方法，因此教育不应当像给桶里注满水那样，必须考虑学生的实际接受能力。所谓一把火就是燃起学生的学习兴趣之火，正如孔子所说：知之者不如好之者，好之者不如乐之者。可见兴趣才是最好的老师。作为教师，注满一桶水并非难事，但是学生却是在被动地接受这桶水，这就有悖于当今的教育理念。如果能培养学生的学习兴趣，变被动为主动，变学习为好学、乐学！学生快乐地去接受知识，他们心中便燃起了渴望一把知识的火苗，这时教育者只需轻轻拨动火种，便会形成燎原之势。①《网络法》课程课堂改革最终目标是以学生对知识的输出为主导，点燃学生心中对该门课程的自主求知的热情之火。

“输出式教学法”是指采用各种手段调动学生自主学习的积极性，变被动地接受老师传授知识为主动地学习知识并根据所学知识能够灵活运用，转化为自己知识体系的一部分。“输出式教学法”兼具了“参与式学习”和“结果导向”的学习理论的优势，强调学生学习的主动性主体性。输出式教学法强调在教学中尊重学生学习主体地位、重视学生切实的参与（输出）过程以及学习不断产生的（输出）结果。是过程与结果不断叠加和螺旋提升持续生成。“输出式教学法”分为三个方面：首先提出输出式教学的保障机制，即由老师帮助学生建立自我管理机制，促使每个学生都能积极参与该教学改革；其次将课堂输出式教学作为核心部分，采用三种主要方式保证学生课堂上的自主学习；最后将课后输出式教学作为有益的补充，用以检验输出式教学的效果。笔者通过在网络法课堂上的实践，总结了该教学法的经验，以及根据学生的应用反馈，发现了需要改进的地方，为进一步完善“输出式教学法”打下坚实的基础。

二 “输出式教学法”改革的实践内容

（一）输出式教学的机制保障——自我管理模式

1. 建立学生代表团。首先采用自荐的方式成立学生代表团。根据班级人数将代表团成员设置为 3 到 5 人。老师给予学生代表团充分的自主

① 刘佳丽：《教育不是注满一桶水，而是燃起一把火》，https：//wenku. baidu. com/view/f2002e6976232f60ddccda38376baf1ffc4fe3f3. html，2018 年 12 月 23 日访问。

权。代表团的主要职责是辅助老师组织教学，在老师与学习小组之间做好沟通协调工作，保证输出式教学法改革的顺利进行。2017—2018 年春季学期有三个学生毛遂自荐，成立了学生代表团。这三名同学非常认真负责，充分发挥自我管理能力，帮助老师做了大量的工作。主要工作有：①组建和管理微信群，秦金虎同学担任群主，在群里发表与网络法课程有关的新闻、公众号上的论文，例如区块链的法律保护、网络隐私权、网络著作权等内容。在微信群里组织优秀作业评比，评选出优秀论文；在微信群里组建学习小组。②帮助老师收集全班近 200 人的以小论文形式布置的两次作业，并帮助老师筛选 20 篇优秀论文。③帮助老师组织同学开展翻转课堂，督促同学准备讲课的内容和流程。④帮助老师制作、分发学生课堂教学问卷，并对反馈的课堂教学改革问卷进行分析、总结。

2. 建立学习小组。在班级学生代表团的组织下，将全班同学分成 10 人左右，共 18 个学习小组。每个小组成员在微信群里自我组团，每个小组自己推选出小组长，对小组成员负责。组织小组之间在课堂上讨论，评选最佳辩手。以小组为单位进行课堂笔记评比，本次课堂教学改革的课堂笔记是思维导图，小组成员在组长带领下，积极参与绘制思维导图，经大家共同评议，有两个小组的思维导图获得最佳课堂笔记奖。这些获奖的课堂笔记由学生代表团拍照放到微信群里，供其他同学学习、借鉴。通过学生代表团与学习小组两层自我管理方式，调动每一个同学学习的积极性并能加强同学间的交流与合作，培养学生的自我管理能力。

（二）课堂输出式教学

1. 学生讲课模式。将与学生自身生活有关并比较容易理解的内容由学生在讲台上讲课。讲课的内容由老师严格把关，在课前分配内容，由学生制作 PPT 和写讲稿，由老师批改。上课时，先由同学讲解主要内容，然后提出问题，组织全班同学讨论，最后老师做总结。

课程实践选择了两次课作为实践内容，一次是网络虚拟财产，由八位同学上讲台讲课。第二次是网络隐私权，由 10 位同学讲课。讲课任务在授课之前的两周下达给这些同学，由他们根据课本的内容为主线，再收集有意思的案例为补充，每个同学分别制作 PPT。在上课一周前将 PPT 和讲课大纲发给老师审核，在老师纠正内容之后，让同学自己私下练习。上课时同学们充分展现了自己的风采，PPT 形式活泼，内容丰富有趣味性，讲课时侃侃而谈，思路清晰，有的同学还在讲课过程中与听课的同学互动，随机让坐在下面的同学回答问题，上课气氛活泼又不失严谨。几位同学全部讲完后，老师点名让听课的同学回答哪些同学讲得最出色，理由是什么？对哪部分内容有问题等，使同学的授课方式不仅被其他学生接受而且更能引发学生的思考。

2. 课前5分钟学习习惯的养成。学生通常都能在上课前5到10分钟内进入课堂，但是这段时间学生往往在闲聊中度过了。在该课课堂上，提出5分钟阅读号召。即让学生在进入课堂后，开课前的5分钟能迅速翻阅课本，复习上节课所学，并预习本堂课的内容。在上课时由老师提问，让学生一句话概括上节课的内容，一句话说明本节上课的重点。该种习惯的培养经历了一个过程，刚开始提出的两周只有为数不多的同学响应。在上课时就让这几个学生将复习和预习的内容简单陈述，老师在课堂上给予积极的肯定和表扬。学生们在尝到课前5分钟带来的好处时，以后每次上课就有更多的学生加入。学生反馈时说，他们通过短短的课前准备，上课时注意力更集中了，能够很快抓住课堂的重点问题，引导自己积极深入地思考。因此，通过培养课前5分钟学习习惯，既培养了学生珍惜时间的良好意识，又有助于培养学生的概括能力，并对课堂教学起到很好的衔接作用。

3. 采用新颖的思维导图笔记方式

课堂笔记是学生吸收知识的主要方式，学生的笔记通常采用的方式是在课本上划重点，将老师讲解的要点记录在笔记本上。这种传统的笔记法不能帮助学生对知识进行体系化的梳理，不利于综合归纳能力的培养。在该课堂采纳英国学者托尼·巴赞提出的思维导图法①。思维导图充分利用了大脑各方面的能力，以一个主题图像为中心，并由此放射很多分支联想，形成网状思维，有利于记忆并产生创造性的想法。每一章节的内容要求学生采纳画思维导图的形式，也可以用XMIND思维导图软件制作。此种新兴的方法符合大脑的思考规律，有利于全脑开发，尤其对于培养学生的逻辑思维能力有积极的作用。在笔记改革实践中，老师布置以小组为单位，每个小组成员分工协作，共同完成本学期所学的网络法的八章内容。每个小组的组长督促本组成员完成思维导图笔记，学生们反映说这样的思

① ［英］托尼·巴赞：《思维导图》，李斯译，作家出版社2000年版，第83页。

维导图笔记非常有趣味性，在有趣的画图的过程中记住了知识点，形成了对所学内容的体系性认知。在学生交上来的思维导图笔记中，有两个小组的思维导图形式新颖，构图生动有趣，知识体系条理性强，被评为优秀思维导图笔记。

（三）课后输出式教学

1. 课后作业注重输出所学知识。应用灵活的方式使学生更加积极地根据所学知识完成课后作业。例如就该课程所学内容由学生自己提出研究的问题，查找参考资料，写成不低于2000字的小论文。这种作业形式能调动学生研究的积极性，并培养提出问题、分析问题、解决问题的能力。在学生完成小论文之后，在微信群组织学生投票评比最佳论文，互相学习，共同进步。受到嘉奖的学生在课堂上获得讲述自己观点的机会，锻炼学生的表达能力。还可以布置学生观看与课程有关的生动有趣的纪录片，并要求写观后感，既补充了课堂知识，又锻炼了写作能力。

在课堂实践中本学期布置了两次作业，第一次让学生自己利用业余时间观看中央电视台录制的纪录片《互联网时代》。该纪录片分为10集，用影像的方式生动记录了互联网的发展历史，互联网如何产生，经历了几个发展阶段，每个发展阶段的特点是什么等内容。作为网络法课程，该纪录片可以使学生直观地学习网络的基本知识，了解互联网的发展历程，帮助学生了解互联网的知识，激发学生学习网络法的热情。老师布置的作业就是观看该纪录片的观后感，文体不限，但是必须要求学生原创。学生们非常欢迎这种没有太多条件束缚的作业形式，作业布置下来之后各显神通，有的写成有辩论色彩的论文，有的写了给未来世界的一封信，有的甚至写成抒发对互联网飞速发展表示惊叹的抒情散文。这次作业不仅有助于学生了解网络的技术问题，而且也锻炼了学生的表达能力和写作能力。最后由学生代表团征求学生的意见评选出十篇佳作。例如《写给49岁互联网的一封信》《互联网时代的观后感》《风云激荡五十年》《我们的世界——互联网时代观后感》等。

第二次作业是根据所学的内容提出引起自己思考的一个问题，然后搜集资料对这个问题进行研究，自己找到答案。并且将思考的过程写成不少于2000字的小论文。这个作业的目的是考查学生是否能对所学内容加以理解，并在此基础上提出问题、分析问题和解决问题，也就是初步培养学生的研究能力。学生们根据老师提出的要求积极准备，搜集资料和深入阅读思考，最后完成论文。所有同学准时提交作业，并由学生代表团组织评出8篇优秀小论文。例如：《论虚拟财产权的性质》《网络著作权侵权问题研究》《山寨游戏侵权著作权案件中保护权利人合法权益的途径》《网络隐私权之网络儿童隐私权》《浅析微信公众号的网络著作权保护》《网络购物存在的法律问题及其完善》。为了鼓励学生积极思考，老师安排这些学生上讲台，每人宣讲5分钟，说明自己的主要观点。不仅锻炼了学生总结表达能力，又对于其他同学具有启示性。

2. 考试内容注重灵活应用。以往的考试内容都是以课本为主，主要考查学生对知识的掌握程度。但是不能考查学生分析问题的能力。考试内容可以增加开放性的问题，让学生在限定时间内写出一篇有逻辑性的小短文，重在考查学生的思辨能力和对所学知识的应用能力。

例如2017—2018春季学期期末考试的最后一道大题就是以小论文的形式出的。如下：

观点阐述题（要求根据下面所提供的材料进行观点阐述，明确自己的观点并能进行论证，写成不少于300字的小短文。）竞价排名，顾名思义就是网站付费后才能被搜索引擎收录，付费越高者排名越靠前；竞价排名服务，是由客户为自己的网页购买关键字排名，按点击计费的一种服务。客户可以通过调整每次点击付费价格，控制自己在特定关键字搜索结果中的排名；并可以通过设定不同的关键词捕捉到不同类型的目标访问者。关于搜索引擎服务商搜索服务的性质是有争议的，有些判例认为是商标侵权，有些判例认为是不正当竞争，你支持哪种观点？提出你支持的理由，并对你不支持的观点提出批驳。

这道大题考查学生的思辨能力，学生大约用了40分钟写作了一篇小论文。从评卷结果上看，多数学生的答题思路清晰，能够根据自己提出的观点进行有理有据的分析。可以从中反映出平时课堂和课后作业着重培养学生提出问题、分析问题和解决问题的能力在期末考试答卷上具有成效。

3. 鼓励学生应用课堂所学进行大学生创新项目申报。学校鼓励学生申报大学生创新项目，而该门课程包含很多最新最前沿的法学实践问题。该课程与大学生创新项目可以结合，老师对申报的同学进行指导，既可以提高学生学习该课程的积极性，又能使学生更容易申报成功。这项改革是学生输出所学知识，即学即用的典型表现形式。对两个学生根据网络法的课堂内容写作的大创项目申请书进行指导，一个是关于区块链的法律问题研究；另一个是关于自媒体新闻报道的法律问题研究。这两个项目都是紧扣网络法的前沿问题，在学生申报的过程中，对于所学的网络法知识进行及时应用。

三 “输出式教学法”教学改革效果反思

（一）问卷调查方式检验教学改革成效

实践教学结束后，给学生们设计了两份调查问卷，一份是对针对全班同学的问卷，另一份是针对参与讲课同学的问卷。第一份，关于学生输出式教学法改革实践的课堂调研问卷，是针对全班同学教改满意度调查的问卷，根据改革的内容从八个方面设计问卷。调查结果如下：共收回 169 份。其中满意度以 100%计算，1. 学生代表团辅助教学工作为 100%；2. 学习小组分工合作为 100%；3. 微信群补充教学为 99%；4. 课前 5 分钟自学为 98%；5. 思维导图笔记为 99%；6. 课后作业改革为 100%；7. 学生讲课为 96%；8. 期末增加思辨类试题为 98%。以上的数据说明课堂改革总体成功，但有些许不足需要改进。学生回答对课堂改革总体评价的问题时对课堂改革给予肯定，“课堂调动了非法学生的法律兴趣；一种终身受益的启发，授人以渔；培养自己查找文献及相关资料的能力，对自己的语言表达、逻辑思维有了提升”。同时提出不足之处，例如对学生授课部分提出“讲课同学必须认真准备，态度严谨，否则容易误导人；不要让表现积极的同学讲，应该鼓励表现不积极的同学讲，这样可以激发他们的学习兴趣，更好地参与课堂”。并提出合理化建议，例如：“应更加完善小组管理，让每位同学都能加入到这个课堂，可以多提出一些选题与课堂形式；讲授课堂内容时可适当离开 PPT，说一些自己的看法，表达自己的观点；同学应该做好充足准备，应该有些更吸引人眼球的案例等。”

第二份问卷面向参与“学生讲课”的同学。统计数据表明，对“学生讲课”方式的满意度：100%；对知识的掌握度：100%；前期准备工作：3— 6 小时；沟通能力、文献检索能力提升度：100%；参与“学生讲课”付出与收获成正比：100%；对自己讲课的表现满意度：95%。在参与“学生讲课”的心得体会与建议有：1. 自己学懂与表达出来是两回事，可以让同学们分享资料收集与讲解的经验；2. 讲课需要提前做大量准备；3. 提高了自己的自信心和胆量，可以体验不一样的思考模式。

通过问卷调查，了解到学生对课堂教学改革的反馈意见，提出了肯定意见和不足，尤其提出的合理化建议对于课堂教学的改革深入展开，总结经验教训有很好的借鉴意义。

（二）“输出式教学法”教学改革的不足之处

第一，网络法课程是针对全校的选修课，选课人数将近 200 人，因此在这样的大课堂上进行课程改革难度较大，尽量能调动全体同学的积极性。例如，将全班变成小组，希望每一个同学都参与课堂教学改革，在课外作业改革、课堂笔记改革全班所有同学都参与了，完成的效果较好。但是在学生参与自己授课方面，总共有 28 个人参与课堂讲课和论文宣讲。所以这种课堂改革人数少的小班能实现较高的参与率，效果也会更好。

第二，学生授课方面经验不足。让学生上讲台讲课有利于锻炼学生的表达能力，综合整理能力。由于初次尝试这种授课方式，虽然在课前给授课的学生布置内容，查看制作的 PPT，但是由于上课之前没有预先排练的时间，上课时学生讲课水平有差异。讲课的同学与听课的同学互动不足。在选拔讲课学生方面，主要挑选平时发言积极的同学，没有兼顾到不爱发言的同学。

第三，小组的作用发挥不够充分。将学生分成小组受到学生的欢迎，尤其小组合作制作思维导图笔记收获较大。但是作用发挥得不够充分，例如在选拔讲课学生方面，应从小组推荐，在小组表现优秀的上讲台讲课，保证人人参与自主授课，而不是由老师指定学生。以小组为单位进行各项教学改革，可以调动多少学生的积极性和参与度，并且有小组荣誉感，增强集体意识。

四　结论

“输出式教学法”教学改革的理论前提是建立在激发学生的自觉学习意识上，使学生成为课堂学习的主导者。该教学法通过两级自我管理模式建立起学生自我管理的机制，改进课堂授课方式，采用学生授课及课前预习和先进的课堂笔记等方式达到使学生主动吸收知识的目的，并且利用课后创新性的作业及考试方式检验学习效果。而教师的作用就在于组织和引导学生自主学习。通过教学实践证明这种教学法收效显著，受到学生的广泛欢迎。通过学生问卷反馈的问题，我们将进一步总结“输出式教学法”存在的不足，并且提出改进措施，使该教学法能真正起到激发学生学习兴趣和热情的作用。

Research on the Reform of “Output Teaching Method”

——Taking the Teaching Reform of “Network Law” as an Example

Li Yan

Abstract: The theoretical premise of “output teaching method” is based on the ideas of stimulating students' autonomous learning consciousness and making students become the dominant players in classroom. In such a classroom, students' expression ability, analysis and summary ability, logical thinking and other comprehensive abilities are developed; while the role of teacher is to organize and guide students to learn independently. This teaching method means that a students' self-management mechanism of the two-level self-management mode is built to improve classroom teaching, and it achieves the purpose of students' active learning of knowledge with the methods of students' teaching, pre-class preparation and advanced class notes, and tests the learning effect through the innovative assignment and examination after class. It has been proved that this teaching method has achieved its results and is widely welcomed by students.

key words: “output teaching method”, autonomous learning, ability training

互动为基础的高质量课程教案探索

——以《英语文学选读》课程为例*

刘红岭**

摘　要：“两性一度”（高阶性、创新性、挑战度）的金课标准为教师在新时代提高教学质量提供了具体指导。教案是教师安排课程教学内容和环节、开展课堂教学活动的依据；是实现教学目标，保证教学顺利进行的重要准备环节。文章探索开展高质量教学，首先如何以“两性一度”标准为指导完成教案的编撰；并以《英语文学选读》课程为例，说明在课程目标的确定、教学环节的设计以及“基于内容的、以问题为驱动”的教学方法的采用上，是如何贯彻“两性一度”的。

关键词：教学互动；教学质量；教案；“两性一度”

2018年6月召开的新时代全国高等学校本科教育工作会议上，教育部陈宝生部长第一次提出“金课”概念，指出对大学生要合理“增负”，要提升大学生的学业挑战度，合理增加课程难度，拓展课程深度，真正把“水课”转变成有深度、有难度、有挑战度的“金课”。11月，在第十一届“中国大学教学论坛”上，教育部高等教育司吴岩司长作了题为“建设中国金课”的报告，报告讲明“高阶性、创新性、挑战度”（两性一度）的金课标准。所谓“高阶性”，就是教学应体现知识能力素质的有机融合，培养学生解决复杂问题的综合能力和高级思维。“创新性”，指课程内容反映前沿性和时代性，教学形式呈现先进性和互动性，学习结果具有探究性和个性化。“挑战度”，指课程具有一定难度，需要跳一跳才能

---

* 基金项目：西北政法大学2019年教改项目（项目编号：XJY201928）

** 刘红岭，西北政法大学副教授，主要研究方向：英语文学。

够得着，对老师备课和学生课下提出较高要求。① “两性一度” 也为教师在新时代提高教学质量提供了具体的标准。

面对每一届既具有共性又有新时代特点的大学生，聚焦课程具体问题，研究和解决自己在教学中的重点和难点问题，提高所授课程的教学质量，是每一位高校教师的职业责任。笔者所在学院鼓励教师更新教育理念，以创新、灵活的教学策略，在教学中根据自己的教学实际采用“基于内容的、以问题为驱动”的教学方法，以促进课堂教学互动，提高教学质量。笔者欲从英语文学课程教学中施行“基于内容的、以问题为驱动”的教学方法入手，重新梳理教学内容，合理增加难度、拓展深度；采取恰当的教学形式并改进考核评价方式，使这门课程成为较好完成教学目标、受学生欢迎、让学生学有所获的课程。

高质量的教学，须从撰写科学合理的教案开始。编写教案是教师梳理教学内容、从中抓住重点与难点，从而选择科学、恰当的教学方法的过程。在撰写教案过程中，教师可以对课堂时间尽可能做出科学、合理的安排，以保证教学活动顺利开展，收到预期的教学效果。教案的撰写要根据教学大纲和教材及学生的实际情况，以课时和课题为单位，对教学内容、教学步骤、教学方法等做出具体设计和安排。本文所谓优质课程教案指将“两性一度”的标准贯穿教案课程目标和教学内容的确定、教学方法及评价等重要环节的设计中。

一 确立明确和有层次的课程目标

教师通过课程目标的设定明确“教”的内容、方式与方向，保障其与“人才培养目标”相适应。学生通过理解课程目标，明确“学”的内容、方式与方向，是实现“主动学习”的重要基础。

课程目标的设定首先要以学校人才培养目标为指导，学校培养目标反映了学校的定位和社会需求；其次，以本专业人才培养目标为基础，专业人才目标是对学生毕业的专业要求；还要依据该课程在课程体系中的定位和责任确定其目标。

---

① 教育部高教司司长吴岩深入阐述中国金课建设要求：倾力打造五大“金课”，2018-12-01 22：15www. sohu. com/a/279062929_ 479698。

（一）以学生为中心确定课程目标

提高教学质量，不但要教师“教得好”，还要学生“学得好”，要在教学的各个环节突出学生中心，激发学生的学习兴趣和潜能。

从学生角度出发确定课程学习目标，制定目标前的学情分析必不可少。学情分析是对学生的知识储备、基本能力、思维特点、学习习惯、学习态度、学业目标和职业理想等方面的调查研究，这些方面影响到学生对课程学习的价值认识、接受能力、学习能力和投入程度。如果在学期中的一段时间内，教学中出现具有普遍性的问题或现象，也应展开学情调查。这种针对性的学情分析，有利于处理教学过程中出现的新问题，灵活调整教学方法和步骤。调查方式可采用问卷调查、个人自述、课间随机聊天，以及针对有问题有特点的学生所作的谈话等。当然，教师可在任何时间听取学生关于课程的意见和建议。调查中应尊重学生，充分了解学生状况。

就英语文学课程而言，授课对象都是英语专业三年级学生，每届学生具有一些共性，不一定每年做全面调查。但在学期初，应针对学生的阅读储备、课程期望等情况调查；第一学期期末，收集关于课程的意见和建议，然后加以分析；第二学期调整教案，改进学习状况。

（二）明确的、有层次的课程目标

20世纪50年代，美国著名心理学家和教育学家布鲁姆（Benjamin Bloom）教授提出用于归类不同学习程度的认知框架（Bloom's Taxonomy）[①]，他把对知识的理解程度分为6个阶段，每个阶段总结出用于衡量学习能力的一些动词。

阶段	名称	解释	对应动词
第一阶段	Remember	能记得/回忆/复述基本的概念和事实	define, duplicate, list, memorize, repeat, state
第二阶段	Understand	理解并能够用自己的话解释概念	classify, describe, discuss, explain, identify, locate, recognize, report, select, translate

① https://www.jianshu.com/p/0f46896ab4a0.

续表

阶段	名称	解释	对应动词
第三阶段	Apply	能把知识应用在新的场景里	execute, implement, solve, use, demonstrate, interpret, operate, schedule, sketch
第四阶段	Analyze	能对不同的知识建立联系	differentiate, organize, relate, compare, contrast, distinguish, examine, experiment, question, test
第五阶段	Evaluate	能解释一个观点或者一个决定	appraise, argue, defend, judge, select, support, value, critique, weigh
第六阶段	Create	能产生新的原创性工作	design, assemble, construct, conjecture, develop, formulate, author, investigate

六个阶段目标由简单向复杂递增，后一类目标建立在达成前一类目标的基础上。记忆、理解是对知识的认知要求；运用、分析是在基础学习基础上应发展的能力；评价与创新是学生认知在高阶层次发展的素质。布鲁姆的认知分类层级帮助我们制定出包括知识、能力和素质目标的层次清楚、明确描述的课程目标。在教案中，知识目标包括课程的核心知识；能力目标为经过章节内容的学习，应具备的可见、可操作、可测试的能力。素质目标须经过长期的学习、锻炼，方能达到一定的水平。多层次的课程目标，体现出将知识能力素质有机融合的课程目标的“高阶性”。对应的动词可以明确描述对学生不同层次的目标要求。例如：“记忆……”，“能够解释（分辨）……”，“应用……，解决……”，“判断（筛选、评价、比较）……”，“设计（发展、建立）……”。

以英语文学课程为例。《英语类专业本科教学质量国家标准》（简称《国标》）中的专业定义为“英语类专业是以英语语言、英语文学和英语国家的社会文化等为学习和研究对象的学科专业”，英语文学课程既是学习和研究对象，也是学习语言、探索英语国家社会文化、进行学贯中西教育的重要途径。《国标》指出“无论是研究型人才还是应用型人才的培养，都应体现‘全人’培养的教育理念，在教学内容和教学方法中结合学生知识结构、文化意识和学术素养的提升，融入学生国际视野、责任意识、思辨能力的培养，由此提高学生的综合能力，使其具有更强的拓展和竞争能力”。《国标》明确了英语类专业的培养目标，并将其作为主线贯穿整个教学要求中。[1]

我校英语专业人才培养方案的培养规格为“掌握丰富的英语语言文化知识、英语文学、国别与区域知识……具备英语运用能力、文学赏析能力、跨文化交际能力；具有一定的思辨能力、学科思维能力、研究能力、分析和解决现实问题的初步能力”。[2] 英语文学课程是高年级学生综合技能向高层次发展的一门重要课程，它在专业课程板块中的定位和责任，结合学校和英语专业人才培养目标构成这门课程的教学目标。具体表现为以下知识目标、能力目标和素质目标：

1. 记忆（memorize）英国（美国）文学的发展历史、重要文学流派、重要作家及其代表作品；记忆并理解（describe，discuss，explain）文学术语和文学批评的基本知识；理解并陈述（repeat，state）英国（美国）文学的演变过程以及英美国家的社会文化历史知识。

2. 培养运用文学术语和文学批评的基本知识分析、赏析（compare，contrast，value，critique，weigh，solve，use，demonstrate，interpret）文学作品的能力。

3. 提高独立工作能力，学会查找有关参考书，做笔记，完成文献综述、读书报告和作品分析论文。在文学作品赏析和独立工作能力的培养过程中，融入学生国际视野、责任意识、思辨能力、学科思维能力的培养。

二　促进教学互动的教学内容确定与环节设计

教学内容确定、教学环节设计应围绕教学目标。教师应针对自己课堂上存在的问题，优化教学内容，设计好教学环节、方法和手段。

（一）课堂存在的问题

目前，大学一些课堂普遍存在内容多、老师讲不完、学生听不进去、

---

① 仲伟合：《英语类专业本科教学质量国家标准指导下的英语类专业创新发展》，《外语界》2015 年第 3 期。

② 《西北政法大学本科各专业人才培养方案》（2018 级适用），西北政法大学教务处编，2018 年 8 月，第 308 页。

课堂师生互动少等问题。

英语文学课堂除了以上这些问题外，还有：（1）浮躁的社会环境导致实用主义教育思想盛行，教学和学生学习中存在“重技能，轻人文”的功利性目的。（2）学生专业知识较贫乏，文化素养达不到要求，口头与书面表达缺乏应有的深度和广度；缺乏独立思考，课堂讨论很难开展。（3）学生不愿读文学原著，致使课堂作品讨论和赏析很难开展，至于培养思辨和创新能力、提高人文素养的教学目标都无法完成。然而，“从根本上讲，文学中涵容的人文精神，要比文学文本反映的语言知识更加重要，因为编码于文学作品中的精神文化层面的东西，可以潜移默化地影响学生”。①所以，“外语院系非但不应该排斥或者压缩英美文学教学，而且需要努力开发这一资源，让英美文学成为英语教学的真正主干，从而达到全面提高学生的文化素养、文学鉴赏水平和语言表达能力的目的，培养他们具有人文关怀意识和高尚审美情趣的现代人格，具有敏锐感受生活、认知生活的能力”。② 因此，需要教师在课堂教学上下功夫。

教师首先应优化教学内容，回归文学本体性；坚持把教书育人落实在课程教学中。充分利用课堂作为提高教学质量的主阵地，充分发挥传统实体课堂当堂授课、面对面讨论、个别答疑、师生即时思想感情交流的优势。

（二）以“两性一度”指导教学内容的确定

“两性一度”的高阶性在教学内容上体现为教学过程中将获得知识、提高能力和素质培养有机结合起来，着力培养学生解决复杂问题的综合能力和高级思维。因此，课堂教学不仅包括知识的讲解和传授，还应有能力培养方面的训练。内容的创新性体现在课程内容应包含本学科前沿的研究成果和具有时代性的内容；在教学环节中体现出促进互动的创新性设计；不是简单告诉学生正确与错误之分，而是培养学生自己去探究，发挥学生

---

① 虞建华：《谈我国高校英语专业“两个走向”问题——兼及英美文学教学》，《中国外语》2010 年第 5 期。

② 许庆红、戚涛：《让文学回归其原有的位置——文学本体性与英美文学教学和研究反思》，《山东外语教学》2012 年第 4 期。

的个性特点。挑战度体现在课程内容和要求要有一定的难度，老师要付出时间、精力和情感备课讲课，学生课上课下要有较多学习、实践和思考做保障。

课程内容首先应包括本课程系统完整的知识结构，纳入具有前沿性和时代性的知识。其次，内容选择要适合学生的接受情况、适合教师的教授能力、适合课程目标和专业人才培养目标。再次，内容选择应注意：信息量大且选材适当；概念和基础知识应当明确；脉络清晰逻辑性强且重点突出；最后，课堂教学内容中应包括培养学生综合能力、学生参与度高的环节。

以英语文学课程为例，重新整合教学内容，适当调整内容安排顺序。（1）先英美文学发展脉络，后按照诗歌、小说、戏剧和散文的体裁分类教学。线条清晰，结构完整，学生可以对英美文学每种体裁的发展与成就具有明确清楚的认识。（2）作品选择结合每种体裁的构成要素并突出特点。以文学体裁要素知识为单元，每单元都有教学目标、教学内容相对应的知识点、能力点；例如，视角：第三人称全知视角的阅读与解析：霍桑 *The Scarlet Letter*。（3）教学内容分模块。课堂教学分为知识讲解和问题回答两个模块。问题模块动态变化，在教学内容的基础上，根据学生的实际、学科研究的最新动态和学生最新话题时常更新。教师设计的任务和问题有助于“阐释经典作品中体现的西方文化本质与内涵，诸如英美国家和社会的历史发展、政治思想、哲学思潮、宗教观念、风土人情、思维方式和价值观念等，突出其中蕴涵的人文思想的精髓，而不仅是提高学生的欣赏水平或英语水平”。[①] 问题应引导学生自己探究，学生根据自己的理解和生活、学习及阅读经历得出富有个性的、有体会的结论。

教师在优化教学内容的基础上，依据学生实际，采用体现先进性和互动性的教学形式和方法。

① 许庆红、戚涛：《让文学回归其原有的位置——文学本体性与英美文学教学和研究反思》，《山东外语教学》2012 年第 4 期。

三 “基于内容的、以问题为驱动”的教学方法

“基于内容的、以问题为驱动”的教学方法在文学教学中的应用是以“问题驱动假设”和“读者反应理论”为理论指导。

（一）“问题驱动假设”

中国英语教学研究会前会长文秋芳教授针对英语专业课程设置与教学方法亟待改革的状况提出“问题驱动假设”。其内容为：学生学习专业知识的动力来源于对某个问题的兴趣，而不是对某门课程知识体系完整性和系统性的追求；只从课程体系内在逻辑出发，不考虑学生的兴趣，无论内容本身多么科学、系统，也难以成为学生内在的知识体系，即使得到了知识也难以转化为能力。“问题驱动”方法可以激发学生对研究的兴趣；培养学生的研究能力及合作学习精神。问题驱动假设的理据首先是，人的自然学习源于问题，从问题出发的学习，学生才有兴趣。“问题驱动”有利于培养学生的研究能力。因为任何研究都始于发现问题；发现问题需要有好奇心；这种能力具有迁移性，能够迁移到其他工作领域内。[①] 应用这种方法时寻找和设计问题成为教学的突破口。

（二）读者反应理论

兴起于20世纪60年代的读者反应理论的主要内容可以概括为：（1）文学作品的文本是已完成的含意结构，但它的含意其实是读者个人的“产品”或“创造”；（2）作品的意义是文本和读者相互作用的结果；创作活动和接受活动是构成文学进程的两个同等重要的环节；没有读者的参与、解读和接受，文学就不存在；（3）作品文本不存在某种“唯一正确的含义”，没有唯一正确的阅读。读者反应论认为，由于时代、地域和读者的不同，文学作品的效果也会因时、因地、因人而异。

文学批评的注意力从作品文本转移到读者的反应上，聚焦读者对作品文本的内容系列的解说的反应上。

① 文秋芳：中国英语教学研究会东北区第14届年会开幕式主题报告，http：//max.book118.com/html/2017/0330/98072135.shtm。

根据读者反应论，文学课程的学生是文学作品的读者和学习的主体，文学教学应重视学生的参与、解读和接受效果；只有学生阅读了，才能指导他们的社会生活实践，文学作品的道德和美学内涵才能展现出来。只有读者在提升了他对世界的理解并将其外化为他的社会行为方式时，作品的效果才能真正地展现出来。文学作品的效果是作品本身的道德和美学内涵与读者的能动接受意识之间的辩证的统一。因此课堂任务和问题的设计要引导学生进入作品的世界，激发学生表达对作品内容的思考。

（三）“基于内容的、以问题为驱动”的教学方法

“在英美文学课的课堂教学中，学生是文学作品的读者和学习的主体，教师作为教学活动的组织者和引导者，要将文学创作活动和接受活动联系起来，在学生和文学作品之间搭建一个参与、解读和接受的平台。将读者反应论应用在英美文学课的课堂教学中，对更好地实现英美文学课的教学目标、对提升英美文学课教学的效果有着重要的意义。”① 教师的问题和任务的设计是关键，既要满足文学知识学习和作品赏析的要求，还要有助于学生思维技能的训练。教师要关注学生的好奇心，关注学生怎样去探索、辨别和表达，帮助学生养成思辨和创新能力。

教师须提前准备好相关材料，把握好问题的难易程度；问题须符合生活常识和学生心理，并具有真实性。授课中关注学生的反馈，对其进行恰当的指导，从而与教学相结合，避免学生产生被迫学习的感觉和敷衍了事的心理；让学生有语言交流和表现自我的机会，提高学生的学习积极性。在思考和回答问题的过程中激发学生主动思考，建构自己对事物的看法，并通过协商，交流想法加之教师的引导共同完成对作品、作家的深刻理解与建构。这种教学方法在教学中还须逐步探索，从而提升其在教学中的效果。

所有教学环节和方法都应突出学生的主动学习，即主动阅读、主动思考然后主动表达。

---

① 张威：《将读者反应论应用于英美文学教学的尝试》，《教育探索》2011 年第 6 期。

四　考核评价方式

采用贯穿学期始终的形成性考核评价方式。成绩主要由每节课对目标完成情况的评价构成，即每次的课堂表现、小组活动、课堂写作、测试、读书报告和作业等都成为平时成绩的一部分。“基于内容的、以问题为驱动的”的教学方法使课前阅读成为关键。教师可从指定书目或教材中选择作品，要求当堂完成文学批评的小论文。也可从教材中选择一个代表性作家或作品进行续写或改编。鼓励学生参与社会实践活动，发表文章，参加诗歌朗诵、戏剧表演等，这些都可作为成绩的一个衡量依据。期末可将这些列入本学期的期中成绩，记入期末成绩。

改革期末试卷的考题类型。减少考查基础知识掌握程度的填空、选择、名词解释、简答等题型的数量，增加考查综合运用能力的论述和作品阅读的文本分析题型比重。这类题目没有固定答案，要求学生主题思想清晰，利用学过的文论、理论等方面的观点分析，考查学生的实践应用能力。

五　小结

以促进教学互动、提高教学质量为目标的优质课程，其本质是针对目前课程教学中的问题，以与时俱进的教学理念和方法手段，回归高质量教学的初心。因此，课改应该回答现实问题，关注教学目标的达成以及教学内容是否具有挑战性、思想性和育人的实现度如何。

同时，“教师应以其良好的专业素养和高尚的人格魅力吸引学生，提高课堂教学的效率，让他们爱上阅读英语文学经典作品。课堂教学要更好地适应社会对英语专业人才需求的要求，使每个学生的潜力得以发挥。使文学与文化的课程从单纯的‘教学’向更高层次的、充满人文气息的‘教育’转变”。①

① 文培红：《新形势下英美文学与文化课程教学面临的挑战及对策研究——从一次知识竞赛谈起》，《西南民族大学学报》（人文社会科学版）2011 年第 2 期。

Interaction Based High-Quality Course Teaching Plan

—— Taking the Course of Selected Readings in British and American Literature as an Example

Liu Hongling

Abstract: The advanced, innovative and challenging standards of high-quality course provide specific guidance for teachers to improve teaching quality in the new era. Teaching plan is the basis for teachers to arrange teaching contents and carry out classroom teaching activities; it is also an important preparatory step to achieve teaching objectives and ensure the smooth progress of teaching. This paper, taking the course of *Selected Readings in British and American Literature* as an example, explores how to compile a teaching plan under the guidance of the advanced, innovative and challenging standards.

Key words: teacher - student interaction; teaching quality; teaching plan; the advanced, innovative and challenging standards of high - quality course

北京市大学英语应用能力口语测试项目效度研究

唐耀彩*

摘　要：北京市大学英语应用能力口语测试（TEP Oral）是首都高校着眼于培养对外交流人才而研发并实施的英语应用能力测试。TEP Oral自2012年6月首次实施以来，已有来自20所首都高校的3万名考生和300名考官参与其中。随着TEP Oral影响力的扩大，验证TEP Oral效度的研究工作变得越来越紧迫。本研究报告运用基于证据的效度研究方法较为全面系统地验证TEP Oral的效度。研究表明，TEP Oral在基于理论的效度、环境效度、评分效度、效标关联效度和后果效度五个层面都有较好的表现，因而是一项较为有效的英语口试。

关键词：TEP Oral；基于理论的效度；评分效度；后果效度

一　引言

北京是我国对外交流的中心城市，这对首都高校师生的英语教学与学习提出了更高的要求。2010年北京市教委提出，首都高校教师应培养大学生英语应用能力的设想，并制定了以英语应用能力测试为抓手的教育政策①。受北京市教委的委托，北京第二外国语学院承担了“大学

---

* 唐耀彩，北京第二外国语大学副教授，主要研究方向：语言测试、语用学、翻译理论与实践。

① 北京市教委“大学英语应用能力口语测试研究”项目组：《大学英语应用能力口语测试指南》，外语教学与研究出版社2015年版。

英语应用能力测试”项目①。“大学英语应用能力测试”项目组历时一年零九个月，研制了大学英语应用能力口语测试大纲②。口试大纲的成功研制使口试命题、考官培训和口试实施成为可能。大学英语应用能力口语测试（Test of English Proficiency Oral，简称 TEP Oral）自 2012 年 6 月首次正式实施以来，迄今已有 3 万名考生和 300 名考官，这些考生和考官来自北京第二外国语学院、北京联合大学、北京服装学院、首都医科大学等 20 所首都高校③。TEP Oral 的影响力正在形成。TEP Oral 成绩已成为首都高校授予双学位、辅修专业、评优评奖和出国交流学习的重要指标④。

随着影响力的扩大，TEP Oral 效度验证研究变得越来越迫切。效度是语言测试的核心，指考生的考试分数在多大程度上能够准确反映考生语言知识或技能水平。客观地讲，我国是英语测试大国，但英语测试效度研究并没有得到应有的重视。我的许多大规模考试都没有进行过认真的效度研究⑤。我国英语测试效度研究难得一见的原因包括实践层面和理论层面⑥。实践上，效度研究工程浩大，需要投入巨大的人力、物力和财力。理论上，语言测试界在相当长的一段时间里缺乏明确的理论框架来指导效度研究的实施。所幸，这种理论空白的局面得到了改善。

迄今为止，国内外学者从三个理论视角认识效度问题：分类观⑦⑧、

---

① 王守仁：《序言》，载于张喜华主编《大学英语应用能力口语测试研究》，外语教学与研究出版社 2016 年版。

② 唐耀彩：《大学英语应用能力口语测试大纲的研制》，载于王明利主编《语言问题研究》，现代教育出版社 2015 年版。

③ 张喜华等：《大学英语应用能力口语测试模式及教学改革研究成果总结》，2016 年 11 月。

④ 三位一体市属高校大学英语教育改革模式研究项目组：《三位一体市属高校大学英语教育改革模式研究报告》，2016 年 10 月。

⑤ 桂诗春：《序言》，载杨惠中、C. Weir《大学英语四、六级考试效度研究》，上海外语教育出版社 1998 年版。

⑥ 陈颖：《“让证据说话！”——〈语言测试与效度研究——基于证据的方法〉评介》，《外语界》2008 年第 2 期。

⑦ Lado，R. *Language Testing*. London：Longman，1961.

⑧ Heaton，J. *Writing English Language Tests*. London：Longman，1975.

整体观[①②]和论证观[③④]。将效度整体观进行深化、为论证观的出炉做好理论准备的是基于证据的效度验证方法。基于证据的效度验证方法较好地沟通了测试理论与测试实践，为测试的效度研究既提供了崭新的理论视角，也提供了科学的研究方法，“堪称语言测试效度理论的里程碑之作”[⑤]。Weir（2005）的效度验证框架把效验的证据归纳为基于理论的效度、环境效度、评分效度、效标关联效度和结果效度[⑥]。其中基于理论的效度和环境效度属于测试研发前就要考虑的效度证据，而测试实施后举证范围包括评分效度、效标关联效度和结果效度。本报告拟从上述五个层面搜集证据，验证 TEP Oral 的效度。

二　基于理论的效度

基于理论的效度指构念效度（construct validity）。构念是教育测量的核心概念，指教育测量的目标是学生应该掌握什么知识或技能。因而，从基于理论的效度层面验证 TEP Oral 的效度应回答以下问题：TEP Oral 的研发基于什么样的语言测试理论？TEP Oral 的测量目标是什么？TEP Oral 的题型和评分标准能否实现其测试目标？

语言测试理论的发展经历了前科学时期、心理测量—结构主义时期、心理语言学—社会语言学时期和交际法时期[⑦]。TEP Oral 采用先进的交际法语言测试理论。从交际法的角度看，掌握一门语言是指在一定的语境中

① Messick, S. Validity. In R. Linn (ed.). *Educational Measurement*. 3rd ed. Washington, DC: American Council on Education, 1989: 13-103.

② Bachman, L. F. *Fundamental Considerations in Language Testing*. Oxford: Oxford University Press, 1990.

③ Kane, M. Validation. In R. Brennan (ed.). *Educational Measurement*. 4th ed. Westport, CT: Greenwood Publishing, 2006: 17-64.

④ Bachman, L. F. & A. S. Palmer. *Language Assessment in Practice*. Oxford: Oxford University Press, 2010.

⑤ 李清华：《〈语言测试与效度验证——基于证据的研究方法〉述介》，《现代外语》2007 年第 2 期。

⑥ Weir, C. J. *Language Testing and Validation: An Evidence-based Approach*. New York: Palgrave Macmillan, 2005.

⑦ 杨惠中：《导读》载于 Alderson, J. C., C. Claphan & D. Wall. *Language Test Construction and Evaluation*. 外语教学与研究出版社 2000 年版，F11-13。

能够使用所学的语言进行有效的交际，交流思想感情，达到相互沟通的目的。从语言作为交际工具的角度看，进行有效的交际，仅仅掌握语言形式是不够的，因为语言交际过程涉及交际的目的、语境、彼此的角色地位等；同样的语言形式，不同的人在不同的场合以不同的方式讲出来，其含义可能完全不同。因此，语言交际过程实际上是一种解释过程，是交际双方的协同过程。既然如此，语言测试就必须在真实的语境中采用真实材料来进行，观察学生在真实语境中运用语言达到交际目的的能力并由此来判断学生的语言水平。

什么是交际语言能力呢？语言测试界提出过多个交际语言能力理论框架①②③。欧洲理事会（2001）的交际语言能力框架（communicative language competences）代表了语言测试界认识交际语言能力的最新、最权威水平。欧洲理事会（2001）认为交际语言能力与一般交际能力（general competences）既有关联又相对独立。交际语言能力由语言能力（linguistic competences）、社会语言能力（sociolinguistic competence）和语用能力（pragmatic competences）构成。其中语言能力包括词汇能力、语法能力、语义能力、语音能力、拼写能力和拼读能力，社会语言能力包括感知与产出表明社会关系的语言标记、礼貌规范、民间智慧、语域差异、方言与口音的能力。语用能力包括组织语篇和使用语言功能的能力。另外，欧洲理事会（2001）认为口语能力体现为表达的多样性、准确性、流利性、交互性和连贯性。

心中有了交际法语言测试理论和交际语言能力框架，研发人员结合我国大学英语教学的实际情况，设定了 TEP Oral 的测量目标。根据《大学英语课程教学要求》规定的一般要求、较高要求和更高要求，以及《大学英语教学指南》中的三级教学目标体系，TEP Oral 确定了三个等级的

① Canale, M. & M. Swain. Theoretical bases of communicative approaches to second language teaching testing. *Applied Linguistics*, 1980, 1 (1): 1-47.

② Bachman, L. F. *Fundamental Considerations in Language Testing*. Oxford: Oxford University Press, 1990.

③ Council of Europe. *The Common European Framework of Reference for Languages*. Cambridge: Cambridge University Press, 2001, 101-130.

测试目标[1]。初级 TEP Oral 检测的英语口语能力包括：能就日常话题用英语进行交谈，能经准备后就所熟悉的话题作简短发言，能就某一话题进行简单讨论。中级 TEP Oral 检测的英语口语能力包括：能较为流利地就一般性话题用英语进行交谈，能基本表达个人意见、情感、观点，能基本陈述事实、理由和描述事件。高级 TEP Oral 检测的英语口语能力包括：较为流利、准确地就一般性或专业性话题用英语进行交流或讨论，能简要概括有一定深度和长度的口头或书面材料并作出评价。

为了达到上述测量目标，研发人员为三个级别的 TEP Oral 设置了不同的题型与任务。考虑到考生进入口试状态需要一定的时间，研发人员为三个级别的 TEP Oral 设置了一个共同的题型与任务，即日常会话。初级 TEP Oral 的题型包括图片描述和话题陈述。图片描述题用于测量考生就某一话题进行简单讨论的能力，而话题陈述题则用于测量经准备后就所熟悉的话题作简短发言的能力。中级 TEP Oral 的题型包括内容复述和话题讨论。内容复述题用于测量考生陈述事实、理由和描述事件的能力，而话题讨论题则用于测量考生表达个人意见、情感、观点的能力。高级 TEP Oral 题型包括归纳与评价和论证。归纳与评价题用于测量考生概括有一定深度和长度的书面材料并作出评价的能力，而论证题则用于测量考生就一般性或专业性话题进行交流或讨论的能力。

设定了测量目标、设置了测试任务还不够，研发人员进一步研制了评分标准。TEP Oral 规定按五分制进行评分，评分维度包括交际效果、内容和组织、语音语调、语法和词汇。交际效果指说话的流畅性和得体性，内容和组织指完成交际任务的情况，语音语调指发音是否自然、准确，语法和词汇指句子结构的正确性与多样性、用词的恰当性与丰富性[2]。

综上所述，TEP Oral 运用了交际法测试理论，强调交际发生在特定的语境中，涉及特定的话题与语言功能。初级 TEP Oral 涉及的话题包括英语学习、娱乐活动、旅行方式等，中级 TEP Oral 涉及的话题包括教育与

---

① 北京市教委“大学英语应用能力口语测试研究”项目组：《大学英语应用能力口语测试指南》，外语教学与研究出版社 2015 年版。

② 大学英语应用能力测试研究项目组：《大学英语应用能力口语测试大纲》（内部使用版），2013 年 12 月版。

就业、饮食与健康、社交网络等，高级 TEP Oral 涉及的话题包括热点问题、伦理、政治等。初级 TEP Oral 考生应掌握的语言功能包括表达喜恶、进行简单的比较、描述简单事实等，中级 TEP Oral 考生应掌握的语言功能包括表达意图和目的、陈述事件如何进展、表达自己的观点等，高级 TEP Oral 考生应掌握的语言功能包括给出意见并指出优缺点、展开论证、坚持观点等。TEP Oral 测量的是交际语言能力，包括语言能力、社会语言能力和语用能力。TEP Oral 测量的是口语能力，包括表达的流利性、交互性、连贯性、多样性和准确性。总之，TEP Oral 在基于理论的效度层面表现出色。

三　环境效度

环境效度指测试任务在多大程度上代表了该任务取样的全域（universe）。环境效度类似传统的内容效度（content validity），但环境效度强调语言使用的社会性，因为基于证据的效度验证方法采取社会—认知的立场①。搜集语言测试环境效度的证据包括任务设置、任务要求、环境与测试实施三个方面。任务设置包括考试指令是否清晰、任务目的是否明确、考生是否知晓评分标准、时限是否合理等。任务要求包括语篇模式是否合适，交际渠道是否合适，文本篇幅是否合适，文本中的信息类型是否合适，话题内容是否合适，输入在词汇、句法和功能上是否合适，会话者变量（如语速、口音、熟悉程度、参与者人数、性别）控制是否合适等。环境与测试实施包括物理条件、施考的一致性、保密性等。

TEP Oral 在任务设置、任务要求和环境与测试实施三方面做得怎样呢？首先，任务设置。考试指令清晰，易于理解，考生和考官都清楚自己在口试的每个阶段要做什么。任务目的也十分明确，初级 TEP Oral 的图片描述任务要求考生“描述图面的内容并加以评论”，话题陈述任务要求考生“陈述所选话题”②。中级 TEP Oral 的内容复述任务要求考生“对所

① Weir, C. J., *Language Testing and Validation: An Evidence-based Approach*, New York: Palgrave Macmillan, 2005.

② 北京市教委“大学英语应用能力口语测试研究”项目组：《大学英语应用能力口语测试指南》，外语教学与研究出版社 2015 年版。

读内容进行复述”，话题讨论任务要求考生“就给定的话题或情景进行讨论”。高级 TEP Oral 的归纳与评价任务要求考生“就自己所阅读的素材归纳大意并针对其中话题或观点作出评价”，论证任务要求考生就一个有争议的论题进行讨论或辩论。考生考前知晓 TEP Oral 的评分标准包括交际效果、内容和组织、语音语调、语法和词汇。施考的大量实践表明，TEP Oral 的时限（含准备时间和说话时间）是合理的。

其次，任务要求。TEP Oral 是面试型英语口试①，要求考生说出英语，因而语篇模式和交际渠道是合适的。初级 TEP Oral 使用一幅图，图中的信息比较具体；中级 TEP Oral 使用一篇 150 字左右的文章，文中的信息介于具体与抽象之间；高级 TEP Oral 使用一篇 100 字左右的文章，文中的信息比较抽象。TEP Oral 使用的文本（含图片）的篇幅和信息类型都比较合适。此外，三个级别的 TEP Oral 使用的输入材料在话题内容、词汇、句法和功能上都是合适的。另外，TEP Oral 对会话者变量的控制也是合适的。TEP Oral 的会话者包括两名考生和一名考官，考官的语速适中，考生彼此是同学，两名考官至少有一名是考生不认识的。

第三，环境与测试实施。每一个 TEP Oral 考点都做到了创造适合考生进行口试的环境，提供了安静、通风良好、相对独立的考场。每个 TEP Oral 考点的考官（无论是新考官还是老考官）在每次考前都接受了培训，熟悉本项英语口试的操作规范，做到了施考的一致性。TEP Oral 也做好了考试的保密工作。每次考试使用的试题都由专人负责命题并对试题的保密性负责。除了命题人员要保密，TEP Oral 考点也采取措施防范考生将试题泄密，如考试过程中将待考考生与已考考生分流。

综上所述，TEP Oral 的任务设置、任务要求、环境与测试实施都合适，因而 TEP Oral 在环境效度层面也有不俗的表现。

四　评分效度

评分效度指试题或评分的稳定性，既包括试题的一致性也包括评分员

① 北京市教委“大学英语应用能力口语测试研究”项目组：《大学英语应用能力口语测试指南》，外语教学与研究出版社 2015 年版。

的一致性[①]。TEP Oral 每次施考通常使用多套试题。如何确保多套试题的一致性？首先，命题组由既有深厚的语言测试理论素养又有丰富的英语教学经验的专家组成。其次，命题组制定了 TEP Oral 命题细则，包括话题熟悉度的选择，文章的篇幅、信息类型、词汇、句法和功能的把握，如何提出问题等。第三，一套试题至少有两人审阅。审阅人提出意见，出题人根据审阅人的意见进行修改。第四，组建题库，开展试题一致性研究。

评分员一致性包括两名考官之间评分的一致性（也叫评分员间一致性），也包括同一名考官自己的一致性（评分员内一致性）。2012 年 6 月北京第二外国语学院对 811 名 2010 级本科生实施了中级 TEP Oral，统计结果显示主考评分和副考评分的相关系数为 0.45，显著性水平为 95%的概率[②]。2014 年 6 月北京第二外国语学院对 234 名 2013 级本科生实施了初级 TEP Oral，统计结果显示主考评分与副考评分的相关系数为 0.71，显著性水平为 99%的概率[③]。北京石油化工学院于 2013 年 6 月、2013 年 12 月、2014 年 6 月分别对 102 名、506 名、462 名本科生实施初级 TEP Oral，统计结果发现主考评分与副考评分的相关系数分别是 0.72、0.64 和 0.68，显著性水平均为 95%的概率[④]。2013 年 6 月北京工商大学嘉华学院对 40 名 2013 级本科生实施了初级 TEP Oral，对 70 名 2012 级本科生实施了中级 TEP Oral，统计结果显示初级 TEP Oral 主考评分与副考评分的相关系数为 0.86，中级 TEP Oral 主考评分与副考评分的相关系数为 0.88，显著性水平均为 95%的概率[⑤]。2014 年 11 月和 2015 年 5 月北京第二外国语学院中瑞酒店管理学院分别对 114 名本科生和 714 名本科生实施初级 TEP Oral，统计结果显示两次测试中主考评分与副考评分的相关系数分别

---

① Weir, C. J. *Language Testing and Validation: An Evidence-based Approach*. New York: Palgrave Macmillan, 2005.

② 刘贵珍、贡伟浩、冯蕾：《大学英语四级笔试成绩与英语口语能力的关系研究》，《安徽职业技术学院学报》2014 年第 4 期。

③ 马振涛：《大学英语口语应用能力测试（TEP）数据分析》，《语文学刊》（外语教育教学）2014 第 12 期。

④ 严姣兰、张巍然、于媛、常捷：《大学英语应用能力口语测试的研究与实践——以北京石油化工学院为例》，《教育理论与实践》2015 年第 15 期。

⑤ 陆同、赵娜：《独立学院大学英语应用能力口语测试项目模拟考试结果分析》，载于张喜华主编《大学英语应用能力口语测试研究》，外语教学与研究出版社 2016 年版，第 82—88 页。

为 0. 82 和 0. 78，显著性水平均为 95%的概率[①]。可见，初级 TEP Oral 的评分员间一致性达到了较高水平，而中级 TEP Oral 的评分员间一致性似乎不稳定，有时高有时低。

此外，董昆（2017）的研究发现，TEP Oral 使用整体和分项评分相结合的方式可以区分考生的不同能力水平[②]。同时，评分员的严厉度在两种评分模式下均呈现了显著性差异，但是评分员在使用分项评分时更加宽松。评分员在使用不同评分模式评分时显著相关。有关考生得分层面，考生在不同评分模式下的排名无明显差异。两种评分模式下的各个分数都得到了合理的使用。

综上所述，TEP Oral 在试题一致性和评分员一致性两个方面都达到了可以接受的水平，因而 TEP Oral 在评分效度层面的表现不错。

五　效标关联效度

效标关联效度指某项测试与其他测量相同构念已得到公认有效的测试的相关程度[③]。效标关联效度包括同期效度和预测效度。验证 TEP Oral 的同期效度可以从正反两方面搜集证据，即对比 TEP Oral 与其他口试和笔试的相关性。

首先，与其他口试的相关性。研究表明，与雅思口试相比，TEP Oral 具有以下几方面的优势[④]：（1）题型与测试任务更加多样化；（2）考官的作用更有利于考生发挥口语水平；（3）根据不同水平层次的考生有不同的测量方案。与三一口试相比，TEP Oral 具备以下几个特色[⑤]：（1）涉及的话题更丰富；（2）主考与副考配合工作，评分更客观；（3）给考生

---

① 魏力、宇浩力：《独立学院大学英语应用能力口语测试校本化实践研究》，载于张喜华主编《大学英语应用能力口语测试研究》，外语教学与研究出版社 2016 年版，第 102—109 页。

② 董昆：《口语测试评分流程的信度与效度分析》，硕士学位论文，北京第二外国语学院，2017 年。

③ Weir，C. J. *Language Testing and Validation：An Evidence-based Approach*. New York：Palgrave Macmillan，2005.

④ 张喜华：《大学英语应用能力口语测试模式研究》，《北京第二外国语学院学报》2014 年第 8 期。

⑤ 同上。

提供语言能力描述，便于师生改进教学与学习。

其次，与笔试的相关性。TEP Oral 与 CET4 的相关性如何呢？北京第二外国语学院 2010 级 811 名本科生 2011 年 12 月和 2012 年 6 月先后参加了 CET4 和 TEP Oral。研究表明①，这些学生 CET4 听力分数、阅读分数、写作分数和综合分数与 TEP Oral 分数的相关系数分别是 0.38、0.28、0.28 和 0.21。可见 CET4 和 TEP Oral 的相关性非常低。换句话说，CET4 不能反映或预测大学生的英语口语能力。由于北京第二外国语学院的非英语专业本科生既参加 CET4 也参加 TEM4，这为探究 TEM4 与 TEP Oral 的相关性提供了可能性。TEM4 与 TEP Oral 的相关性如何呢？对 686 名北京第二外国语学院非英语专业本科生的 TEM4 分数与 TEP Oral 分数进行分析表明②，二者的相关系数仅为 0.29。可见 TEM4 和 TEP Oral 的相关性非常低。换句话说，TEM4 不能反映或预测大学生的英语口语能力。

综上所述，TEP Oral 与公认的英语口试相比具有自身的优势，而相关笔试无法有效测量大学生的英语口语能力，因而 TEP Oral 在效标关联效度层面的表现不错。

六 结果效度

结果效度指测试对利益相关方产生了什么样的影响③。测试对教学的影响通常称为反拨作用。搜集结果效度证据，需要回答的问题包括：TEP Oral 对大学英语教学的哪些方面带来了影响？这些影响是正面的还是负面的？

首先，TEP Oral 对大学英语教师产生了正面的反拨作用。北京第二外国语学院从 2012 年 6 月起施行 TEP Oral。2014 年 3 月对北京第二外国语学院 22 名大学英语教师的问卷调查发现④，TEP Oral 对大学英语教师的

---

① 刘贵珍、贡伟浩、冯蕾：《大学英语四级笔试成绩与英语口语能力的关系研究》，《安徽职业技术学院学报》2014 年第 4 期。

② 刘苏力：《基于数据库的大学英语笔试成绩与口语应用能力关系研究》，载于张喜华主编《大学英语应用能力口语测试研究》，外语教学与研究出版社 2016 年版，第 13—21 页。

③ Weir, C. J. *Language Testing and Validation: An Evidence-based Approach*. New York: Palgrave Macmillan, 2005.

④ 周蔚洁、董莉芳、韩芳、王卫红：《大学英语应用能力测试 TEP（Oral）对大学英语教学和学习的"反拨效应"研究》，《海外英语》2015 年第 1 期。

认识、教学内容与教学方法三方面都起到了积极的促进作用。贡伟浩认为TEP Oral在以下几个方面可以促进英语口语教学[①]：(1) 打开学生说英语的思路；(2) 丰富课堂组织形式；(3) 有助于培养跨文化交际意识；(4) 丰富测评手段。2013年11月北京联合大学商务学院对111名2013级本科生实施了初级TEP Oral，此次测试成绩促使教师转变自己的角色、转变教学方法、开展第二课堂活动，促使学生转变角色、转变学习方法[②]。TEP Oral在北京石油化工学院实施以来，对该校的大学英语教学产生了以下影响[③]：(1) 促进了教学方式的转变；(2) 促成了课程设置的完善。

其次，TEP Oral也对大学英语学习者产生了正面的反拨作用。对北京联合大学商务学院2013级110名本科生在一学年英语口语教学前后分别实施初级TEP Oral，测试成绩的对比显示这些学生在交际效果、内容和组织、词汇和语法三方面都进步明显[④]。北京城市学院先后为1261名2012级和2013级非英语专业本科生开设了外教授课的《英语口语》[⑤]，TEP Oral成绩占学生总评成绩的20%。每个学期的期中和期末分别施考初级TEP Oral一次，两次成绩的对比让学生看到自己英语口语水平取得了实实在在的进步，每份成绩单中的语言描述让学生看到自己英语口语的特征。上述测试的过程与结果发现了学生英语口语表达方面存在以下问题[⑥]：(1) 语音不标准；(2) 语言不完整，表达不地道；(3) 内容缺乏主旨和思想；(4) 心理有障碍。北京联合大学实施TEP Oral后也发现了考生存

---

① 贡伟浩：《大学英语应用能力测试（TEP）对大学英语口语教学的启示》，《读书文摘》2015年第2期。

② 张玉洁：《大学英语应用能力口语测试对本科口语教学带来的改革措施及实施过程》，载于张喜华主编《大学英语应用能力口语测试研究》，外语教学与研究出版社2016年版，第152—157页。

③ 张晓雁：《大学英语应用能力口语测试（TEP）对教学的反拨作用》，《教育教学论坛》2016年第31期。

④ 张燕芳：《北京联合大学商务学院TEP数据分析》，《课程教育研究》2016年第11期。

⑤ 陈秀明：《改革大学英语口语课程模式 提高学生英语口语水平——北京城市学院非英语专业外教英语口语课程教学改革报告》，《教育现代化》2016年第19期。

⑥ 袁春梅、王爱东：《从大学英语应用能力口语测试中寻找提高学生口语表达的教法》，载于张喜华主编《大学英语应用能力口语测试研究》，外语教学与研究出版社2016年版，第126—131页。

在的主要问题[①]：（1）发音令人费解；（2）语法错误较为普遍；（3）词汇匮乏；（4）内容言之无物；（5）缺少合作意识；（6）不懂交际策略；（7）心理素质不好。上述问题的发现为各校教师采取有针对性的解决措施提供了着力点。

综上所述，TEP Oral 对首都高校的大学英语教师和学习者都产生了正面的反拨作用。

七 结语

本研究报告运用了基于证据的效度验证方法，从基于理论的效度、环境效度、评分效度、效标关联效度和后果效度五个层面搜集证据验证 TEP Oral 的效度表现。研究表明，TEP Oral 在上述层面都有较好的表现，因而 TEP Oral 的效度达到了较高水平。鉴于 TEP Oral 的研发和实施都是由首都高校一线的大学英语教师完成的，TEP Oral 的效度水平令人敬佩。

效度验证工作永远没有止境。一方面，本研究报告业已讨论的 TEP Oral 效度的若干层面需要在今后的测试工作中进一步验证。另一方面，本研究报告尚未讨论的 TEP Oral 效度的诸层面需要开展验证工作，包括试题一致性的量化研究、评分员内一致性的研究、同期效标关联效度的量化研究、预测效标关联效度研究等。

On the Validity of TEP Oral in Beijing

Tang Yaocai

Abstract: TEP Oral is a test of English competence of undergraduates developed and implemented by Beijing-based colleges and universities aiming at training foreign exchange talents. Since it was first administered in June

① 薛瑶：《大学英语应用能力口语测试中的常见问题及教学策略》，载于张喜华主编《大学英语应用能力口语测试研究》，外语教学与研究出版社 2016 年版，第 145—151 页。

2012, now it boasts 30000 test takers and 300 examiners. With its increasing impact, it becomes more and more urgent to verify the validity of TEP Oral. This study takes evidence-based approach to verify the validity of TEP Oral comprehensively and systematically. Findings indicate that TEP Oral performs well in construct validity, contextual validity, rater validity, criterion-related validity and impact validity, so it is an effective oral English test.

Key words: TEP Oral, construct validity, rater validity, impact validity

传媒专业本科毕业论文（设计）改革中的教师适应性研究*

刘丽华**

摘　要：我国传媒专业教育改革深入发展，诸多院校引入毕业设计改变了用学术论文考量传媒人才培养质量的唯一形式，以期培养出适应智媒时代的多元化发展的应用型传媒人才。但是这一过程中暴露出教师数量不足、教学创新力不够、专业知识更新滞后等师资问题，严重阻碍了改革的推进。师资建设必须与毕业论文（设计）改革同时并举，从长效培训机制建构、引人用人制度、青年教师培训、教学评价等方面着手改革。

关键词：毕业论文；毕业设计；传媒专业；师资问题

网络的发展带来传媒行业的巨变，随之而来对高校人才培养也提出了新的要求。传媒专业本科毕业生主要涌向广播电视、网络新媒体、文化娱乐等传媒领域，从事新闻信息的生产传播、影视节目的制作发行、公共关系的宣传建构等工作，此类专业表现出突出的应用型特征。为此，我国传媒专业高等教育从不同的角度展开适应时代发展的教育改革，以期培养出适应智媒时代的多元化发展的应用型传媒人才。人文学科长久以来都是以毕业论文来终结学生四年所学，尤其是检验初步的学术研究能力的唯一方式，但是对于应用型人才多元化能力的检验，显然在论文写作这里出现了纰漏。于是，引入毕业设计、推进毕业论文改革正在成为许多高校新闻传播、戏剧影视等传媒专业的新举措。看似只是作品和论文的形式差异，却因毕业论文环节在人才培养过程中的重要引导性而激活带动了教育环节的

* 基金项目：陕西高等教育教学改革研究项目“应用型新闻传媒人才本科毕业论文（设计）改革探索与实践”（项目编号：17BY063）。

** 刘丽华：西北政法大学新闻传播学院，副教授，主要研究方向：文化传播、影视文学。

方方面面，正所谓“牵一发而动全身”。毕业论文（设计）改革对于师资建设形成了明显的“倒逼机制”。

一 毕设改革触发系列新问题

毕业论文（设计）处于大学本科人才培养计划的最后一个环节，具有检验人才培养结果的实际效用和意义。所以用什么样的方式来检验人才培养质量，其选择的源动力往往在培养目标上。虽然具体专业的不同对于培养目标都有较为明确的规定，但是从传媒专业总体的培养目标共性上来看，培养应用型人才是一致的。尤其是今天传媒行业融合发展趋势日渐明显，传媒人才不仅要有扎实的理论基础，更要有够硬的实践能力，灵活运用网络媒体技术，做传媒业的卓越精英。正像《关于提高高校新闻传播人才培养能力实施卓越新闻传播人才教育培养计划 2.0 的意见》中所说“要求面向媒介融合的行业发展需求，培养造就适应媒体深度融合和行业创新发展，能够讲好中国故事、传播中国声音的优秀新闻传播后备人才”。[①] 应用型人才学习知识的目的在于将知识直接应用于社会实践，因此，实践能力是应用型人才最本质的特征。

根据传媒专业培养目标的特点，往往毕业论文（设计）改革都不会独立进行，课程设置、实习实践方面的改革会同时进行或先行，充分显示出人才培养环节的贯通性和整体性。在联动效应的作用下，毕业设计在传媒专业的实施将引起一系列明显的问题。

问题一：引入毕业设计必然要求教师授课内容的相应变化。引入毕业设计，就要赋予学生做毕业设计的本领。在传媒专业中引入毕业设计的高校，往往允许学生在作品和论文形式之间进行选择，给学生留出了较为自由的选择空间，反映出人才培养过程中学生个体发展兴趣方面的差异性。这种选择现象是较为科学的也是切合实际的。根据具体专业的不同，传媒专业的毕设形式其实差异是很大的，比如新闻类的毕设可能是深度报道，影视类的毕设可能会是纪录片。但是无论哪种形式，一定是在课程设置或者实践实训过程中有过教授和实践的，所以从毕业论文单一考核方式转变

① 《关于提高高校新闻传播人才培养能力实施卓越新闻传播人才教育培养计划 2.0 的意见》，2018 年 9 月 17 日由教育部、中宣部发布。

为增加毕业设计，意味着不是教学内容的减少而是教学内容的增加。尤其是传媒专业对于技术运用要求较高，而技术的进步日新月异，这就要求高校教育要主动有意识地培养学生掌握先进技术、运用先进技术，不断更新教学内容、增加实训课时。《普通高等学校本科专业类教学质量国家标准（2018 版）》中，新闻传播类课程设置中增加了大量新媒体应用方面的课程，这一标准指导着全国各类新闻学院进行人才培养计划修订工作。课程设置的变化意味着教师授课内容的变化。

问题二：毕业设计的引入必将要求教师更加重视学生创新意识与能力的培养。引入毕业设计，更要强化创新意识。随着教学内容的更新，实践课时增多，教学方式方法也必然跟着变化。创新意识的强化不是一蹴而就的，更需要潜移默化，渗透在课堂教学和一系列的校园内外实践活动中。对于传媒专业的学生而言，毕业论文选题永远都害怕陈旧，关注新的传媒现象、产业变化。而毕业设计的选题往往花费的精力更大，节目要创新、剧本要创新、表现形式更要创新……所以本科学习过程中传媒专业的学生需要更广阔的实践平台，校园活动、校外实践、媒体实操等都不是简单地参与其中，而是沉浸式学习的过程，实践过程中离不开分析问题、组织合作、试错纠错等，这里所说的实践平台是包含教师引导机制的。离开日常的创作实践，毕业设计也将成为空中楼阁，流于形式。

问题三：毕业设计的引入必将要求教师对毕业设计过程给予更细致周到的指导。引入毕业设计，管控过程胜过考量结果。虽然毕业设计在传媒专业中的实施时间不久，但是因为其将学生的实践能力考核放在首位，所以往往能够给学生带来很强的收获感和满足感。在毕业设计实施比较好的深圳大学，每年的毕业答辩暨毕业作品展演几乎是学校的盛会，学生的毕业作品受到全校师生的关注。西北政法大学新闻学院虽然刚刚开始试行毕业设计，已然在连续两年的毕业设计中呈现出较为优秀的纪录片作品，并得到了专家好评。好的成绩必然会给学生以鼓励，许多人会误认为做毕业设计较写论文更为容易，如果只是关注毕设结果，会在实施过程中出现抄袭、代做等不端行为。所以毕业设计实施中，管控过程非常重要，从选题、策划、拍摄、剪辑、字幕等环节着手，进行严格有效指导，不仅是监督，更要从专业角度、美学角度、社会角度等方面及时给予意见，其花费的时间和精力甚至是远超论文指导工作的，那么指导教师的重要性就尤为突出了。

不难发现，实施毕业论文（设计）改革必然要求一系列人才培养环节联动起来，而联动的结果最终落实在教师这一关键环节，所以传媒专业毕业论文（设计）改革势必对于师资建设形成“倒逼机制”。

二 “变”与“不变”的冲突呈现

传媒专业实施毕业论文（设计）改革，与课程设置、教学方法、实践平台等一系列教育教学改革并举，才能使传媒人才培养面向社会发展的新现实，有针对地构建学生素养、知识、能力等的组成结构。在形式上打破旧制容易，但是更有效地实施应用人才培养模式，达到人才培养目标并非易事。稳定的教师队伍始终是人才培养的必要保证，而“稳定”从某种程度上又表现为现象的“不变”，在面临毕设改革带来的总体变化的同时，师资的“不变”必然表现出不适，呈现阻碍力量。

“不变”在数量方面表现为师资不足。师资不足问题是传媒教育进行改革的非常突出的问题，也是目前毕业设计开展过程中面临的重要难题。随着与应用能力相匹配的课程增加，课程内容更加多元化和复合化，教师不仅需要重新备课，更需要及时了解掌握行业动态和跨专业知识，才可能紧跟传媒业发展态势，进行言传身教。而在论文（设计）改革的驱动力下，尤其对于教师实践经验的需求大大增加。优秀的作品，无论是新闻消息还是影视节目，都需要有思想和灵魂，在实践课程的教授和实习活动的指导中，教师要对学生进行从技能到思想的指导。无疑毕业设计的增加从学生的角度来看有了更多的选择，但是从师资数量的角度上来看，其缺口是巨大的。而与此同时，高校的师资引进并不容易，存在着学历、地域、编制等限制。很多高校，尤其是地处西北地区的高校，其传媒专业的教师往往身兼数职，从理论课到实践课再到毕设指导，工作令教师身心疲惫。这些都不利于开展更丰富的教学活动，成为阻碍毕业设计在本专业中实施的不利因素。

“不变”在教学方法方面表现为师资技能僵化。教师工作随着年限的增加，自然会积累丰富的教学经验，更了解学生的需求和心理状态，对于教学是有帮助的。但是在新媒体发展变迁的当代，传媒专业的教学却不能靠教师经验的时间长短来衡量教学的优劣。技术进步、设备更新与学生信息源扩大等变化其实都给教师提出了更高的挑战，处在教学前线的教师已经不能以单一的、固有的教学方法来教书育人了。在全国高校推广的慕课、翻转课堂等都是教学方法的变革，几乎所有的专业教师都面临着运用新方法、吸纳新思维的转型要求。而传媒专业毕业论文（设计）改革是对本科毕业生从知识到能力全面的考核检验，是对学校人才培养质量的终极考量，更直接地将教学、指导方法的变革推到了教师的面前。比如新课程需要新的教学方法；毕设指导不同于论文指导；实践活动中可能出现各种突发状况等，教师坚持旧有的方法显然不能将学生培养为合格的传媒专业毕业生，虽然毕业设计离不开对于设备机器的应用，但是合格的毕业生并不只是会用机器就能做出好的作品，僵化的教学方法最终是禁不住考验的。

“不变”在知识更新方面表现为师资退化。教师是一个需要终生学习的职业，传媒专业一旦实施毕业设计，教师与学生的联系会更加紧密，从选题到过程指导，要求教师能够不断地传递给学生行业新变化，帮助学生分析社会新问题，开拓学生创新思维。日常教学中，学生更渴望与教师分享实践活动的成功经验与失败教训，获得教师更丰富的实践指导，在这个过程中教师会明显感受到知识储备的不足和经验的陈旧，所以教师需要不断地加强专业学习、补充专业技能。大部分教师是意识到这个问题的严重性的，但是现实往往是因为时间、制度的不允许，教师自我提升完善不足，表现出知识更新缓慢的不利状况，教师出现对实施毕业设计的畏难情绪。

师资是推进毕业论文（设计）改革的基础性和重要保障要素。传媒专业的毕业论文（设计）改革暴露出师资队伍存在的问题，对师资队伍建设提出更紧迫的要求。二者之间形成了相互制约的局面，教师数量不足、创新力不够、学习机会少、受制于陈旧管理制度等都可能让毕业论文（设计）的改革最终流于简单的形式变化。因此师资的稳定是动态的稳定，师资队伍必须在师资数量、教学能力与专业知识等的变革中获得不断的成长。

三　师资问题的解决对策

基于以上问题的分析，在推进毕业论文（设计）改革的过程中进行师资建设是必要的，针对具体呈现的师资问题需要进行有效的对策应对。

第一，有必要建立长效的教师培训学习机制。

习总书记说过："要坚持教育者先受教育，让教师更好担当起学生健康成长指导者和引路人的责任。"① 教师的再学习是多方面的，在不断的学习中才能不断发现自己的缺点和不足，才能适应自己的职业，保持进步的状态。对于大部分教师而言，本身具备着学习的能力，学校院部要能够从制度上为教师提供更多学习的机会。

首先需要加强师德培训。任何改革都会有困难，教师是改革的主导者不是改革的被迫者，所以需要调动教师的工作热情和职业荣誉感，才能将传媒专业的毕业论文（设计）改革全面落实。紧跟时代要求，对教师进行师德师风的教育就是"要引导教师把教书育人和自我修养结合起来，做到以德立身、以德立学、以德施教"。②

其次可以进行分类培训。古训讲"因材施教"，对于教师亦是如此。每个教师都存在个体差异。可以根据教师个体情况，制定政策进行分类指导、分类培训，诸如教学新方法的培训、专业技能培训、学科前沿发展培训。培训的方式也应该多样化，如讲座、比赛、论坛等。

再次可以进行挂职或进修学习。因为近几年与传媒专业相关的学科发展变化都非常巨大，教师队伍因为年龄层次的不同，可以选择适合的学习路径。比如鼓励 45 岁以下教师可以进行进修学习；鼓励中青年教师到媒体实务部门挂职，以便迅速改变师资不足（尤其是实践教师不足）的问题。

第二，灵活人才引进和应用机制。

引进人才是高校师资建设常年的工作任务，正如我们所知道的，高校人才引进机制相对保守，并不能迅速缓解推行毕业论文（设计）改革带来的师资紧缺问题。于是在常规引进人才的同时，可以配合柔性引进，跨校、跨专业聘请学者专家，作为毕业设计的指导教师。

加强校际之间教师交流，通过会议、讲座、实践活动等方式拓宽教师的学术视野和交流教师的实践经验。

---

① 《习近平在北京大学师生座谈会上的讲话》，人民网，2018 年 5 月 2 日，http://cpc.people.com.cn/BIG5/n1/2018/0503/c64094-29961631.html。

② 同上。

传媒专业的高等教育不能脱离行业发展，虽然行业专家、记者、编导等不能成为在编正式教师，但是他们的实务经验非常宝贵，可以搭建交流平台，使其成为源源不断的师资补充。将鲜活的案例、行业的动态第一时间带到学生的面前，这是在校教师做不到的。

另外应当充分有效地激活校内师资。校内师资除了活跃在讲台上的授课教师，还有辅导员、实验教师等，可以组织引导学生开展各类活动或指导进行拍摄制作节目，都是实践师资的有力补充和后备力量。

第三，重视青年教师培养。

充分发挥青年教师学习能力强、与学生融合度高的优势，为青年教师提供更多指导学生进行实践活动的机会，在实践指导中建立专业自信。例如发挥青年教师对学生读书会、看片会、专业比赛、校园媒体、工作坊等活动中的主导作用。

鼓励青年教师带队组织学生进行创新创业大赛，以及申报教改与科研项目，并参加各类教学比赛，在微课、慕课中快速成长。

搭建老中青教师交流平台，取长补短，形成有凝聚力的教师团队。教师的彼此了解有利于在毕业论文和毕业设计的指导中打破选题局限，发挥专业和技能特长。

第四，规范教学评价体系。

实施毕业论文（设计）改革事实上是增大了教师的工作任务和难度，对于教师的教学、指导工作应给予公正客观的评价，从制度上看建立规范的教学评价体系有利于教师专业技术职务的评聘和绩效考核，从长远看也能帮助教师正确认知自己的价值，同时评价压力的存在可以转换为前进的动力，是教师良性发展的必要措施。

结论

传媒专业本科毕业论文（设计）改革是时代发展对于高等教育提出的新要求，在进行改革的过程中会出现各种冲突和矛盾。教师在人才培养中发挥的重要作用不能替代，在毕业论文（设计）改革中必然会触发最迫切需要解决的师资问题，虽然它们并不是师资建设中的全部问题，但是却能够影响改革的进度和深度。在新时代全国高等学校本科教育工作会议上，针对高校教师提出了“回归本分”①，明确了教书育人是教师的天职所在。那么明确毕业设计中师资队伍建设的问题所在，针对性地建设满足新的毕业考核方式对师资队伍建设的要求，才能切实为传媒专业人才培养质量的提高提供坚实的保障。

Research on Teacher Adaptability in the Reform of Graduation Thesis (Design) of Media Major and the Countermeasures

Liu Lihua

Abstract: With the development of media education reform in China, many colleges and universities have introduced graduation projects which have changed the only way to evaluate the quality of media personnel training with academic papers, in order to train practical media personnel that can adapt to the diversified development in the era of intelligent media. However, some problems such as the shortage of teachers, the lack of teaching innovation and insufficient improvement of professional knowledge are exposed during the reform, which seriously hinder the reform process. The building of teaching staff team should be carried out simultaneously with the reform of graduation thesis (design), and it should be started from the building of a long-term training mechanism, the employment system, the training of young teachers, teaching evaluation and other aspects.

Keywords: graduation thesis, graduation project, media majors, development of teachers

---

① 教育部党组书记、部长陈宝生：《坚持以本为本　推进四个回归　建设中国特色、世界水平的一流本科教育》，在新时代全国高等学校本科教育工作会议上的讲话，2018 年 6 月 21 日。

大学生“市场调查与分析能力”培养现状调查研究*

——基于123所大学的调查数据分析

赵杭莉　焦莉娜　张　欢**

摘　要：“市场调查与分析能力”是市场化就业的大学生必备的核心能力之一。研究在对高校大学生与具有本科学历的社会就职人员两类对象517份问卷调研的基础上，分析了我国对大学生此应用能力的培养现状。结果表明当前我国高校在“市场调查与分析能力”培养方面供需不均衡；多数高校缺乏系统的培养方案与完善的实践培养环节，难以满足市场的需求。研究认为：各高校应该以成果为导向，制定系统的培养方案，以学生为中心、持续改进教学过程，将理论教学与实践培养有机地衔接，发挥各环节不同的培养作用，切实提升大学生“市场调查与分析”等应用能力。

关键词：大学生；市场调查与分析能力；供需分析；培养环节

党的十九大提出要“全面提高人才培养能力，加快形成高水平人才培养体系”，大学生是高素质专门人才培养的最大群体，本科教育是提高高等教育质量的最重要基础。① 市场化就业的大学生未来所从事的绝大多数工作与市场有着千丝万缕的联系，而“市场调查与分析”是人们进行各种市场决策的前提与依据。因此，“市场调查与分析能力”成为大学生必备的核心能力之一。依据成果导向教育（Outcome based education，简

---

* 基金项目：西北政法大学教学改革项目“依托课堂、项目、比赛提升商科学生‘市场调查与分析’能力的探索与实践”（项目编号：XJY201805）。

** 赵杭莉，西北政法大学商学院副教授，资源冲突与利用研究所所长，经济学博士，主要研究方向：资源管理与制度创新、高等教育管理。焦莉娜，西北政法大学财务审计与风险管理专业2018级研究生；张欢，西北政法大学财务审计与风险管理专业2019级研究生。

① 《教育部关于加快建设高水平本科教育 全面提高人才培养能力的意见》，中华人民共和国教育部政府门户网站，http：//www. moe. gov. cn/2018. 10. 17。

称 OBE）理念，在大学教育阶段，应该主动以市场需求为导向来设置课程培养目标、教学内容与课程体系等人才培养方案，以培养出市场需要的具备相关核心职业能力的人才。①

当前，我国多数高校在培养学生的过程中，多多少少都存在着对“市场调查与分析”能力认知不清、界定模糊、培养环节不足甚至缺失的现象，导致培养的多数毕业生在此应用能力方面存在不同程度的缺失。因此，科学地界定“市场调查与分析能力”，抽取一定的样本量调查各高校“市场调查与分析能力”培养的具体现状，市场对此应用能力的需求状况，对高校清晰地建立系统的市场调查与分析能力培养方案，提升学生的市场调查与分析等应用能力具有重要的参考意义。

一 市场调查与分析能力内涵与价值

（一）“市场调查与分析能力”内涵的界定

市场调查中的“调”是计算、度量的意思；而“查”是寻检、查究、查核、考察之意，市场调查与分析（Market Research），是指按照市场研究的任务，采用科学的方法，有计划、有组织地向调查单位收集、记录、整理有关市场信息和统计资料的工作过程，目的是通过对一系列资料、情报、信息的判断、收集、筛选、解释、传递、分类和分析，来了解现有的和潜在的市场，并以此为依据做出经营决策②，广义上包括调查研究能力与综合分析能力。

学界从不同的视角进行了具体的界定。金敏（2014）在研究中将这一能力界定为明确调查目的、方案设计、方案实施、结果分析、报告撰写五种能力，并将这五种能力细分为探索性调查等 18 种能力，运用 ANP 方法测算了各种能力对市场调查与分析的重要性。傅玮韡（2018）认为“市场调查与分析能力”指从确定调查问题，资料的收集整理和分析，到完成调查报告全过程中的各种相关能力，并提出从课堂、校企合作、参与

① 申天恩、斯蒂文·洛克：《论成果导向的教育理念》，《高校教育管理》2016 年第 5 期。

② 冯利英、额尔敦、陶克涛、巩红禹编著：《市场调查理论、分析方法与实践案例》，经济管理出版社 2017 年版，第 3—4 页。

全国大学生市场调查大赛和科研项目四个方面提升学生这方面的能力。李硕（2014）认为这种能力包括文献回顾、实地参与观察、问卷调查、报告撰写等四方面能力，并提出高校内部各主体应协同培养学生的这一能力。

由于研究对象具体载体及视角的不同，学者们的观点各有千秋，但基本都认同两点，“市场调查与分析能力”是市场化就业大学生必备的核心能力之一，对大学生综合素质的培养至关重要；高校对这种能力的培养无外乎理论教学和实践训练两个环节，区别在于对不同的对象具体应该采用哪些环节来培养。研究在借鉴前人成果的基础上从市场调查行为所涉及的活动节点出发，认为市场调查与分析能力具体包括调查方案、问卷和抽样的设计能力；掌握基本的调查方法；会进行数据处理与分析；能够撰写调查分析报告四方面能力。这种能力是现代大学生适应市场化相关工作的基础核心能力，通过市场调查活动也能锻炼大学生自身的领导能力、团队合作能力和沟通能力。

（二）“市场调查与分析能力”在大学生素质培养中的价值

大学生是未来国家社会、经济及文化建设的主力军，大学生的综合素质表现在思想、文化、专业与身体四个方面。当前我国大学生的价值取向呈现多元化，多数为独生子女，导致部分学生缺乏社会责任感，没有远大的理想与抱负，社会奉献精神不足，政治认识模糊，正确社会交往能力不足，因此有必要在大学阶段有针对性地提升弥补这些素质方面的不足。

在“市场调查与分析能力”培养的过程中，能够让学生在教师的指导下正确地认识社会与市场运行的规律，对社会与人生有一个正确的认识与观念。大学生正确的政治观、人生观、价值观与道德观的形成，离不开纷繁的社会生活，社会阅历不仅是一个人思想成熟的基础，而且是对一个人既有思想认识的检验与修正，通过市场调查活动可以丰富大学生的社会阅历，增强对社会的认识，促进思想的成熟。①

大学生的专业素质包括专业知识与知识的应用两方面，专业知识一方面源于书本，另一方面源于社会生活，而知识的应用源于社会需求。在对“市场调查与分析能力”培养的过程中，大学生可以利用社会调查活动检

① 周运清：《社会调查与大学生素质培养》，《中国高等教育》2000年第9期。

验、丰富自己的专业知识，运用自身的专业知识解决社会问题。调查活动也是协作、组织、规划、创新等各种能力综合运用的过程，需要与各种组织、与人员打交道，因此，有利于大学生提升自身的实践能力与正确社会交往能力。当然，市场调查活动对大学生文化与身体等自身素质修养的提升也是多多益善。图1代表性地表明了市场调查活动在大学生综合素质培养中的价值。

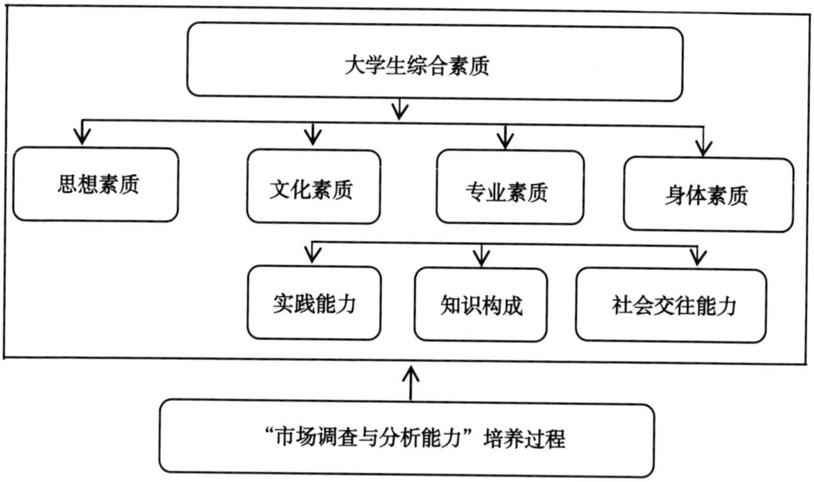

图1 “市场调查与分析能力”培养过程在大学生素质培养中价值示例

从总体上把握我国高校在“市场调查与分析”能力培养方面的宏观现状，培养的具体环节，社会对这一能力的需求度与高校培养的能力度之间的缝隙层对客观的分析问题，提升大学生“市场调查与分析能力”的总体水平至关重要。研究“以市场需求为导向，以市场调查与分析能力培养为主线”①，征集某高校在校大学生作为调查志愿者，随机以全国123所大学的371名大学生及146名具有本科学历工作三年以上的社会就业人士②为抽样对象，运用访谈、网络调查以及实际考察等市场调查的方法，对中国大学生“市场调查与分析能力培养现状”进行了调查与研究，以

① “以市场需求为导向，以市场调查与分析能力为主线”。一方面指研究的导向与主线，另一方面也阐明了研究的出发点与立足点：供需方诉求的均衡。其中供给方主要以高校为研究对象，需求方主要考虑市场需求，包括社会单位、在校大学生与毕业三年以内的大学生。

② 371名大学生包括254名在校大学生与117名已毕业三年内的大学生，其专业均与市场化就业相关；社会就业人士为岗位与市场化相关的人员。

期为高校系统制定这一能力培养方案提供依据。

二 大学生“市场调查与分析能力”培养现状分析

（一）调查设计

按照“以学生为中心、产出导向与持续改进”三大原则以及成果导向教育（OBE）中“以学生为中心，以能力产出为导向，依据教学成果持续改进修正教学过程”的理念，[①②] 研究进行变量的选择及问卷的设计。“市场调查与分析能力”的相关方包括供给方高校、需求方市场上社会组织以及该能力载体大学生，因此，变量设计源于三方该能力“衔接”的相关变量，包括四个方面：（1）被调查者基本信息（身份的确认）；（2）被培养者（大学生）对市场调查与分析能力的“认识”，一是对这种能力的认知（认知度），二是对自身具备的该能力水平的评价（能力度）；（3）社会组织对这种能力的需要程度，包括认可程度（认可度）与需求程度（需求度）；（4）大学生对高校培养该能力水平的评价，分别从课堂教学（课堂培养度）与实践环节（实践培养度）两方面进行。其中涉及的变量如表 1 所示。

表 1　　变量设置说明[③]

序号	变 量	评价内容
1	基本信息	被调查者基本信息
2	认知度	被调查者对此应用能力认识程度
3	能力度	被调查者此应用能力具备的程度
4	需求度	被调查者对此应用能力需求程度
5	认可度	被调查者对此应用能力认可程度

① Spady，W. D：《基于产出的教育模式：争议与答案》，美国阿灵顿：美国高校管理协会，1994（1）：1-18。

② 王卉、周序：《虚无的对立与事实上的统一——论“教师中心”与“学生中心”的关系》，《现代大学教育》2019 年第 3 期。

③ 对该指标的确定主要是通过访谈以及文献分析法进行。

续表

序号	变 量	评价内容
6	课堂培养度	被调查者对此应用能力课堂培养程度的认识
7	实践培养度	被调查者对此应用能力实践培养程度的认识

研究考察的对象为各高校的大学生及不同性质单位供职三年以上的本科毕业人员，调查人员为某大学在校大学生与教师，相关方均熟悉网络的使用。因此调查选用的主要方法为网络调查法，并以访谈法作为辅助方法，利用经过培训的调查者的熟人关系随机抽样在全国选取调查对象，调查时间段为 2019 年 2 月至 2019 年 5 月四个月，回收有效问卷 517 份，回收率 93%，后期经过抽取 10%问卷的复查，基本与前期所得的结论一致，因此可以认定本次调查过程严格，所获得的调查资料的质量有保障，可以作为研究的依据。访谈 107 人次，包括高校的大学生、教师、管理人员、已毕业三年内大学生及具有本科学历供职三年以上的社会就业人员。

（二）调查结果分析

1. 大学生“能力度”“认知度”与社会“认可度”“需求度”分析

参与调查的有效样本包括 371 名大学生，其中理工类院校学生 92 人，文科类院校学生 109 人，综合类院校 170 人；样本中大三的学生占到 56. 33%。社会在职人士 146 人，其中国有企业职工 44 人，民营企业就职的 41 人，私人企业就职的 38 人，政府部门就职的 11 人，事业单位就职的 12 人。

大学生认知度方面的调研结果说明高校大学生对市场调查活动的认知程度并不高。全国高校学生的调研中，竟然有 67. 39%的大学生在校期间没有参与过“调查”活动。参与过该活动的学生中，进行过问卷发放、数据分析与报告撰写的人数占总人数的 43. 8%，其中参与数据分析的人最少，仅为 9. 92%。大学生能力度方面的调研结果显示，在能力度方面，大部分的大学生能够掌握一两种调查方法，有 85. 7%的人表示能够掌握问卷调查法，掌握其他方法的百分比均在 40%左右。调研中有 57. 41%的人表示能够独立地设计出科学的调查问卷，53. 37%的学生表示能够应用科学的调查方法；60. 38%的人表示能够进行数据处理，64. 96%的人表示能够撰写调查报告①，说明凡是参与过市场调查活动的学生，其能力度处于中上水平。

社会需求度方面的调查显示，93.15%的社会人士同意调查中界定的“市场调查与分析能力”的内涵；79.4%的被调查者表示单位在招聘相关岗位的大学生时，看重“市场调查与分析能力”，多数人给出的理由是“这种能力属于基本的工作能力”；58.22%的人认为单位会进行市场调查活动。社会需求度方面的调查显示，绝大多数人认为应届毕业生应该具备文中界定的四部分能力的全部；68.48%的人认为本单位的市场调查与分析活动通常由单位员工承担，33.56%的单位通常采取外包给外面专业的公司进行，主要是由于本单位缺少此类人员②。说明社会对此应用能力的需求在质与量上都比较大。

社会认可度层次分析表明：34.25%的社会人士认为本单位接收的毕业生能够撰写调查报告；34.93%的人认为其能够设计调查问卷；39.04%的人认为其能够进行数据处理与分析；23.97%的人认为其能完成调查工作的前期设计与安排；超过41.78%的人认为大学生在“市场调查与分析”方面的能力应该达到自主设计调查问卷、完成调查工作的前期设计与安排，并能进行数据处理与分析，撰写最后的调查报告。

上述对比表明，社会对“市场调查与分析能力”的认可与需求均非常清晰与明确，这主要是源于组织现实决策的需求，也说明此应用能力并非是抽象难以理解的事物。而高校在培养此应用能力方面却定位不清晰、环节不系统，难以满足社会与学生的需求。

2. 课堂培养度分析

调查显示，凡是开设相关课程的高校，课堂上有64.42%的学生能树立“没有调查就没有发言权的”思维模式；有69.27%的学生在课堂上基本能掌握科学调查、问卷设计、数据处理与分析及撰写调查报告的方法；

---

① 从访谈的结果看，这一数据有些乐观，大学生认为的科学问卷并不一定是完全意义上科学的问卷。

② 为了解单位选择外包的原因，研究进行了追踪访谈。发现绝大多数单位将“市场调查与分析能力”外包的主要原因在于单位内部能够熟练应用科学调查的员工少而又少，单位培养相应的人才需要投入大量资金，故外包是最合适的选择。这就揭示了当前科学调查人才供给与市场需求的不对等，毕业的大学生无法满足用人单位的要求，用人单位通常较难招收到满意的人才，从而导致了外包的产生。

通过课堂学习，有 73.85%的学生基本能应用相关方法。对高校培养“市场调查与分析能力”方面存在问题的调查中，43.94%的人认为课堂与实践环节都存在问题，35.58%的人认为没有相关实际应用环节，只有 18.3%的人认为课堂上方法掌握得不扎实。对该问题的补充调查中，认为存在问题最多的是实践培训支撑不足。

60.27%的社会人士认为学校在培养学生此种能力方面存在的主要问题在于缺少实际应用环节，25.34%的人认为学生对课堂教学内容掌握不扎实，32.8%的人认为上述两种问题均存在。有 36.39%的社会人士表示大学期间没有学过相关的课程，32.08%的人表示学过统计学，当然调查问卷中所列的与这种能力培养有关的课程均有高校开设。

课堂培养度的比较分析表明无论是社会方还是高校学生均认可高校在“市场调查与分析能力”实践培养环节方面存在不足，课堂教学可以引导学生树立“没有调查就没有发言权”的思维模式或意识，也可以教会学生掌握基本的调查与分析方法，甚至提供一定程度的应用训练，但是学生要想真正地掌握此方面的能力，必须经过实践环节的培养，只有经过实践应用，他们的这种能力才能有所提升。调查显示，仅有 2.96%的学生表示通过课堂教学能够熟练地完成这种能力界定的四个方面，说明课堂对此应用能力的培养程度是有限的。

3. 实践培养度分析

对学生的调查表明，若没有学过与培养这种能力相关的课程，其能力的提升主要得益于实践环节的培养，其中 37.78%的人认为得益于相关的比赛，34.81%的人认为得益于项目研究，选择其他渠道的人占 27.41%，这一组数据表明了实践环节的培养贡献程度。这些结果进一步验证了上述对高校“市场调查与分析能力”课堂培养度的分析结果，故高校不仅要清晰地认识这种能力的培养定位，而且应该制定系统的培养方案，从课堂到应用，从理论到实践，切实地培养与提升学生的能力。

三 基本结论与对策建议

（一）研究的基本结论

1. “市场调查与分析能力”的培养处于“供不应求”的非均衡状态

大部分社会人士表示单位在招聘相关岗位的时候比较看重该能力。同时认为这种应用能力是一种基本的工作能力，单位工作中经常会遇到，一般情况下如果有合适的人员，会选择由本单位员工来承担调查活动，可见社会工作对此应用能力需求空间还是比较大的。高校的培养方面，虽然很多高校的不少专业都致力于培养学生此方面的应用能力，但很显然高校的培养作用是有限的，只有近40%的学生在校期间参与过调查活动，培养过程中存在着课程设置、课堂教学，特别是实践环节不足等问题，难以满足社会的需求。

2. 高校对此应用能力的培养缺乏系统培养方案及有效实践环节支撑

不同的被调查者，尽管立场不同，但大家都有一个共识，“高校在对该能力培养的过程中并没有将实训培养与课堂培养有机地结合起来”。绝大多数高校缺乏培养“市场调查与分析能力”的系统方案和有效的实践环节。系统的培养方案能够实现以市场需求为导向，以学生为中心的教学理念，可以将课堂教学与实践环节有机地衔接起来，制定大的培养目标并分解为具体的小目标，以此进行目标倒推，优化课堂教学。使教学不再只是为了教，而更注重学生的学。课堂上学生掌握了基本的调查方法以及思维模式之后，需要有一个延伸的实践环节来提升他们的应用能力。目前，实践环节数量不足及与课堂教学的脱钩问题导致对市场调查与分析能力的培养碎片化，很难满足市场对高校培养学生该方面能力的需求。对此，高校应该在现有的基础上不断地修订培养方案，进行区域试点。

3. 高校对此应用能力的培养环节中普遍存在着“重理论轻实践”现象

对当前高校培养环节重视程度的调查表明，“市场调查与分析能力”培养过程中普遍存在着“重课堂轻实践”的现象。可以看出各高校对课堂教学都非常重视，其次为专业比赛、写作训练与项目研究，这可能与高校目前的管理体系有一定的关系。课堂教学是必需的，也是对各相关实施方考核的重中之重；相关的专业比赛是教学活动之一，但对其要求程度比课堂教学要宽松；对于写作训练而言，学年论文与毕业论文的写作，是培养方案必需的环节，但是对其质量或评价要求上比课堂教学要低得多；项目研究方面，针对大学生的项目本身数量不多，研究经费少，加之能力有限，在自愿申请的前提下，立项者为数不多。教师的科研项目也并不普遍，既要完成项目研究，又要抽出精力费力地去培养大学生，从现有的评价系统来看，这只是一项良心工作，导致其重视程度受影响。可见，高校培养此应用能力的各环节难以做到有机地衔接，很难系统地发挥作用。

（二）大学生“市场调查与分析能力”培养建议

针对上述结论，依据OBE理念与《普通高等学校本科专业类教学质量国家标准》，高校应该明晰“市场调查与分析能力”的培养定位，主动以市场为导向来设置培养目标、教学内容与课程体系等，制定系统的人才培养方案，将理论与实践并重，发挥各培养环节不同的作用，采取措施，切实提升学生的“市场调查与分析能力”，满足社会与市场组织的需求。

第一，制定系统的培养方案，实现培养目标与环节一致化。

以市场需求为导向，明确“市场调查与分析能力”在大学生培养过程中的定位，从培养目标到培养方案，都应该清晰地明确如何通过培养环节的衔接，系统地培养学生这种应用能力。① 课程应该如何设置与搭配？课堂教学应该达到什么目标？通过哪些实践环节来巩固与提升学生此方面的应用能力？各环节在实施时以谁为载体？如何确保培养的质量？高校在制定培养方案时，均应该以正式文件的形式明确下来，在环节上确保培养的系统性，在培养方案的制定上做到与社会需求的无缝衔接。

第二，改革课堂教学，明确教学目标，夯实相关专业课程理论基础。

在课堂上，针对不同类型的课程，设置不同的教学要求，使课堂教学内容与实践环节相衔接，明确课堂教学应该达到什么目标。除了传授知识，培养思维模式外，方法论的应用应达到什么程度？以此为目标，来设置教学内容，改革教学形式。以学生为中心，打造金课，坚决取缔水课。课堂教学一旦有了近似可量化的目标，教学将会变得具体和清晰，对教学形式的追求也将“挖空心思”。因为课堂教学是后期实践培养环节的基础，基础薄弱，一旦学生未来要用，就会漏洞百出，课堂的弱点立刻就暴露出来，成为后期教师教学评价的硬伤，任何一个教师都不愿意看到这个结果。

第三，改革考核环节，发挥考核的有效作用，实现以考促教。

改革考试方式，以往的考核方式都属于结果性考核，只注重最终结

① 万由令、全力、梁浩、乌慧玲、张磊、胡亚民：《“需求为导向”的专业学位硕士生培养质量提升路径探析》，《江苏高教》2019年第3期。

果、忽略过程，从而导致部分学生不重视平时课堂学习，只在考试周依靠背记来获得高分考评成绩，学生自身的应用能力未得到任何提升。高校应该加强过程性考核，合理分布平时成绩与考试成绩比例，适当加大平时成绩所占比例，将实践环节考核纳入课程考试成绩，真正地提升学生的市场调查与分析能力。

第四，发挥各培养环节的作用，多维度、立体化实现培养目标。

调查访谈与文献分析研究的成果表明，高校现有的培养大学生“市场调查与分析能力”的基础环节主要有课堂教学、相关比赛、项目研究、写作训练四个环节，其中每一个都至关重要，缺一不可。但当前高校对各培养环节的重视程度却并不一致，普遍存在重课堂，轻比赛、项目与写作现象，从本质上看这种重视程度的差异，主要源于现有管理体制或者考评体制的引导。按照 OBE 理论，高校在培养大学生的过程中，应该按照市场需求，倒推细化培养目标到各培养环节，在制度上或者体制上保证每个环节最大可能地实现自身的培养目标，共同完成对学生的培养。因此，高校应该发挥不同培养环节的作用，改革现有的管理与考评体系的弊端，引导各主体努力完成自身所承担的培养任务，多维度立体化地实现共同的培养目标。

Research on the Present Situation of the Training of College Students' Ability of Market Investigation and Analysis

——Based on the Data from 123 Universities

Zhao HangLi　Jiao Lina　Zhang Huan

Abstract: "Market investigation and analysis ability" is one of the essential abilities for the college students who will be the market-oriented job hunters. Based on 517 questionnaires of college students and employed persons with bachelor's degree, this paper analyzes the present situation of the training of this ability of college students in China. The results show that the supply and demand of "market investigation and analysis ability" training in colleges and universities in our country are not balanced; and most colleges and universities lack systematic training programs and thorough practical training plans, which is difficult to meet the market demand. The research holds that: universities should develop systematic training programs guided by achievements; take students as the center and continuously improve the teaching; organically connect theoretical teaching and practical training so as to improve college students' competence and performance of "market investigation and analysis".

Key words: college students, market investigation and analysis ability, supply and demand analysis, training plan

高校大学生志愿服务状况研究

——基于西部 XB 大学的调查*

李　芳**

摘　要：志愿服务活动已成为大学教育的重要组成部分。本文通过问卷调查与深度访谈的方式，对 XB 大学学生的志愿服务状况进行了实证研究。调查发现，XB 大学的学生志愿服务处于正在发展阶段。在此阶段，大学生对于志愿服务的认识不全面、理性态度不够、认同度一般，志愿者的相关专业知识单一、服务技能较弱，志愿服务的内容与领域尚处于基础性层次。文章从大学生自身成长、当代使命担当、高校思想政治教育的途径与载体，"立德树人"的人才培养根本任务，以及国家治理体系与治理能力建设角度综合剖析了大学生志愿服务存在的问题与改进策略。

关键词：大学生志愿服务；现状调研；改进对策

一　调查缘起

习近平总书记在看望北京大学、中国政法大学、北京师范大学师生时指出，"立德树人为高校教育之本，要培养'德法兼修''德才兼备'的社会主义建设者和接班人"①。要求大学生要"爱国、励志、求真、力

---

* 基金项目：2017 年陕西省教育厅项目"完善大学生社会公益实践，探索人才培养新途径"（项目编号：17JK0798）和 2015 年西北政法大学校级教改项目"大学生综合素质培养路径研究"（项目编号：XJY201511）。

** 李芳：西北政法大学副研究员，主要研究方向：学生工作。

① 习近平总书记："习近平总书记在考察中国政法大学时的重要讲话"，2017 年 5 月 5 日。百度：http：//www. xinhuanet. com//politics/2017-05/05/c。

行”①。在全国教育工作会议上，陈宝生提出：高校要聚焦根本任务，系统推进立德树人，要大力发展素质教育，发挥实践育人功能，开好综合实践活动课程，抓好校内外劳动等关键环节，以劳树德，以劳增智，以劳强体。把“四育”提升为“五育”，彰显了劳动的价值，对大学生意义重大。这意味着“劳动、志愿服务”应成为大学生的德智体美劳等综合素质提升、拓展立德树人的重要路径和渠道。

XB 大学校内有四十多个学生社团，其中有六个公益性的学生社团，长期组织在校学生开展志愿服务活动。2017 年课题组获得了教育厅项目“完善大学生公益社会实践，探索人才培养新途径”，探索人才培养的多元化途径，研究志愿服务对人才培养的助推作用。课题组依托该项目，以问卷调查与深度访谈的方式，对 XB 大学的志愿服务状况进行了实证调查，以期在了解现状的基础上把握问题，探寻通过改善志愿服务活动来助力人才培养质量。

二　调查对象、方法、过程

1. 调查对象

本次调研对象是在校期间参加过志愿服务的学生，无论是否注册为中国青年志愿者。主要包括：在校大学生、毕业生、教师、管理人员、受服务单位、合作单位的工作人员。目的在于了解大学生参加志愿服务活动的现状、存在的问题并提出改善建议与措施。

2. 调查方法与过程

课题组于 2017 年 9 月至 2018 年 5 月，对西部 XB 大学的志愿服务状况进行了实证调查。

（1）问卷调查。课题组编制了《大学生志愿服务调查问卷》，对 XB 大学的在校学生进行了问卷调查。共发放调查问卷 2000 份，收回问卷 1950 份，其中有效问卷 1932 份，问卷有效率为 96.6%。

（2）深度访谈。编写访谈提纲，以个别访谈的方式分别对学校的团委、学生处、教务处、保卫处，二级学院的负责人、管理人员、教

① 习近平总书记：在“习近平总书记在考察北京大学时的重要讲话”，2018 年 5 月 5 日。百度：http：//sc. people. com. cn/n2/2018/0505/。

师，主管学生工作的书记、辅导员和一些毕业生；以及共青团陕西省委、西安市莲湖城管执法局、长安区政法委、黄良镇司法所、土门社区、咸阳周村孤儿院，另外还有陕西妇源汇、陕西天语婚姻家庭服务中心等合作单位、社会组织的负责人、工作人员 60 余人进行深度访谈，获得访谈资料 10 万多字。

三 调查结果与分析

调查结果主要是依据本次调查问卷的数据分析与深度访谈所获得的资料。

1. 学生每年参加志愿服务活动的数量

表 1　　你在大学期间每年参加志愿活动的时间是

选项	数据量	百分比
少于 10 个小时	477	24.69%
10—20 个小时	710	36.75%
21— 40 个小时	417	21.58%
41—50 个小时	211	10.92%
51—100 个小时	82	4.24%
100 个小时以上	35	1.81%
回答	1932	100.00%

@2017 *Powered by* 调查派

表 1 显示：21.58%的学生志愿服务量在 21— 40 个小时，达到学校《志愿服务实施方案》规定的 20 小时以上的服务数量。

令人可喜的是还有服务数量更多的：10.92%的学生在 41—50 小时；4.24%的学生在 51—100 小时；1.81%的学生在 100 小时以上（即已经达到教育部《学生志愿服务管理暂行办法》规定的一星级标准）。

但是，61.44%的学生服务数量在 20 小时以下，没有达到学校规定的数量，这部分学生志愿服务主动性、积极性还有待进一步调动。

2. 志愿服务的内容与领域

表 2　　你参加过下面哪些志愿服务

选项	数据量	百分比
助老服务	740	38.30%
助残服务	771	39.91%
助学服务	590	30.54%
帮困服务	604	31.26%
咨询服务	515	26.66%
环境保护	424	21.95%
宣传活动	507	26.24%
引导服务	312	16.15%
应急救灾	122	6.31%
维护公共秩序	143	7.40%
其他【请注明】	27	1.40%
回答	1932	100.00%
@2017 *Powered by* 调查派		

表 3　　你认为大学生志愿服务活动所涉及的领域

选项	数据量	百分比
很宽广	362	18.74%
比较宽广	579	29.97%
一般	674	34.89%
比较狭窄	251	12.99%
很狭窄	66	3.42%
回答	1932	100.00%
@2017 *Powered by* 调查派		

调查数据表 2 显示：大学生参加志愿服务的内容比较丰富，涉及的领域比较广泛，而“助残、助老、帮困、助学、咨询、宣传”六种志愿服

务活动排名前列，在 26.44%以上。这体现了大学生志愿为“老、残、学、困”人员服务，反映大学生乐于参加社会服务类活动，愿意为弱势群体奉献爱心，主动为社会解决困难，分担责任。

21.95%的受访者参加了“环境保护”活动，“环境保护”是习总书记提倡的“绿水青山”治理的重要内容。可见，大学生紧跟国家、政府工作重点与国民经济发展，积极参与社会治理，助力经济发展。

但从活动类型、服务领域看，比较集中于一般性的服务，缺乏比较专业的志愿服务与领域。这一方面反映了大学生利用自己所长服务社会的自觉性，另一方面反映了志愿服务专业性的欠缺与不足。

表 3 显示，34.89% 的受访者认为志愿服务涉及领域“一般”，16.41%的受访者认为“比较狭窄、很狭窄”，这反映现有的志愿服务领域范围不广泛，需要拓展。

访谈中，团委 Y 老师说道：“但据我的了解，现有的志愿服务活动的形式是较为陈旧的，如果志愿服务的活动面可以继续扩大一点，而不是仅仅沉浸在传统的、自身的、固有的项目之中会更好。”

3. 志愿服务活动的组织

（1）参加志愿服务活动的时间安排

表 4　　你一般利用什么时间参加志愿服务

选项	数据量	百分比
双休日	768	39.75%
课余时间	1109	57.40%
节假日【包括寒暑假】	698	36.13%
只要需要，任何时间都可以	289	14.96%
回答	1932	100.00%
@2017 *Powered by* 调查派		

调查数据表 4 表明：利用“课余时间、双休日、节假日”参加志愿服务的学生分别占 57.40%、39.75%、36.13%；只有 14.96%的学生是“只要需要在任何时间都可以”。数据反映大部分学生是利用课余时间做志愿服务的，没用影响到正常的教学活动。可见，学生能够正确处理、平衡课堂学习与志愿活动的关系，兼顾二者，合理安排时间。

（2）学生获得志愿服务的信息方式

表 5　　你主要是通过什么渠道获得志愿服务的信息

选项	数据量	百分比
社会志愿服务机构	676	34.99%
学校院系、团委、学生会、社团	1154	59.73%
亲戚朋友、同学	672	34.78%
其他志愿者	612	31.68%
报纸、电台、电视、网络等媒体	342	17.70%
其他【请注明】	50	2.59%
回答	1932	100.00%
@2017 *Powered by* 调查派		

总体上还是以通过学校获取信息为主渠道；从社会志愿服务机构，同学、亲戚朋友、其他志愿者获得信息为辅；从报纸、电台、网络媒体获得信息次之。反映大学生获取志愿服务信息是比较慎重的，获取的信息是比较可靠的，真实性较强。

（3）志愿服务活动的组织形式

表 6　　你平时参加哪种组织形式的志愿服务活动

选项	数据量	百分比
学校社团组织的	927	47.98%
学院组织的	1144	59.21%
校外机构组织的	592	30.64%
个人自己进行的	279	14.44%
回答	1932	100.00%
@2017 *Powered by* 调查派		

调查数据如表 6 表明：学生比较愿意参加“有组织型的志愿服务活动”，以集体组织的志愿活动（包括学校、学院、社团、校外机构）为主要形式，个人自己进行的为辅助形式。

在集体组织形式中，有 30.64%的学生参加校外机构组织的志愿服务，这是一个新特征，反映有一部分学生已经走出校园，深入到社会其他单位、社会服务机构的社会事务和活动中了，正在深度了解社会、深度参与社会管理与社会治理，不再局限于校园“象牙塔”内。这是大学生志愿服务社会化的表现，也反映了志愿服务向社会公益方向发展的趋势。

4. 大学生志愿者的认识、服务知识与技能

（1）大学生参加志愿服务的动机

表 7　　你参加志愿服务活动的初衷是

选项	数据量	百分比
奉献爱心，帮助他人	934	48.34%
可以丰富课余生活，做些有意义的事情	937	48.50%
学校要求的	689	35.66%
认识更多的人，扩大社交圈子	566	29.30%
获得工作经验和社会阅历	596	30.85%
可以让以后的求职简历内容更加充实	277	14.34%
希望挖掘自身潜能，了解自己的长处	389	20.13%
收获帮助别人时的快乐和满足感	278	14.39%
回答	1932	100.00%
@ 2017 *Powered by* 调查派		

调查数据表 7 显示，大多数学生参加志愿服务“是出于奉献爱心，丰富课余生活，自我兴趣追求、自身能力提升”。当然，也有学校要求的因素。但总体上，学生参加志愿服务的初衷是“为社会奉献爱心服务，做有意义的事情，锻炼自己，提升综合素质”。这是趋道向善、发挥正能量的行动。

从调查数据可以看出，大学生对于志愿服务的热情很高，但社会对于志愿服务的认同以及志愿服务岗位的提供信息渠道比较狭窄，大学生只能通过相应的组织和机构获得信息，这对于志愿服务的发展具有一定的制约。

（2）志愿服务的专业能力

表 8　　你认为志愿服务者需要有专业知识或能力吗？

选项	数据量	百分比
必须有一定的专业知识或能力	416	21.53%
不必有专业知识但要进行一定的培训	918	47.52%
不必有专业知识也不必培训	475	24.59%
不需要有专业知识	123	6.37%
回答	1932	100.00%
@2017 *Powered by* 调查派		

由数据表 8 可见，大学生对志愿服务的专业性要求“认同度不高”，认识上是比较基础的。

访谈中，学工部 Z 老师说道：“志愿服务专业化程度不高。在志愿服务的技能提升方面，我们对学生的教育还不够，志愿服务的工作实际上是一项专业性很强的工作，如果学生不经过一定阶段的培养，志愿组织就不会接纳这些同学，学生也很难在志愿活动中发挥其重要的作用。”

教务处 L 老师说道“专业知识能力不足，社会经验比较欠缺，不能给需要帮助的人提供有效的解决问题的方案”。学院 J 院长说道：“在自身能力不足的情况下开展的志愿活动会导致实际意义的缺失。这么做只是得到了形式上的光彩。”

5. 大学生参加志愿服务的效果评价

表 9　　你对大学生参加志愿服务活动的看法

选项	数据量	百分比
自我感觉参加很有意义	580	30.02%
参与大学生公益活动很好，但存在一些问题	606	31.37%
服务活动实际效果不好	437	22.62%
没有参加过或参加很少，不了解	157	8.13%
自我感觉参与大学生公益活动没有意义	137	7.09%
对此有什么想说的【请注明】	15	0.78%

续表

选项	数据量	百分比
回答	1932	100.00%
@ 2017 *Powered by* 调查派		

表 10　你认为大学生参加志愿服务活动对学习有什么影响（负面）

选项	数据量	百分比
占用时间影响学校学习	333	17.24%
对学习没什么影响	807	41.77%
没有影响学习反而促进校园学习	673	34.83%
对此不了解	119	6.16%
回答	1932	100.00%
@ 2017 *Powered by* 调查派		

表 11　你如何看待自己的志愿活动

选项	数据量	百分比
服务社会，回馈社会	962	49.79%
实现了自己的价值	854	44.20%
有利于专业学习或所学知识的运用	785	40.63%
发掘了个人潜力，锻炼了自己	765	39.60%
认识了很多朋友	647	33.49%
获得成就感	429	22.20%
找到归属感	279	14.44%
占用时间太多，影响了学习生活和工作	140	7.25%
流于形式，缺乏实际意义	128	6.63%
其他	27	1.40%
回答	1932	100.00%
@ 2017 *Powered by* 调查派		

从表 9、表 10 和表 11 可以获得如下结论：

(1) 大部分学生认为志愿服务对于自身成长具有积极的作用

表 9 表明，61.39%的受访者认为大学生参加志愿服务活动是“很有

意义、很好的”。表 10 显示：76.60%的受访者认为“对于学习没有负面影响”，其中 34.83%的受访者认为“没有影响学习反而促进学习”。

（2）教师、管理人员、学生等认为志愿服务对于大学生发展具有重要作用

在深度访谈中，学生处 Z 处长说道，“志愿服务是弘扬社会主义核心价值观的重要途径，对学生的良好发展和综合素质的提高有着重要意义，参加社会实践与公益活动可以弥补课堂教育的不足”。校团委 Y 书记说道，“学生参与志愿服务活动的效果是非常大的，如去贵州支教，学生们真切地接触到社会底层的人民群众，接触到那些平时看不到的东西，这不仅是对个人心灵上的一种震撼，而且对其成长以及三观的形成是有着非常大的作用的”。教师 S 说道，“志愿服务对于学生的心灵陶冶、能力锻炼是比较隐形的，暂时不是很凸显，但是对于人的成长与良好品质塑造是大有作用的”。还有毕业生、服务单位、合作单位，大家一致认为，志愿服务对于学生个人的成才、成长，尤其是道德品质的塑造，是大有帮助作用的。

总之，在总体评价上，大部分受访者认为志愿服务对于大学生是“有意义、有好处、有收获的”，具有积极、正向的影响与作用。

（3）志愿服务有助于把知识学习与社会实践相结合，训练专业能力与技能，有助于完成“转识成智”①。

在深度访谈中，志愿者 WN 说道“大二我有幸加入法律援助部，让我对民法有了深切的感悟，法律服务让我打好了民法的底子”。志愿者 WYL 说道“志愿服务中了解到农民工及其子女、残疾人、退伍军人、老年人、留守儿童等群体的生活、工作环境现状，收集到许多鲜活的案例，对于专业课的深入学习是有很大的帮助作用的”。

教务处 L 处长说道“法学是一门实践性和应用性极强的学科，学习的效果如何最终要落实到运用能力和水平上来。志愿服务可以锻炼学生自身综合能力，提高法律知识应用的能力”。校团委 X 老师说道，“社会实践和志愿服务更多是与社会接轨，在实践中学生会遇到很多问题，其中也会遇到许多专业知识，在服务实践中巩固专业知识”。

（4）志愿服务有助于培养丰富情感道德、动手能力等综合素质

情绪和情感是人对客观外界事物的态度的体验，是人脑对客观外界事

---

① 赵馥洁：在“行政法学院青年教师学术培养训练”上的讲话，2017 年。

物与主体需要之间关系的反映。大学生志愿者在体验、获得丰富情感的同时，也在增强个体的人际交往能力，收获广泛的人脉资源。志愿服务是一种亲身体验式的社会实践活动，也是训练、教育学生道德情感的重要场所与试验田，充分发挥了思想政治教育中情感道德教育功能。正如杜威所言“社会实践是道德教育的良好途径，主张在现实生活里开展道德教育”①。

谈及参加志愿服务的初衷，30.85%的受访者是想“获得工作经验和社会阅历”；20.13%的受访者是“希望挖掘自身潜力，了解自己的长处”；29.30%的受访者要“认识更多的人、扩大社交圈子”。

在自我评价中，39.60%的受访者认为“发掘了个人潜力，锻炼了自己动手能力”；44.20%的受访者认为“实现了自己的价值”；33.49%的受访者认为“认识了很多朋友”；22.20%的受访者认为“获得成就感”；14.44%的受访者认为“找到归属感”。

在深度访谈中，受访者认为参加志愿服务获得了心理成就感和满足感，学会了愿意主动地帮助别人。如志愿者2012级毕业生SJH说道，“在志愿服务中，我学会了主动关心别人”。志愿者HSS说“自己能够帮助到他人时心里非常高兴”。志愿者ZAB说“确实能够帮助一些人，感觉做了一件很有意义的事情”。志愿者SL说“能够帮助别人，心里很踏实，过后也是很有满足感的”。

受访者认为，参加志愿服务活动可以锻炼逻辑思维能力和动手能力。如志愿者DXH说道，“参加一次志愿活动，前期要准备许多活动资料，如禁毒、普法宣传、心理辅导等方面的知识，做PPT，编排节目、做游戏互动等内容、环节设计；服务过程中，有知识讲授与辅导、节目表演、心理辅导与交流等活动，这倒逼自己学习了许多专业与综合知识；同时，也锻炼了自己的动手能力与组织能力”。志愿者SJH说“活动前期要设计、撰写策划方案，后期要写新闻推送，汇总数据，总结经验，这些都是很务实的。在服务工作中会不断地收获新经验、新想法，写作能力也得到了锻炼”。

2010级毕业生JK说道，“做志愿活动，锻炼了我的组织能力与协调能力，遇到困难想办法解决，现在在法院工作中也是这种态度”。教师Y说道，“志愿服务可以锻炼学生的动手能力，扩展阅历，培养学生的社会责任感与担当意识，这是现代公民应有的素质”。教师S说道，“现在的

① 闵绪国：《思想政治教育价值研究》，人民出版社2017年版，第228页。

大学生几乎都是独生子女，个人独立性、创新性较强，但需要多关注别人，服务别人，与他人合作共事，培养团队意识与协作精神，课堂教学很难完成这个任务。但是志愿服务正好提供了这些训练，弥补了课堂教学的不足，延伸了课堂教学与效果”。

在志愿服务过程中，大学生志愿者要调适、处理好两种关系，即组织内部大学生志愿者之间的关系，大学生志愿者与服务者之间的关系，并与之不断地互动、协调，使其处于平衡状态。在处理这两种关系的过程中，大学生不仅要用自己的知识、智慧、技能完成工作任务，而且还有使命担当，奉献爱心，人文关怀。同时自己也在随时体验、调适自己的情绪情感，体验、认同自己的价值，增强自我意识。

（5）志愿服务能够培育专业精神与未来职业人应具备的内在品质

在深度访谈中，志愿者 WN 说道，“在法律志愿服务中，培养了凡事须认真，讲究公平、正义的执着，积极服务社会的主动性、责任心，这是作为一名法律工作者应该具有的内在品质”。志愿者 SJH 说道，“我认识到作为一名英语教师志愿者，仅有英语专业知识是不够的，教学技能技巧等教师基本功是必须要掌握的”。

院长 W 说道，“志愿服务不仅可以培养学生的主动服务意识，还可以锻炼学生的专业精神与专业技能，培养未来职业的内在潜质。如学经济学的学生，在设计方案时，就要考虑投资成本效益回收”。教师 L 说道，“大学生所服务的对象很多都是弱势群体，对当事人而言，许多当事人遇事求助无门，经济也都非常困难，学生帮助弱势群体维护权益，伸张正义，是本专业、未来法律职业人应该追求的品质”。

“志愿服务能够让大学生提前了解未来职业，以及社会对职业的需求。”① 志愿服务的过程，也是大学生走出校园，与社会各阶层互动了解的过程。在此过程中，大学生历练工作能力，了解本专业、本职业的工作概况；与不同行业、职业的群体打交道，合作共事，了解不同职业对人才素质的需求的倾向，为将来的职业生涯做参考。

（6）志愿服务有助于培养学生志愿精神与社会责任感

关于参加志愿服务的初衷，数据表 7 显示：48.34%的受访者是出于

① 苏秀锋、李芳：《志愿服务对于大学生社会化助推作用的实证研究》，《陕西教育》2019 年第 9 期。

“奉献爱心、帮助他人”，48. 50%的受访者是出于“做些有意义的事情”，49. 79%的受访者评价志愿服务能够“服务社会、回馈社会”（表 11）。

在深度访谈中，志愿者 ZAB 说“能够帮助一些人，感觉自己做了一件很有意义的事情”。志愿者 SL 说“能够帮助别人心里很踏实”。2009 级毕业生 NZL 谈道，“志愿服务经历培养了一种志愿服务意识与志愿精神，这种服务意识已经嵌入进自己的身体里。现在也是比较关注志愿服务与公益活动，工作之余也做志愿者”。2011 级毕业生 HSS 说道，“志愿服务让我喜欢上了社会服务工作，现在在一个社会服务机构工作，挺开心的”。教师 Y 说道，“志愿服务可以培养学生的社会责任感与担当意识，个人愿意为别人服务，这是现代公民应该具备的素质”。西安莲湖城管执法局工作人员 W 谈道，“大学生参加志愿服务，用自己专业知识、技能服务他人，服务社会，是一种趋善向道的行为，是值得全社会提倡的”。

志愿服务是一种高层次的社会参与行为，其社会价值就在于“它是一种现代人作为公民自觉承担社会责任，以及有序参与社会治理的重要方式”。大学生进入城乡社区、农村边远地区开展志愿服务活动，不求回报地投入，使个体的公益心、集体意识和社会责任感潜移默化地增强，同时也以自身为媒介传播给他人、感染他人，使其有担当，“广大青年志愿者及所服务的民众在活动中对国家、社会 、经济、文化增强了认识，社会责任感提升”①。从此角度也可以说志愿服务是一种开放性、实践性的公民道德教育形式，为社会培养了现代合格公民，塑造了未来公民的良好人格、态度与知识储备。

6. 志愿服务活动过程中存在的困难与问题

（1）服务过程中存在的困难

表 12　　在志愿服务的过程中，你遇到过哪些困难？

选项	数据量	百分比
志愿服务的时间与个人生活或学习工作相冲突	799	41. 36%
参加志愿服务增加自己的额外支出	914	47. 31%
家人或朋友不理解	628	32. 51%

① 共青团中央青年者工作部：《社会主义核心价值观与青年志愿者行动》，人民出版社 2015 年版，第 218 页。

续表

选项	数据量	百分比
多数人对志愿者有偏见	617	31.94%
志愿服务中涉及的法律责任不清楚	398	20.60%
对志愿者权益的保障比较缺乏	318	16.46%
其他	28	1.45%
回答	1932	100.00%
@2017 *Powered by* 调查派		

由调查数据表12可知，志愿服务中困难是客观存在的。如47.31%的受访者觉得“参加志愿服务会增加个人的支出”、41.36%的受访者认为志愿服务与生活、学习时间存在冲突；另外目前对志愿服务没有普遍的认同或理解，如存在“家人、朋友不理解”“对志愿者的偏见”，这反映了志愿服务在大学校园内“还没有得到普遍的理解、认同”；有一部分学生的志愿服务积极性没有调动起来。高校教学、学生工作、管理部门有必要重视志愿服务的落实、执行情况，提升志愿服务的覆盖范围和空间。

在深度访谈中，教务处L老师说道：“开展活动经费困难，对于学生来说，目前处于没有经济收入的阶段，面临许多现实的经济困难，如果没有一定的经费支持，得不到帮助，有些活动进行起来就很困难，学生要自己垫付费用。”军事作战要“粮草先行”，志愿服务活动同样需要必要的经费支持提供保障。

同时，关于志愿服务方面的法律法规比较欠缺，志愿服务中涉及的法律责任不清楚，志愿者与服务对象的责任认定、划分与承担等方面边界不清晰，规定不明确。在有些志愿服务活动中，产生矛盾纠纷，影响大学生参加志愿服务的积极性与持久性。

（2）志愿者自身存在的问题

表13　　你认为大部分志愿者身上目前存在哪些问题？

选项	数据量	百分比
对待志愿活动不认真，流于形式	838	43.37%
盲目参加活动，不认真考虑实际情况	1116	57.76%

续表

选项	数据量	百分比
参加志愿活动过分注重自我满足感，缺少实际付出	694	35.92%
缺少志愿参与时的自律	520	26.92%
难以正确处理志愿集体与自身的关系	189	9.78%
回答	1932	100.00%
@2017 *Powered by* 调查派		

调研数据表13显示，57.76%的志愿者存在“盲目参加志愿活动，不认真考虑实际情况”，这是比较突出的问题；其次是43.37%的受访者认为“对待志愿服务活动不认真，流于形式”。

在深度访谈中，学生处Z老师说道：“目前的志愿服务，学生们有点盲目跟风，对有的项目、活动大家就一哄而上，对于活动实际操作的可行性考虑不周。”学生工作者L说道：“志愿者发挥宣传、带动作用不足，对于自己周边人的带动性欠缺。”教师H说道：“有些学生参加志愿服务追求高大上，比如支教，要选择贵州、云南等偏远地区支教，如此形式的活动才认为是支教。”辅导员S说道：“志愿服务队伍流失严重，大学生对于志愿服务的坚持性欠缺持久力。”

可见，大学生对于志愿服务的认识、坚持带动与影响周边的人，共同参与志愿服务的作用发挥功能不足，在志愿者身上存在一些“注重自我满足感与收获，对自己的实际付出，给予别人、集体、社会的服务效果考虑不周的情况”。

志愿者对于法规政策知识的掌握存在不足，志愿服务中涉及的法律责任不清楚，对于顺利开展活动以及活动效果、志愿者的积极性具有一定的消极影响。这与受访者对于志愿者是否“具有专业知识、技能”的调研结果具有一定的相关性，或者具有一致性：30.96%的受访者认为“不必有专业知识也不必培训”“不需要专业知识”。可见正是由于对“志愿者具有专业知识、技能”不够重视，不够认同，才产生了在活动中“涉及的法律责任不清楚”的情况。

四　小结与讨论

实证研究的结果显示，西部 XB 大学的志愿服务尚处于初级发展阶段，志愿服务对于学生成才与成长的助推作用已初见部分成效，因志愿服务对于学生的精神教育、情绪情感教育、责任担当等内在品质教育具有一定的隐性特征，没有像对学生专业知识与技能的教育与训练效果那么突显，时效性不是很明显。初步建议，为了持续开展志愿服务，发挥志愿服务中新时代思想政治教育的价值与功能，大学生志愿者以及高校共同探索，寻找多元路径，加强宣传与教育，调动大学生的志愿服务积极性与认同度，端正态度，增强志愿者的专业服务能力，提升志愿服务的质量与效果，构建大学生参加志愿服务的长效机制。

1. 加强宣传，扩大志愿服务影响力与参与学生群体

学生参与志愿服务的积极性整体有待提高。XB 大学的校内调研显示，“全校递交志愿服务表的学生，约有五千多人，还不到本科生的一半，加上校团委组织、登记的可能达到一半”。参加的群体主要是低年级学生，即一、二年级学生，三年级有一小部分学生（是学生社团组织的骨干）继续参加志愿活动，四年级参与学生已是“星星点点了”。志愿者相互影响、相互带动周边更多的学生参与的力度比较欠缺，导致志愿服务难于聚合力量。从表面上看是志愿服务学生的延展性不足，但从深层次来看，还是学校、活动组织机构的宣传不到位，对于志愿服务的宣传、鼓动的广度、深度方面明显不足。

因此，学校要大力加强宣传，教务处、学生、团委、学院等教学与管理部门，要借助各种渠道与载体，大力宣传志愿服务，帮助师生全面认识志愿服务的价值与教育功能，引起全校师生们的足够重视，对其形成高度的关注点、认同点。

2. 加强大学生的志愿服务专业知识与技能教育与培训

志愿服务的专业素质与技能有待加强。大学生对志愿服务的认识相对比较浅，认识不到位，认为自身的专业知识就足以应对志愿服务活动了，组织的志愿服务活动大多仅仅是“助残、助老、帮困、助学、咨询、宣传”等一般服务型的活动，形式比较陈旧。高校应急需要提高志愿者对于“具备专业知识、技能”的认同度，必须对志愿者进行专业与技能培

训，包括开展服务的专业知识，如禁毒、预防网络违法犯罪、网络金融、国家安全、法律法规等专业知识，以及网络宣传、视频制作、照相、文稿推送等技术与技能，与志愿服务相关的政策、法律知识等，弄清法律责任，减少服务纠纷，以应对新时代、“互联网＋”以及全球化背景下志愿服务的新要求、新特点，争取把志愿服务向专业化深化、向新领域拓展延伸，提升志愿服务活动的质量与效果。

3. 加强理性教育，强化志愿精神力

志愿精神力是指志愿服务活动的参加者真正对社会具有实质性的帮助，而不单单停留在“学雷锋”或者“公益劳动”的层面。大学生将参加志愿服务倾向于理想化，学生的热情比较高，缺乏理性认识，更多还是从自我利益角度出发，把参加志愿服务当成一种简单的学习生活体检，并未全面认识到其中的真正价值所在。学校规定在大一、大二学年，要求大学生参加志愿服务，要申请奖助学金评选的学生有志愿服务数量规定与要求。很多学生“为了完成任务而选择做志愿服务活动”，例如去某敬老院看望老人、参加助残活动等。然而，这些活动往往是“一次性”的，在获得志愿服务规定标准量后，学生们很少再会去敬老院看望曾经服务过的老人。

志愿者主体还是具有很大的流动性，部分学生不能坚持定期参加志愿服务活动。在志愿服务内容与领域的选择上，表现为对有些活动一哄而上的现象，学生热情比较高，有的活动比较集中，多组织同时开展，有重复和资源浪费现象；开展的有些活动，学生们不感兴趣。这些都是影响学生参加志愿服务积极性以及服务质量与效果的重要因素。

因此，要加强大学生理性教育，全面认识新时代背景下的志愿服务的新功能与新要求，对于大学生思想政治教育、专业教育的助推作用，尤其是对大学生的思想政治与综合素质训练的潜在功能。

对志愿服务要理性对待。其一，师生要正确认识志愿服务的内在价值与教育功能，借助志愿服务途径，实现“德法兼修”“立德树人”的根本任务。其二，高校要鼓励学生积极参加志愿服务，贯彻落实习近平总书记的讲话精神，让大学生在志愿服务中实现“爱国、励志、求真”。其三，学生要理性选择活动的内容与领域，结合自身的兴趣爱好、专业特长以及实际情况，理性选择参加志愿服务活动，在活动中完成“转识成智”“道德品格与综合素质训练”，知行合一，让志愿服务中的思想政治教育价值与教育功能在自己身上发扬光大，提高志愿服务的“投入产出”。其四，学生要坚持志愿服务的长效性。端正志愿服务态度，坚持长期参加志愿服务活动，为基层人民服务，为地方社会法治建设与经济发展服务，为政府、为国家分担责任，推动国家治理体系与治理能力的现代化建设步伐，实现当代青年大学生的使命担当。心中有大爱，肩上有责任，现实上行动，才能践行、落实习近平总书记提出的“爱国、励志”要求。通过长期坚持参加志愿服务，推动大学生志愿者实现“专业成才、精神成人”①的双重效果与作用，大力发挥志愿服务精神的思想政治教育功能。

Research on the Situation of College Students' Voluntary Service

——Based on the Investigation of XB University in the West

Li Fang

Abstract: Voluntary service has become an important part of university education. This paper makes an empirical study on the students' voluntary service in XB university through questionnaire and in-depth interview. The study finds that the students' voluntary service in XB university is in the developing stage; and this stage has following characteristics: students have incomplete understanding of and irrational attitudes to the service; the volunteer's identification degree of voluntary service is not high, and their relevant professional knowledge is not comprehensive, service skills and capacities are not satisfactory, and the content and field of voluntary service are still at the basic level. This paper comprehensively analyzes the problems of college students' voluntary service and puts forward improvement strategies from the perspectives of students' growth and con-

① 刘进田：“在2019级新生开学典礼上的讲话”，2019年9月2日。

temporary mission, ways of ideological and political education in colleges and universities, the fundamental task of training talents with morality, and the forming of national governance system and governance capacity.

Key words: college students' voluntary service, present situation investigation, improvement strategies

高校图书馆文献信息资源建设保障机制构建初探

——基于西北政法大学图书馆信息资源与读者服务调查分析*

穆　旋**

摘　要：提高图书馆文献信息资源建设的质量和水平，必须了解读者的阅读规律和特点，了解他们的文献信息资源需求。通过对西北政法大学图书馆读者文献信息资源使用情况的调查分析，整理出读者需求以及文献信息资源建设中存在的问题，并提出改进建议，以期构建起完善的图书馆信息资源建设保障机制。

关键词：文献信息资源建设；读者需求；读者服务；评价指标；保障机制

一　调查前言

（一）调查内容及目的

2015 年，教育部印发了《普通高等学校图书馆规程》，其中文献信息资源建设位列图书馆四大主要任务之首。① 为了了解读者对我校图书馆文献信息资源的需求，提高文献信息资源建设质量和水平，更好地为教学科研服务，2019 年 3 月，西北政法大学图书馆调研组开展了西北政法大学文献信息资源建设与服务专项问卷调查。本次调查面向师生设置不同问

---

* 基金项目：西北政法大学 2018 年度校级教改项目"面向一流学科建设高校图书馆信息资源保障机制研究与实践——以西北政法大学为例"（项目编号：XJY201813）。

** 穆旋：西北政法大学图书馆馆员，主要研究方向：图书情报。

① 袁青、施亮、陈梦：《"双一流"驱动下高校图书馆服务能力建设——以华中科技大学为例》，《图书情报工作》2019 年第 1 期。

卷，学生读者的问卷有25道题目，重点从馆藏图书、期刊、数据库需求及利用情况等方面进行调查；教师读者的问卷设计了29道题目，主要从馆藏期刊、图书、数据库的需求及使用情况、学科服务等开展调查，旨在了解读者的文献信息需求及利用情况，掌握他们在图书馆文献信息资源建设方面的意见或建议，充分发挥读者在图书馆文献信息资源建设上的作用。

（二）调查方法

此次调查面向我校全体师生，利用问卷星平台发布问卷，并通过图书馆微信公众平台、QQ、微信等形式向调查对象发送问卷链接。

（三）研究方法

此次调查采取随机抽样的方法，回收教师问卷66份，学生问卷538份（本科生367份、硕士研究生170份、博士生1份）。对教师与学生之间同类问题的问卷结果采取比较法进行分析。

二　调查结果分析

通过调查结果分析，读者对图书馆文献信息资源建设工作给予了充分肯定，同时也指出存在的问题和不足，一些读者还提出了良好的建议，为我们探索构建文献信息保障机制提供了方向性指引。

（一）图书馆资源建设发展趋势分析

1. 图书馆文献信息资源利用载体分析

表1　　您在利用图书馆文献信息资源时首选何种资源？

	纸本资源（%）	数字（电子）资源（%）
教师	21.21	78.79
学生	76.39	23.61

通过表1数据可知，教师和学生针对同一问题几乎给出了截然相反的答案，可知纸质资源和数字资源各有优缺点和生存发展空间。在高校图书

馆文献信息资源建设工作中，不可偏重任何一方，应端正两者共存的态度，不断满足建立现代化图书馆发展的需要。所以，图书馆应始终坚持纸本资源与数字资源协调并进的态度，一是要完善纸质资源，收藏纸质期刊文献，对读者提供纸本查阅和参考、室内阅读、纸本外借等功能；二是要加强知识资源扩展范围的不断深化，在发展数字资源时对其进行深加工，并能够创新检索模式，提供电子传送服务等。

2. 文献信息资源需求分析

针对“您最希望图书馆增加哪些方面的图书”调查，77.14%的学生认为应增加专业类图书，58.74%的学生认为应增加文学类图书；90.91%的教师认为需要增加专业类图书，18.18%的教师认为应增加文学类图书。在回答“您认为图书馆的馆藏图书存在的主要问题”这一多选题时，我校教师和学生多数选择“专业书籍更新太慢”“馆藏资源不足”“新书、畅销书太少”等。可见，图书馆馆藏资源仍有待补充完善，且在调查“您最希望图书馆增加哪些方面的图书”时，90.91%的教师和77.14%的学生均选择了“专业类”图书，可见专业图书尚不能完全满足教学科研的实际需要，出现这一情况的原因是图书馆经费短缺造成了每年新增纸本文献数量有限，且专业类、外文类图书价格较贵导致采购量不足。

3. 图书馆读者服务分析

在调查“当图书馆的馆藏图书不能满足您的需要时，您采取的解决办法”时，81.82%的教师、72.3%的学生均选择自行购买，“向图书馆推荐该资源”“向图书馆申请馆际互借或文献传递”等途径选择甚少，这从一定程度上反映出图书馆向读者提供服务的宣传路径不畅通，需要加大宣传力度。这也可从“您了解可以通过馆际互借、文献传递服务获取其他校区图书馆的图书资料”调查的回答中得到印证。37.88%的教师、69.33%的学生均表示“不了解此项服务，没有使用过”。此外，在调查“您通过什么渠道向图书馆推荐纸本文献信息资源或电子资源”时，50%的教师、43.87%的学生表示“有要推荐的资源，但不知道有什么渠道，所以没推荐过”。可见，图书馆在对外宣传时，在读者服务宣传方面尚有不足，未能充分向读者展示图书馆各项功能。图书馆近年来虽然采取了邀请读者参加图书征订会、通过二级学院资料员开展读者荐书的方式加强读者信息反馈，但是效果明显不佳，没有在图书馆、馆员、读者之间形成良性的反馈机制，这成为导致资源利用率不高的原因之一。

（二）数字资源使用情况分析

关于数字资源，我们设计的几道题目环环相扣，可以很好地反映出目前馆藏数字资源建设及读者使用情况。

1. 数字资源建设使用现状分析

通过对“常用的电子资源类型”调查，受访者从 12 种电子资源中作出判定，普遍认为电子期刊、学位论文、电子图书/丛书在日常使用中排位较高，具体情况为：

表 2　　您常用的电子资源类型？

重要性	教师	学生
第一	电子期刊 84.85%	学位论文 57.43%
第二	学位论文 48.48%	电子期刊 49.81%
第三	电子图书/丛书 45.45%	电子图书/丛书 43.68%

从表 2 可见，不同读者身份经常使用电子资源类型与其使用目的不同紧密相关，这从“利用电子资源的主要目的”的回答即可作出判断。教师主要用于科学研究和撰写论文，学生则主要是用于课程学习、完成作业和撰写论文。

此外，针对“图书馆购买或自建的下列数据库，您的使用情况是”，列出“经常用”“偶尔用”“没用过”三个选项供选择。调查结果显示，“中国知网（CNKI）”高居榜首，调查读者的使用频率较高；而“万方数据库”“台湾月旦知识库”“超星”等数据库利用率较低。根据“您使用电子资源时遇到的主要困难”的回答，60.61%的教师、60.22%的学生选择了“图书馆未购买，也没有免费资源”。可知，因现在电子资源使用较为普遍，各种数据资源层出不穷，在经费不增加的情况下，很难保证各种电子资源均能采购而服务于读者。而且，这也从另一方面反映出数字资源的推广存在较大问题，很多学生“没用过”的很大一部分原因是未曾了解到本馆已经购置了这些资源，以及对这些资源在正常的教学和学习过程中所起作用尚不了解。所以，图书馆应加强对读者进行数字资源培训，否则形同虚设的数字资源无疑是一种浪费。

最后，受访者针对馆内现有数字资源保障度进行综合评价，通过

“现有的数据库对您的学习及教学科研信息需求保障程度”调查结果分析，31.82%的教师认为中文数据库保障度达90%以上，31.41%学生认为达70%—90%，中文数据库整体情况较为良好；51.52%的教师、36.8%的学生均认为外文数据库保障度在30%以下，反映出图书馆外文数据库建设存在一定程度欠缺，不能充分满足读者需求。

虽然馆藏数字资源建设是高校图书馆文献信息资源建设的重要组成内容，但重建设轻评估、资源建设同质化的现象普遍存在，对资源数量的关注度普遍高于对资源质量、资源结构合理性的关注，而数字资源馆藏建设质量将直接对图书馆在教学和科研服务方面发挥的作用产生影响。① 虽然数字资源经费每年都在按一定比例增长，如何购买数字资源，购买数字资源的标准、依据、原则是什么，购买后的数字资源用户使用情况如何，用户对使用数字资源满意度如何等都是需要明确的问题，需要进行数字资源绩效评价，通过对数字资源的评价为数字资源的采购、决策提供指导，并作出尽可能完备的宣传推广，提高其使用效益。

2. 信息素养教育发展趋势分析

“学校在实施信息素养教育方面，您更倾向于哪种形式?”33.33%的教师、59.11%的学生选择了“通过图书馆网站不断更新相关知识”，此外选择“通过图书馆建立相关微课资源库”的方式达到信息素养教育目的的也较多。这说明，在微课、MOOC等教学形式大力推广的大背景下，传统的信息素养教育也应在某种程度上进行变革，通过制作微视频普及相关知识，让读者通过自助获取的方式完成学习，充分满足读者个性化、多样化的需求。

（三）图书馆读者服务综合评价分析

在完成分项问题后，我们设计综合题目“您对图书馆的信息资源建设与服务的满意度”，选项有五个：非常满意；比较满意；基本满意；不满意；不了解。结果显示，教师和学生均给予了一个比较中肯的评价，达到“基本满意”的程度，具体如表3所示。可见，图书馆各项读者配套服务仅仅达到了中等水平，亟待提高。

---

① 陈磊、陈惠兰、余旭琴：《高校电子资源馆藏建设在“双一流”背景下的实践研究》，《东华大学学报》（自然科学版）2019年第3期。

表 3　　您对图书馆的信息资源建设与服务的满意度？

项目＼身份	教　师	学　生
图书资源	31.82%	39.41%
期刊报纸资源	31.82%	42.94%
电子资源	27.27%	36.61%
视听资源	37.88%	39.03%
其他数据库资源	28.79%	40.89%
书目检索系统	33.33%	38.29%
门户网站	31.82%	39.78%
学科服务/日常管理	36.36%	39.78%
总体评价	36.36%	42.19%

三　建议与对策

通过对问卷结果的综合分析，要想实现长远发展，势必要从当下图书馆立足学科服务建设与发展的角度，在制度、经费、队伍建设等层面上制定规划，构建完善的保障机制，多措并举有效提升图书馆文献信息资源建设水平，为读者提供高质量的服务。

（一）建立完善的信息资源保障制度

根据学校总体发展目标及学科专业建设规划，图书馆应制定全校文献信息资源建设规划，确定信息资源建设目标，并有计划地开展信息资源采访，可从以下三方面进行重点调整：

1. 信息资源建设对陕西省一流学科以及学校重点建设一级学科进行重点保障；

2. 一级学科文献信息资源建设以学术型为主，非学术型为辅。根据学校的专业设置、学科教学及科研任务等建设学术型资源，有助于形成具有学术型特点的学科资源优势；

3. 一级学科资源建设以数字资源保障为主，可以适应大数据环境下用户的使用习惯及文献出版特点；纸本资源按照体系系统收藏，坚持数字资源和纸质资源的协调发展。①

（二）保证经费投入，不断提高信息资源建设水平

文献信息资源的丰富程度和质量直接关系到图书馆服务水平的高低，因此应保证经费的持续有效投入，在构建起的文献信息资源建设机制中，不断提高信息资源建设水平。

1. 经费层面

（1）加大经费投入。学校应以教育部关于“年图书文献信息资源购置经费占全校教育事业费拨款的比例，藏书量达到有关规定”的规定拨付图书馆相应的文献信息资源购置费，确保我校文献信息资源的持续稳定建设，并保证逐年加大经费投入，不断缩小我校与其他“立格联盟”高校及同类型省属高校的差距。

（2）提高经费使用效益。图书馆作为学校文献信息资源采购的主体，在市场采购中相较学院具有较大的价格优势，因此建立学院、学科委托学校图书馆文献采购政策和单位共同出资购买数据库政策，不仅可以节省经费开支，还可使图书馆在采购时能根据实际馆藏优化二级单位文献信息资源结构，避免资源重复购置。这样就能保证即便在数字资源每年都有不同程度价格上涨的情况下，实现资源共享的同时提高经费使用效益。

2. 多措并举，不断提高文献信息资源建设水平和服务水平

通过馆藏资源分析，应从核心资源保障、文献信息资源结构、引文、发文等方面深入剖析一流学科馆藏，做好文献信息资源的优化整合，有效提升馆藏数量和质量。

（1）构建多维度的学科文献需求反馈机制

高校图书馆在构建面向一流学科的文献信息资源保障体系时，应全方位、多维度地获取一流学科的读者诉求，通过4种方式建立起学科文献的需求反馈渠道：一是不定期开展问卷调查。通过问卷结果分析，有针对性地根据用户需求做出及时调整。二是对标图书馆文献调研。通过分析揭示国内外在相关学科领域排名前列高校图书馆资源的调研跟踪，并进行我校馆藏资源及资源门户的比对，获取不以用户主观意志为转移的客观需求现

① 李燕、魏群义、孙锐、王英：《高校图书馆面向一流学科建设的资源保障策略与服务模式探索》，《图书馆建设》2017年第9期。

状。三是与学科专家访谈。通过与重点一流学科的专家或科研人员交流沟通，掌握文献信息资源利用、需求情况的一手材料，通过有效归纳分析使得科研工作者的潜在需求得以显性化。四是使用文献分析管理工具，对科研工作者需求较多的期刊资源深度分析。有针对性地掌握一流学科或重点科研团队的学科科研领域工作被哪些期刊关注并有进一步发展，进而分析挖掘科研人员实际需要却未直接提出的隐性需求。①

（2）构建立体化纸本文献采访系统

要使图书馆文献信息资源建设和资源配置跟上学校的发展定位和学科布局要求，文献采访人员的知识更新就要紧跟学校学科发展步伐，在采购调研时具有超前意识的同时加强“访”的意识。图书馆要构建立体多元的文献采访系统，应包括常规采访、个性化采访及专业、特殊需求采访。

常规采访是文献采访系统的主要部分，可确保馆藏建设的系统性与稳定性，在持续建设中有利于形成馆藏特色和学科资源优势。个性化采访是基于各学科读者的个性化需求，提供个性化采访。通过图书馆网站、微信平台等在线荐书；在图书馆网站建立学科书目征集栏目、学科馆员定期深入服务学科等了解汇总各学科荐购书单；设立图书现采基地，受理各学科读者的荐购登记；为学科用户举办不定期现场选书活动和新书展示会，使优质文献直观呈现到各学科用户面前；公布负责图书采购馆员的联系方式，让读者直接与其联系。专业、特殊需求采访是学科馆员通过分析重点学科团队的重点科研项目，掌握重点学科用户对文献类型、服务方式等方面的特殊需求，以及其阅读和利用文献信息资源的规律，做到有的放矢，在丰富馆藏资源的同时提高馆藏质量，强化资源的针对性和实用性。②

（3）拓宽文献信息资源建设渠道

图书馆应加强与其他院校合作，有效拓宽文献信息资源的获取渠道，例如国家图书馆、CALIS 等文献服务中心共享资源，国内高校间馆际互借、文献传递，收集整理、开放存取网络免费期刊资源等。在学校经费有限的情况下，免费数字资源的采集加工愈发重要，尤其要重视采集、组织、管理和保存校内知识资源。

---

① 李燕、魏群义、孙锐、王英：《高校图书馆面向一流学科建设的资源保障策略与服务模式探索》，《图书馆建设》2017 年第 9 期。

② 同上。

（4）建立数字资源绩效评价体系

开展数字资源绩效评价有利于优化馆藏资源结构体系，帮助分析用户行为，为图书馆及行政主管部门提供理论依据和科学管理的决策依据。在国内高校应用较多、影响较大的主要是北京大学肖珑和张宇红构建的评价指标体系、E线图情构架的评价指标体系、中国高等教育文献保障系统（CALIS）构建的评价指标体系，以及中华人民共和国文化行业标准图书馆数字资源统计规范。学校可探索应用CALIS数字资源评价指标体系，逐步形成适合学校的数字资源评价体系，从而不断优化馆藏资源。

（三）充分发挥学科馆员作用，提高文献信息资源建设队伍的服务水平

数字环境下的用户需求发生了很大变化，他们不仅希望可以从图书馆查找资料，还期望一步到位地、个性化地获取所需信息；期望评价信息、创造信息、增值信息、与他人分享和互动信息；期望从信息获取进而到知识发现，深度挖掘海量的数字信息，并能够进行鉴别、关联、融合和知识创新。因此，图书馆要重点培养一支可以把握文献信息资源建设基本规律和原则、掌握各种文献信息资源采购特点，具备一定学科专业知识以及敏锐的分析、判断、决策能力和网上信息调查、评价、选择能力，具有强烈工作责任感和敬业精神的学科馆员队伍，提供给广大读者高质量的服务。

1. 加强与读者沟通，建立服务反馈机制

图书馆应设身处地站在读者角度了解其需求变化，并从读者反馈中获取需求信息进行相关内容的调整和完善，进一步推动读者服务建设的综合改进工作，达到图书馆与读者之间便捷高效的交流沟通，高水平地服务读者。此外，随着网络技术的不断发展，微信、微博等的广泛应用，图书馆的读者服务也不应再局限于传统的参考咨询、网页留言及移动图书馆客户端反馈，而是要不断创新服务内容和服务模式，这是“微时代”背景下图书馆读者服务优化应重点关注的内容。

2. 定期组织培训，提升馆员队伍素质

在数字化时代下，学科馆员应提升资源搜索信息化水平，为读者提供高质量的服务。一支高素质的学科馆员队伍，可以通过开设馆藏资源检索课程，培养读者利用检索方法快速、准确、有效地检索到所需的有价值的

信息，使资源能够为读者所学、为读者所用，以备其所用。① 在常规的业务培训之外，还应注重加强馆员队伍职业道德方面的养成教育，使馆员将爱护读者、关心读者、理解读者放在服务的首要位置，从读者的角度思考问题，在服务态度的改善中不断规范并提高服务水平。

（四）加强馆读共建，实现馆藏文献信息资源高效利用和功能完善

1. 定期举办读者培训，加大馆藏数字资源宣传力度

通过上述问卷调查结果显示，很多读者对大部分馆藏数字资源所知甚少，实际上“不是购入少，而是使用少”。一是由于本次调查对象大多数是本科生，他们平时涉猎数据库资源较少，了解不多；二是图书馆对数字资源的宣传力度不够，以致馆藏数字资源不能得到充分利用而成为“死资源”。因此，通过定期发放使用手册、教授文献检索课及图书馆主页及时向广大读者宣传，使他们了解图书馆购置的数据库资源；或是定期邀请数据商开展专题讲座，使读者尽快了解电子资源使用方法及用途，实现馆藏数字资源的充分利用。

2. 分析读者建议，不断完善图书馆服务功能

通过读者对图书馆建议或意见的分析，图书馆在文献信息资源建设方面仍有提升空间。一是注重资源建设的全面性、丰富性和新颖性；二是加大数据库的采购量，提供专业知识数据库，提高外文文献、专业书籍采购量；② 三是对图书馆查询系统、图书馆借阅与阅览软件、图书馆读者信息交流平台等软件设施进一步完善，从而提高读者阅读兴趣；四是要迎合读者阅读习惯，科学定位各项读者服务，制定出多样化的阅读策略，让他们在优质的服务中体验阅读的乐趣。③

以读者为本，开展文献信息资源建设与读者服务调查，既是一次图书馆文献信息资源建设工作征求读者意见和建议的活动，也是一次对图书馆

① 贺志玲：《优化高校图书馆读者服务建设研究》，《农业图书情报学刊》2015 年第 3 期。

② 鄂丽君、陈淑平、张丽舸、马兰：《“双一流”建设背景下高校图书馆科研服务研究》，《图书馆建设》2018 年第 11 期。

③ 滕哲：《“互联网 +”时代下图书馆的读者服务模式探究》，《河南图书馆学刊》2018 年第 8 期。

的文献信息资源建设乃至读者服务工作的宣传。通过此次调查，图书馆要着力探讨构建文献信息资源保障机制，在资源建设和布局中运用新的科技手段，加速图书馆一体化建设进程，使图书馆在校园文化建设中有效发挥好文献信息资源保障的重要作用。

On the Building of Guarantee Mechanism for the Literature and Information Resources in University Library

——Based on the Investigation and Analysis of Resources and Reader Service in the Library of NWUPL

Mu Xuan

Abstract: In order to improve the quality of the literature and information resources in the library, it is necessary to understand the reading regularity and characteristics of readers and their demands for information resources. Based on the investigation and analysis of the readers' use of literature and information resources in the library of Northwest University of Political Science and Law, this paper sorts out the needs of readers and the problems existing in the development of literature and information resources, and puts forward improvement suggestions in order to build a improved and complete guarantee mechanism for the library information resources.

Key words: literature and information resource development, readers' demand, reader services, evaluation index, guarantee mechanism

比较研究

欧洲高等教育质量报告调查项目介评及启示*

赵立莹**

摘　要： 通过发布质量报告向社会提供关于高校办学质量公开透明的信息是利益相关者、高校和评估机构共同的利益诉求。目前质量报告的局限性制约了其信息和改进功能的发挥。本文基于对欧洲质量报告调查项目分析，参照欧洲质量报告标准指南，分析了我国高校自评报告时存在的问题，并为质量报告改进提出两点建议：向多元利益相关者提供基于证据的质量报告，使质量报告成为值得信赖的信息源泉；在质量报告中强化问题意识，发挥评估的改进功能。

关键词： 质量报告；质量调查；利益相关者；信息功能；改进功能。

高校质量评估报告（简称质量报告）是评估过程中最重要的信息交流工具。撰写和阅读质量报告不仅是评估实施的中心环节，而且是向评估专家提供学校质量信息的重要载体。按照评估方案规定的指标体系收集资料撰写自评报告是被评机构准备评估工作的核心任务；在阅读被评机构自评报告的基础上，基于现场考察，形成质量报告是评估专家的重要职责；发布和交流评估质量报告则是质量保障的关键环节。由权威机构发布的质量报告更是公众判断学校质量的主要依据。由此可见，质量报告对高等教育利益相关者具有非常重要的意义。但是公众对评估质量报告的关注却并不多。大家能感到评估质量报告的局限性，但却并未对此进行深刻的反思

---

* 基金项目：2018 年国家社科项目教育科学规划课题“研究生教育质量保障体系问责改进研究”。

** 赵立莹：西安建筑科技大学副教授，西安外事学院特聘教授，主要研究方向：高等教育管理。

和追问。欧洲质量保障协会在博洛尼亚进程中，带着重塑欧洲高等教育辉煌的梦想，在2013年开始对质量报告展开调查。历时两年，形成项目报告《通过公开质量报告保证欧洲高等教育信息透明》，于2014年出版。本文基于对该项目研究报告的分析，试图为我国质量报告的规范和改进提出可操作性的建议。

一 欧洲高校质量评估报告调查项目概述

该项目基于对欧洲质量保障机构提供的评估质量报告内容的分析和对利益相关者的调查，试图理解评估质量报告不同利益相关者对质量报告的期望和要求，为欧洲高等教育质量保障机构撰写质量报告提供建议的结构和框架，以帮助质量保障机构形成容易理解、可比性强的评估质量报告。①

（一）项目背景动因：应对公众对高等教育有效信息的迫切需求

知识经济社会的发展和劳动力市场激烈的竞争导致欧洲对高等教育的关注逐渐加强。利益相关者迫切需要了解专业、教师和高等教育学术机构详细、可靠、具有可比性的信息。质量报告是提供高校可比信息最重要的资源。同时，欧洲教育培训合作框架协议在2013年提出了“提高教育和培训的质量和效率”的战略目标，质量评估是实现这一目标的重要措施。为了满足利益相关者对有效信息的需求，ENQA（欧洲高等教育质量保障网络组织）负责实施了这一由欧盟组织资助的研究项目。总体目标是了解不同利益相关者的需求，提高质量报告的质量。报告列举了当前质量保障机构在实践中发表的评估绩效以及评估质量报告的效用，基于调查研究，从利益相关者的角度分析了其用途。项目最后为欧洲评估质量报告形成指南，并为起草综合报告提出了建议。这些指南与欧洲标准指南共同促进了评估效力的提升。

① Woodhouse，D.（November2010），Is there a globally commonunder standing to Quality Assurance? ESU Board Meeting 59 Seminar：Quality Assurance. Presentation conducted from Jerusalem Israel.

(二) 项目实施过程及主要发现

该项目的主要目标是建立共同的“欧洲外部评估质量报告指南”。这一目标需要从两个方面实现：分析和了解外部利益相关者对质量报告的期待及其用途的解释，总结外部质量保障报告的内容、结构和目的。项目实施分为三个阶段：第一，用项目组设计的问卷在线对不同利益相关者进行访谈，对学生、雇主、政府和高等教育机构进行调查；第二，集中概括当前质量保障机构方法和实践的特点。调查问卷集中于质量报告的目的、结构、内容和发表的渠道；第三，选择20份评估质量报告并对其进行深度的抽样分析，对其特点进行分析和讨论。分析结果表明：当前质量报告的现实水平与利益相关者的期待不匹配。基于利益相关者对外部评估报告的需求，项目组为评估质量报告的改进提出了建议，尤其是在总结报告的内容、结构及可获得性方面提出了具体的要求，最终形成《欧洲质量报告标准指南》，为质量报告的规范和改进提供参考。

二 欧洲高校质量评估报告调查项目的分析和讨论

(一) 外部质量评估的目标及利益相关者的期待和建议

理清质量保障的目标是调查质量报告质量的前提。David Woodhouse（2010）研究发现，目前外部评估的目标混乱多样，含混不清的。[①] 在爱尔兰做的一项关于评估的研究与前边的研究结果一致：外部质量保障机构的评估目标是不清楚的，这些目标主要集中在9个方面，详见表1：

① Woodhouse, D. (November2010), Is there a globally commonunder standing to Quality Assurance? ESU Board Meeting 59 Seminar: Quality Assurance. Presentation conducted from Jerusalem Israel.

表 1 欧洲高校评估质量报告的多元目标①

外部评估的多元目标	帮助高校保障或提高质量，完善内部质量保障的结构和程序
	调查专业或学术机构的质量
	检查学术机构对相关法规的遵守情况
	评价相关政策和改革的效力
	为学术或专业之间进行比较提供独立的信息
	为决策提供独立的信息
	提供关于专业、学术机构或高等教育系统独立的信息
	质量报告目标群体包括高校管理、教师、学生、雇主、合作伙伴，决策者和社会各界
	质量报告是多样的，有时目标是一致的

关于发布的质量报告是否满足了利益相关者的需求及改进性建议，研究发现：不同利益相关者对信息的使用和期待的显著性差异逐渐减弱；很少有人认为他们没有被包括在目标群体范围内。质量报告是继网站信息、朋友介绍之后关于学校质量和专业质量的第三个信息源泉。质量报告的获得方式并没有普及，因此限制了质量报告目标利益群体的范围。有利益相关者提出如下建议：第一，质量报告如果能更具有可比性，用户友好，在长度和语言上能精简，则能成为获取信息的有用工具；第二，质量报告应该包括简短、集中、具有可比性的信息和数据表格；第三，质量报告应该在学校网站和质量保障机构的网站上随时获得；第四，好的综合报告的主要特征可以在欧洲范围内推广，细节问题可以根据国家发展背景及咨询不同的利益相关者；第五，学术机构是质量报告最主要的用户，因此质量报告在考虑其他利益相关者需求的时候，应该首先考虑到学术机构的需求。②

(二) 有效质量报告的影响因素及特征

当问及质量评估报告的影响因素时，六位受访者指出根据实践经验，

① Orla Lynch，Quality and Qualifications Ireland (QQI) Introduction to Quality Assurance reports. 2014.11.

② Maiki Udam，Liia Lauri，and Tiia Bach，Estonian Higher Education Quality Agency (EKKA) Understanding stakeholders perspective on the use and usefulness of Quality Assurance Reports. 2014.

具有可比性的质量报告最受欢迎，六个机构指出使用清晰的语言提供欧洲模式或提供关于质量报告的指南有助于提高质量报告的质量。具体提到以下几个方面：清楚的语言；公开发表；好的结构并容易获得；具有英语版报告；目标清晰；列举出高等学校最好的实践；具有外国专家的意见；具有改进性意见。他们认为，好的质量报告具有以下特点：清晰的结构；对框架、标准和指南的简介；提供关于评审结果的信息；关于学校或专业详尽的信息；信息量适中；谨慎使用术语；结构合理；容易获得。好的质量报告带给读者更多的是智慧的启迪，而不仅仅是事实描述和信息数据。因此，质量保障机构应该尽自己所能，提供最好的质量报告。①

三 项目的结论和提高质量报告质量的改进意见

这项研究的目的在于为欧洲高等教育质量总结报告提供指南，为综合报告的结构优化和发表提供建议。这项研究的结论集中于提高质量报告的质量，使其更好地满足不同利益相关者的需求。项目形成的总结报告和综合报告的指南是实现这些目标的重要工具。项目研究主要得出以下几个结论。

（一）质量报告存在的问题制约其信息和改进功能的充分发挥

随着公众对欧洲高等教育质量关注的增强，获得关于学术机构或专业质量的透明信息成为一个严峻的挑战，作为信息公开的主要工具，质量报告在为利益相关者提供可靠信息方面扮演着重要角色，但是质量保障机构在提供质量报告的实践中与利益相关者的要求还有很大的差距。质量报告是高等教育质量信息公开的有效手段，但由于目标不清，格式不一致，对评估程序介绍不够，报告中没有包含学术机构的主要信息，语言复杂，学术机构没有将评估报告挂在网站上，不容易获得，质量报告没有被学生和雇主广泛使用等问题，制约了其信息和改进功能的发挥。

① Stephanie Hering, Swiss Center for Accreditation and Quality Assurance in Higher Education (OAQ) 2014. Analysis of Quality assurance agencies' current practices in reporting the outcomes of the quality Assurance procedures.

（二）质量报告应该分为综合报告和总结报告

项目组提出应该将综合报告和总结报告区别对待。综合报告只为学术机构自身提供总结性质量报告，能更好地服务于不同的目标群体。发表的综合报告是展示学术机构评审结果的最主要方式。主要目的在于帮助形成评估结论，为被评院校改进提供参考。总结报告不会提供关于学术机构的详细资料，而是对评估程序、过程和结果的简介，目的在于为公众提供简明、可读性强的信息。调查发现，如果试图将综合报告和总结报告混合在一起，最终会导致对院校有用的信息不能在质量报告中出现，降低质量报告的用途，项目并不建议提供总结报告的标准模板，但是如果能增加总结报告的可比性，将能更好地满足不同的利益相关者。不同的质量报告满足不同的目标群体，被不同的利益相关者使用：综合报告推动评估决策，为学术机构改进提供反馈意见，总结报告为公众和保障公开透明提供信息，质量报告提供了许多信息和要求。不同国家、机构、学校、专业的质量报告都不尽相同。综合报告和总结报告在编辑、结构、内容、长度、可读性、获得渠道方面都是不相同的。

（三）提出对质量保障机构的改进性建议

被调查的质量报告机构为质量报告改进提出如下建议：第一，根据质量报告的目的和目标群体，对不同的利益相关者提供不同的质量报告；报告摘要部分应清楚地列出绩效，与报告详尽的主体分开；为不同的利益相关者提供不同的部分；在网站上发布简单的报告，为学术机构提供详尽的报告；提供清单列出主要标准。第二，尽量提供基于证据，信息公开透明的质量报告，避免信息模糊笼统空洞的论述。第三，对准质量报告的目标读者群体。向希望获取信息的读者提供只有结论、判断、建议和行动计划的报告。第四，提供更多的图表、数据、表格甚至图片来增加质量报告的可读性。①

① Peter Findlay，Quality Assurance Agency for Higher Education（QAA）. Features of a Good External Quality Assurance Report Some thoughts. 2014. 12.

(四) 形成欧洲质量报告标准指南

项目最终希望通过改进质量报告缩小质量报告的现状与不同利益相关者期待的距离。通过对不同利益相关者和高等教育质量保障机构的调研，项目组织形成的欧洲总结报告指南和对综合报告的改进性意见成为实现这一目标的重要工具。对其他国家和地区质量报告的改进也有一定的参考价值。详见表2：

表2　欧洲质量报告指南和建议①

欧洲质量报告指南	具体要求
总结报告改进意见	总结报告的目标群体包括学生、家长、雇主以及其他高等教育机构或政府机构。希望提供关于学术机构和专业清晰、容易理解、简洁的信息。
	清晰明白的概念，避免专业术语
	便于获得的渠道，发布在评估机构网站和学术机构网站，使目标群体容易找到
	由评估机构的一个成员起草报告，保证质量报告的一致性
	建立用户友好并容易沟通的评估，清晰的标题以及组成部分等
	用英语撰写评估报告以保证更多的外国学生能够获取相关信息，具有可比性
	提供关于评估过程、被评机构或专业、评估结论等有用的信息
综合报告改进意见	综合报告的主要目标群体是高校，报告重要的信息 对这一报告的建议只限于结构、提纲和发表。
	良好的结构，清晰的标题，报告二级标题以及相关的信息
	对过程的清晰描述，提出建议，评估的背景等
	对概念使用和解释的一致性
	在评估机构和学术机构网站上能获得报告资料
	提供关于学术机构改进措施的相关文件

这一出版物对改进质量保障机构报告的质量将会产生非常重要的影响，不同的利益相关者将会从中获得可靠、有用、具有可比性的信息。②

① ENQA, Transparency of European Higher education through public quality assurance report 2014.12, 56-57.

② Ibid., 58.

四 基于欧洲质量报告调查对我国质量报告的反思

欧洲关于质量报告的调查报告表明：批判反思和质量调查是评估效力提升的前提；为不同的目标群体提供有效的信息是评估质量报告的重要价值；对评估质量报告的规范是提高评估效力的关键措施。质量报告是评估的结果，是公开学术机构办学和评估状况的重要信息资源，是公众了解学校办学水平的重要渠道，更是学校反思和改进的重要参考依据，但是在实践中质量报告自身的局限性却制约了其信息和改进功能的发挥。欧洲首次针对质量报告进行调查和反思，发现质量报告存在的诸多问题，但这些问题并不局限于欧洲各国的质量报告中，而是在许多国家质量报告中普遍存在。以我国为例，质量报告中存在的具体问题如下：

（一）质量报告目标群体范围的局限性降低其信息功能

评估在我国已经有多年的历史，从20世纪80年代起，教育部先后组织了学科评估、本科教学水平所评估、专业评估等不同形式的评估。每次评估学术机构都提供了自评报告，而且评估专家也提出了反馈意见，形成质量报告，但是这些质量报告却很少公开发表。被评学术机构组成内部评估小组，花费巨大的人力和物力撰写质量报告，质量报告最大的价值就是为评估专家提供关于学术机构或专业的信息，为他们判断学校办学水平提供依据。评估专家成为自评报告唯一的目标群体。教师、学生、家长和雇主则没有获得质量报告的渠道，因为很少有学术机构和评估机构公开质量报告。高等教育的诸多利益相关者并非质量报告预设的目标群体。公众最多可以在教育部评估中心或学术机构的网站上发现评估的结果，至于评估结果是如何形成的，评估专家具体提出了哪些建议等信息，却无法获得。那些在评估中耗费了巨大的人力物力，印刷精美的质量报告，在评估专家阅读完之后，最多在学校档案馆或评估专家手中可以找到。从事评估研究十年来，笔者只是在学院资料室发现了2006年参加本科教学评估学校的自评报告，由于导师当年多次担任评估组长，才获得了不同学校的自评报告，评估结束后将资料捐给学院资料室，才有可能看到不同学校的自评报告。在毕业后参与学校自评报告撰写的过程中，希望参考其他学校的自评报告，却无从获得。由此看来，我国高校评估中的自评报告，目标群体仅仅局限于评估专家。目标群体的局限性，减少了评估报告的用途和范围。评估报告并没有成为公众了解学校教学质量的主要信息载体。目标群体的局限性和获得渠道不畅降低了评估质量报告的价值和效用。

（二）质量报告形成过程的功利性降低其改进功能

在我国，通过评估规范学术机构，促进教育质量持续提升是行政部门驱动评估的初衷。充分证明质量，巧妙掩盖问题，顺利通过评估，追求生存和发展则是许多高校被动参与评估的技巧和目标。评估方和被评方目标的不一致导致作为评估重要参考依据的自评报告成为被评学校和评审团利益博弈的主要工具。被评学校尽量回避学校存在的问题，对于藏书不足、师资力量不够、学术交流不充分等问题，通过模糊的语言描述等技术手段回避；评估专家则根据国家要求的标准，希望从对自评报告的阅读中发现问题，可是，经过技术处理的自评报告，充满学校建设的成绩和获奖记录，而对发展中人尽皆知的问题，则是笼统地指出，轻描淡写。根据笔者对 2006 年本科教学水平所评估 10 所学校的案例分析，发现自评报告主要特点如下：第一，对成绩总结较多，成绩总结基本占到整个自评报告的 79%到 96%；普遍运用“社会评价好”“就业率高”“教学效果显著”等笼统宏大的褒义词；第二，问题反思少。问题的总结及今后改进方向的总结只占整个自评报告的 4%到 21%；而且问题描述避重就轻，大部分只是在强调客观原因，提出的问题主要是经费不足引起的，旨在强调与学校的管理水平无关，不是领导人的责任；第三，改进方向不明确。自评报告中只提出了宏观的努力方向却没有涉及具体措施及可行性方案。从自评报告的内容来看，我国许多参评学校过于重视评估的鉴定功能而忽略了评估的改进功能。① 而且，由于被评学校过于重视评估的结果，强烈渴望评估专家的肯定，评估专家在实地考察过程中又得到被评学校热情的接待，导致有的专家在总结报告中也受到学校形成自评报告功利心理的影响，更多地肯定学校的成绩，轻描淡写地提出存在的问题，形成简短的总结反馈报告，为学校改进提供参考。由于学校提出的改进措施和专家提出的改进意

---

① 赵立莹、刘献君：《本科教学评估：理性反思与现实选择》，《中国高教研究》2008 年第 10 期。

见相对比较模糊，在形成质量报告的过程中又尽量回避问题，很难在评估报告中发现学校存在的实质性问题，因此评估之后的整改及其后续的检查也就不了了之，导致评估的“虎头蛇尾”。评估改进功能的缺失导致评估这一证明学术机构质量并促进质量提升的重要管理手段在我国没有获得应有的社会公信力。

五 对我国质量报告的改进性建议

尽管国情不同，各国教育评估发展的水平各异，但不同国家和地区评估的初衷和发布质量报告的目的却是相同的——促进学术机构教育质量提升。这一共同的价值取向使欧洲关于质量报告的改进性建议对我国质量报告的改进具有一定的参考价值。基于我国质量报告的问题反思和欧洲的调研发现，建议我国质量报告从以下几个方面进行改进：

（一）向多元利益相关者公开透明的信息，使质量报告成为值得信赖的信息源泉

长期以来，我国高等教育的利益相关者更多的是从朋友的信息互传、学校网站了解学术机构的信息。朋友互传的信息难免带着个人的偏见，网站了解的信息也不够全面，公众几乎很难获得学术机构整体发展水平和专业建设的具体信息。作为评估的直接发现和结果，作为学术机构经过认真准备，呈评估专家审阅的质量报告，相对其他信息资源，具有一定的权威性和全面性。因此，质量报告应该成为公众获取学术机构资料的重要信息源泉。高等教育的利益相关者有权利了解学术机构发展的真实状况。因此，评估机构和被评学术机构有义务公布学校的自评报告，使公众能对学术机构的发展进行有效的监督。同时，使学术机构在应答社会问责中学会自律，提高学校的管理效率和绩效，充分促进学生的成才和发展。我国的学术机构之所以很少公布质量报告，主要是担心学术机构存在的问题被其他学术机构和利益相关者发现，影响学校发展；评估机构之所以不公布质量报告主要原因是出于对学术机构的尊重，尊重学校的隐私。因为我国教育系统具有多样性，但评估指标却相对单一，导致公众经常将不同类型学校的质量报告相互比较，影响了弱势学校的社会声誉。因此，建议在之后的评估中，首先将不同类型的学校进行分类评估，制定不同类型的评估指

标和标准，并由不同的评估机构负责评价不同类型的学校，将不同类型学术机构的质量报告发布在不同的网站和学校的网页上，使高等教育的利益相关者能方便地获得学术机构质量报告。同时，质量报告中尽量减少自我褒奖的空洞描述，而应该以客观的数据和资料证明学术机构的办学质量，形成基于客观证据的质量报告，使公众能从中获取更多有价值的信息。

（二）在质量报告中强化问题意识，充分发挥评估的改进功能

发现学术机构在发展中存在的实质性问题，是促进学术机构改进，发挥评估改进功能的前提。但是由于评估最基本的功能是证明质量，没有一所学术机构相信问题会证明其办学质量，因此在自评报告中更多地集中于对成绩的描述。而且如果将学术机构存在的问题公布于众，将有可能影响利益相关者对学术机构的质量判断。但是学术机构要改进，必须发现和面对自身发展中存在的问题。利用评估对办学水平进行批判反思，寻找发展中存在的问题，并邀请评估专家共同商量解决问题的策略，将是发现和解决问题的最好机会。因此，为了保护学术机构的隐私，可以将评估专家对学术机构提出的问题及改进意见单独反馈给学术机构，这样既能使被评学术机构明确并积极面对自身存在的问题，也能避免学术机构声誉因问题被专家指出而蒙损。同时，评估机构如果在阅读自评报告时能对自评报告中的问题意识和改进策略进行重点考核，将有助于强化质量报告撰写者的主题意识。参评机构回避问题的主要原因是担心问题的暴露会影响到评估结果，如果在考核中能将学校的问题意识列入评价指标，具体观测学校是否对存在的问题进行了清晰的描述，是否为解决问题采取了积极的措施？这些措施是否有助于问题的解决，解决问题的规划是否具有可操作性？如果评估机构能引领性地对学术机构的问题意识进行考核，参评学校将会积极投入对学校发展问题的批判反思，因为最熟悉学术机构发展问题的是学术机构自身，只有它们积极面对问题，才能主动寻求外界的改进性意见，评估的改进功能才能充分发挥。

结语

欧洲质量报告的项目研究结果表明，质量报告是了解学术机构信息的重要源泉，是评估中最有价值的发现。但是长期以来对质量报告质量及用

途的忽视，导致其信息功能和评估的改进功能没有充分发挥。在我国评估质量逐渐完善的过程中，规范质量报告，向质量报告不同的目标群体提供公开透明的信息，不断强化参评学校形成质量报告的问题意识，充分发挥评估的改进功能，已成为我国高等教育评估效力提升改革工程中不容忽视的问题。

Introduction and Inspiration of the Investigation Project of Report on the Quality of Higher Education in Europe

Zhao Liying

Abstract: It is the common interest of stakeholders, universities and the quality assurance agencies to provide open and transparent information on the quality of higher education by issuing quality reports. At present, the limitations of quality report restrict its information and improving function. Based on the analysis of the investigation project of Report on the Quality of Higher Education in Europe and Guidelines for European Quality Reporting Standards, this paper analyses the problems existing in the self-review reports of Chinese universities and puts forward two suggestions for improving the quality report. First, provide evidence - based quality reporting to muti-stakeholders, and make report a reliable source of information. Second, strengthen problem awareness in quality report, and give play to the improving function of evaluation.

Key words: quality report, quality investigation, stakeholders, information function, improving function

国外研究生合作育人培养实践比较及启示*

郭艳利**

摘　要：研究生合作培养作为目前研究生教育重要的培养方式之一日益受到各国的重视。美国、英国、德国和日本研究生教育的合作培养在学位设置基础、导师指导方式、课程设置、资金来源、专业认证等方面既有共性，又各具特色。结合我国实际，借鉴国外经验，加强研究生教育合作培养，应在学位结构设置、资金投入的总量与方式、校外导师参与合作陪养的比例、职责和方式、课程内容和模块的设计、外部保障机制完善、“产官学”合作、与中小企业的合作、专业认证机制等方面形成能够指导我国研究生合作培养实践，同时又符合我国教育实际，切实可行的研究生合作培养道路。

关键词：研究生教育；合作培养；国外

研究生合作培养，是指根据高层次人才成长的规律和社会发展对高素质应用型人才需要，在一定教育思想、教育理论指导下，综合利用国内外高校、企业、科研机构和政府的资源，对研究生学术与综合能力进行培养。近年来，随着研究生合作培养内涵与范围的延展，实践中各国研究生合作培养已经突破了“产学研”的界限，超出了校校合作的范畴，形成了更广泛的、社会化的、全方位的合作培养范式。这些合作样式既有趋同性，又特色迥异，极大地推动了本国研究生教育的发展。

---

* 基金项目：陕西省教育厅科研计划项目“高校文科研究生合作育人培养模式研究”（编号：15JK1770）。

** 郭艳利，西北政法大学高教研究所，副研究员，主要研究方向：高等教育学与研究生教育。

一 美国：全方位的合作培养

（一）依托专业学位的蓬勃发展，合作育人成为美国高校办学的使命

“2012 年，全美授予专业硕士学位的研究生数为 62.9 万人，占硕士学位的 83.5%，第一专业学位授予人数是 10.3 万人，占博士学位的 60.7%。”① 为适应专业学位研究生教育的规模发展，提升专业学位研究生教育的质量，美国专业学位教育以市场为导向，十分注重学生实践能力的培养，“除把实践课程贯穿整个教育过程外，还在每个学期安排不同的实践环节”，② 通过与社会单位的科研项目合作、创办大学科技园、建立合作研究中心等为学生提供各种实践机会。应用型人才培养与专业学位研究生教育的发展是美国研究生合作育人培养工作开展的动力所在。

（二）校外导师是研究生导师队伍的重要组成部分，参与合作培养的全过程

美国研究生导师中，有相当一部分是兼职教师，主要由政府部门、企业、行业协会等机构具有丰富实践经验和一定研究能力的人担任。在合作育人的培养过程中，高校与企业各分别指派一名教师作为学生的指导教师，“他们与研究生一道制订修业计划，帮助学生选课，确定科研课题，指导其完成科研及相应的论文等，双方还各派一定数量的教师讲授课程”。③ 校外导师参与了研究生培养的全过程，在研究生培养的过程中有绝对的话语权，既为研究生专业能力的培养提供了保障，也为研究生合作培养奠定了稳固的导师基础。

---

① 胡莉芳：《美国专业学位研究生教育规模变迁研究（1971—2012 年》，《中国高教研究》2016 年第 2 期。

② 张建功：《中美专业学位研究生教育培养模式比较研究》，华南理工大学出版社 2014R 年版，第 109 页。

③ 龚志宏、牛惊雷：《美国大学研究生导师与研究生指导委员会探析》，《高教发展与评估》2006 年第 2 期。

（三）政府充足的经费投入使得高校成为优秀科研项目与研究生的集中地，成为社会各界的合作对象

为了发挥大学教学、科研和服务社会的功能作用，将知识生产、传播与转化有机地融合在一起，凸显大学在国家创新体系中核心地位，美国联邦政府十分重视对大学的科研投入。2013 年，联邦政府的美国大学科研经费投入约为 379.23 亿美元，占高等教育科研总经费的约 56.4%。[①] 政府仍然是高校科研经费的主要来源。充足的经费来源也保障了美国大学科研工作稳步提升，使得大学成为美国最优秀科学家、研究人员和研究生的集中地，成为社会各界的合作对象，为合作培养提供了契机。

（四）完善的法制建设与管理、服务机制激励高校积极开展合作育人培养

美国政府通过制定法律法规，保障高校与社会单位合作的合法权益。从 1980 年的《拜杜法案》到 2000 年的《技术转移商业化法》再到 2009 年的《美国经济复苏与再投资法案》，30 年间美国共出台了约 15 部相关的法律法规明确了合作双方的权责划分、技术转化、收益分配等问题，为“产学研”合作及合作培养消除了障碍，提供了制度保障。

在服务机制方面，美国政府通过小企业管理局的小企业发展中心及美国国家科学基金会和各种基金组织，通过对知识产权系统的专业管理，借助服务窗口机构、网络平台为高校与社会单位的合作提供信息沟通、技术转让、资金筹措等管理与服务，其中相当一部分服务机构就建立在大学中，大学通过积极组织各种座谈、会议、研讨等活动为合作项目的开展提供服务，为合作育人提供项目支持与合作平台。

（五）第三方专业认证与职业资格挂钩在促成合作培养的同时提供了质量保障

专业认证是保障合作培养工作顺利开展的有效方法。美国高校专业认证主要由第三方民间组织机构完成。2013 年美国共有 80 个专业认证机

① National Science Foundation. Universities Report Continuing Decline in Federal R&D Funding in FY 2014. [2016-3-20]. http://www.nsf.gov/statistics/2016/nsf16302/.

构、8个区域认证机构和11家地区认证机构。这些认证机构负责的专业包括会计、法律、工会、护理、商业、管理、教师教育等两万多个专业。这些专业的毕业生必须经过相应的从业资格认定才能进入相应的职业领域。[①] 因此，为了取得相应的职业资格认证，研究生必须有一定的实践经验与体验。为了给研究生提供实践的机会与岗位，高校积极与社会单位建立密切的合作关系。同时，美国的专业认证制度也为研究生合作育人培养提供了标准与目标，有效保障了美国研究生合作育人培养工作的质量。

二　英国：多样化的合作培养

（一）“兼职制＋专业学位研究生教育”的发展是社会单位与高校合作育人的契机

英国研究生教育的培养模式主要分为修课型和研究型，包括全日制和兼读制。2014年，英国兼读研究生招生人数为232740人，占整个研究生招生人数的43.26%。[②] 兼读制研究生主要攻读修课型专业学位。一方面，兼读制研究生本身就来自社会单位，高校在培养过程中会结合研究生所在单位科研、实践开展教学、研究和论文指导等，并与社会单位保持密切的合作关系；另一方面，兼读制研究生主要攻读专业学位，高校需要通过与社会单位的合作为研究生提供实践机会。这种兼读制与专业学位教育相结合的教育模式适应了社会不同人群对高层次研究生教育的需求，更好地诠释了教育的社会服务功能。

（二）多样化的实践课程设计，合作单位参与其中

英国的研究生课程一般包括导入模块、核心模块和选修模块，注重培养学生的独立学习能力、终身学习能力和实践能力。导入课程模块会为本科所学专业与研究生所学专业不同学生提供“转换课程”（Conversion

① 研究生教育评估制度研究及体系构建课题组：《国外研究生教育评估制度研究》，华东师范大学出版社2015年版，第49—56页。

② Higher Education Statistics Agency. Students in 2014/15 by mode, level and gender. [2016-2-20]. https://www.hesa.ac.uk/free-statistics.

Course)，学生必须在行业协会认可的院校学习并通过相应的考试，取得一定的资格证书方能进入研究生阶段的学习。这些“转换课程”在行业标准的规范下具有较强的实践性。在核心模块和选修模块的设计中，即使是同一学科不同专业方向的课程设置也有严格的区分。如 MBA 课程又可以分为：一般工商管理硕士课程（General MBAs）、执行工商管理硕士课程（Executive MBAs）、专业工商管理硕士课程（Specialist MBAs）、远程教育工商管理硕士课程（Distance learning MBAs）。课程设置多样化且具有较强的职业导向性，因而在一些课程设置的过程中高校会邀请企业参与其中，利用企业丰富的实践经验和资源进行课程设计，并根据企业的要求适时调整课程内容。

（三）政府借助中间机构划转资金资助科研项目推动研究生教育与社会的合作

英国大学的经费主要来自于政府及其下属机构的拨款，但是政府并不直接分配经费给大学，而是通过中介机构的运作，由高等教育基金委员会来完成。英国研究生教育一般不能获得与本科生同样的公众资助贷款来满足其研究需要。因此，高等教育基金委员会分配较多的资金用于研究生教育。从 2012 年到 2014 年，高等教育基金会共投入超过 2 亿英镑的额外资金用于课程型和研究型研究生教育。[①] 值得一提的是，这些资金并非直接分配给研究生，而是通过项目申报划拨给相应的研究机构和大学。这些研究项目大都有相应的合作伙伴，包括其他高等教育机构、雇主和专业机构。同时，政府和行业协会还会与企业界联合设置多种研究生合作奖学金项目为研究生提供项目资助。这种通过第三方机构划转资金资助项目申报的科研经费管理方式，不仅有效提升了英国科研经费的使用率，也为研究生合作育人提供了契机与平台。

（四）政府鼓励高校与中小企业建立合作联盟关系共同培养研究生

英国政府在推动高校与社会合作的过程中特别注重同中小企业的合作。“政府出台了 11 项有关中小企业的法案，改革企业税法，减轻企业

① Postgraduates：policy and funding. ［2016-4-5］. http：//www. hefce. ac. uk/sas/pg/.

税率，鼓励中小企业与知识库产学研合作，促成知识技术向社会生产力转化。”① 并成立了小企业服务局、小企业管理委员会等机构加强对中小企业的管理，促进中、小企业与高校的合作。政府还推出了一系列的专项合作计划，如知识转移合作伙伴计划、科技联合开发计划、高教援助企业计划、科技联合开发计划、研究生培训伙伴计划等大都面向中小企业。② 这些法案与计划的实施促进了高校与中小企业的联盟，合作的内容既包含了技术转让、科学研究，也包含了人才培养等内容，不仅扩大了研究生合作培养的范围，丰富了合作的内容，也在一定程度上缓解了研究生的就业压力。

（五）行业协会监管下的第三方专业认证明确了高校人才培养的行业标准

与美国不同，英国的高等教育认证制度就是颇具特色的“立法创制、行政独立”的模式。③ 这些认证机构由国家立法予以规制，并非由政府直接管理，而是由行业协会监管。行业协会监管成为高校与企业之间联系的纽带，行业协会参照高等教育质量保障署的质量标准一般会从行业规范的角度制定严格的认证标准，各认证机构依据这些标准对研究生的申请进行认证。通过认证的研究生可以获得就业的便利特别是海外工作和在跨国公司任职的机会。这些标准既满足了雇主对学生的需求，也为高校提供了制定适合自己人才培养质量标准的规范，为高校与社会单位的合作提供了质量标准与保障。

三　德国：职业导向的合作培养

（一）“博士生人才培养项目”研究生院模式开启了多主体联合培养的合作育人方式

加入“博洛尼亚”计划后，为适应国际研究生教育的发展，德国逐

① 胡立、罗尧成、田蔚风、徐琳、林佳：《英国产学研联合培养研究生的主要特点及经验借鉴——KTP 计划的实践》，《学位与研究生教育》2014 年第 3 期。

② 马履一、赵清、胡涌、高兴武等：《联合培养研究生的理论与实践》，中国环境科学出版社 2012 年版，第 32 页。

③ 李明华：《英国高等教育认证制度的形成》，《复旦教育论坛》2009 年第 2 期。

渐引入硕士层次的研究生教育，确立了学士、硕士、博士三级学位制度。但德国的研究生教育主要以博士研究生教育为主，研究生院实质也是博士研究生院。这些研究生院也并不是高校的常设机构，研究生院的成立依托科研项目，并依托于德国科研协会及其他科研机构和企业基金会的联合资助。[①] 从本质上来讲德国的研究生培养是“博士生人才培养项目”模式，研究生院通过项目合作获得人才培养资格，合作的主要目的是人才培养，合作主体多元化，合作培养的形式更为直接，目的性更强。

（二）“多导师协议制”为合作培养提供了师资保障

德国研究生的培养一般会指定多位导师共同指导学生的学习与论文写作。以慕尼黑工业大学为例，学生一般会有两位导师，一位学术导师和一位指导导师，指导导师（第二导师）一般来自工业界，只要他们拥有博士学位。学生在入学后的 6 个月内要与导师签订书面的指导协议。[②] 因此，博士生入校后并不要求立刻确定指导教师，而是根据研究内容、论文框架、合作意向等在入学后一定时期逐步明确指导教师并签订相应的指导协议，明确双方的职责与权益。并通过定期检查，对指导协议进行实时调整。由于第二导师具有较强的实践经验，不仅可以为研究生提供专业指导，还可以为研究生的个人职业发展提供建议，根据指导协议，第二导师也是研究生的职业生涯规划指导教师。充分发挥了联合培养中实践导师的作用，避免了校外导师责权不明晰，指导不全面的弊端。

（三）与社会单位合作开设必要的研究生转化技能课程和就业指导培训联合培养研究生

德国研究生院在延续“洪堡理念”注重科研能力培养的同时，也延续了德国大学“双轨制”教育的模式，十分注重学生职业能力的培养。即使是博士研究生，学校一般也会安排有就业指导课程。如，德国慕尼黑大学的博士培养模块包括：个人在研究机构的研究（individual research at

① 研究生教育评估制度研究及体系构建课题组：《国外研究生教育评估制度研究》，华东师范大学出版社 2015 年版，第 202 页。

② 彭敏：《德国慕尼黑工业大学博士研究生培养模式探讨》，《当代教育实践与教学研究》2015 年第 4 期。

chair/institute)、主题培训与交流(Subject-Related Training)、转化技能培训(Transferable Skills Training)、国际交流(International Research Phase)和职业支持(career support)六大模块。① 哥廷根大学的人文研究生院为学生提供了各类跨学科的转化技能课程，帮助学生做好职业生涯规划。海德堡大学的就业辅导课程，为学生提供个人咨询、职业培训与实习机会及就业安置等辅导。这些转化课程一般都由大学与企业联合举办。仅慕尼黑工业大学的转化课程就多达200多个。② 通过课程合作，高校与社会单位建立了稳定的合作关系，巩固了合作培养的关系。

(四) 第三方资金投入比例逐步增加，研究生在与第三方的合作项目申请中得到资助与实践机会

虽然德国政府依然是大学经费投入的主导力量。但近些年，第三方资金投入包括德国研究基金会、欧盟、企业的资助也逐渐呈现增加的趋势。2005—2010年，TUM大学来自第三方的经费支持增加了47%(无卓越计划支持)，来自德国科学基金会的经费增长了35%。③ 2014年，德国海德堡大学共获得约6.479亿欧元，其中第三方资金投入达到了2.384亿欧元，占总投资的约38%左右。④ 第三方资金投入的增加既为德国大学提供了充足的科研经费，也为研究生合作育人提供了合作平台，学生可以在由第三方资金注入的合作项目申请中得到相应的经费资助，并与第三方建立科研合作关系，获得科研与实践机会。

(五) 国家认证委员会领导下的第三方专业认证明确了高校培养目标的职业导向性与培养过程的合作性

德国的高等教育质量认证系统中国家认证委员会处于认证系统的顶层，负责设计认证的标准与程序，中介机构则负责具体的认证工作，属于

---

① The TUM Model. [2016-6-12] http://www.gs.tum.de/en/doctorate-at-the-technical-university-of-munich/the-tum-model/.

② 彭敏:《德国慕尼黑工业大学博士研究生培养模式探讨》,《当代教育实践与教学研究》2015年第4期。

③ TUM Figures-Comparison2005/2010. [2016-6-12] http://portal.mytum.de/cop/tum_in_zahlen/tum_in_Zahlen_10_en? searchterm=figures.

④ Finanzen. [2016-6-12]. http://www.uni-heidelberg.de/universitaet/statistik/finanzen.html.

执行者。但德国国家认证委员会并不隶属于德国政府，而是独立法人的第三方机构，接受来自州政府法律的监督。依据德国国家认证委员制定的《专业认证标准》，高校培养目标的制定应包括学生的专业能力和通识能力，“通识能力包括文理基础能力、就业力、促进社会和个人发展的能力”。“在设计新专业和进行专业改革时，要保证教师、学生、毕业生、外部专家、专业领域实践者的参与。”① 明确了培养目标的职业导向性和培养过程的合作标准。基于此，虽然各认证机构的认证标准不尽相同，各高校的培养目标、模式不尽相同，但其教育理念与专业委员会的认证标准本质上是统一的。在这种认证标准下，合作培养成为高校的使命，

四 日本：国家行为的合作培养

（一）专业学位与联合专业学位研究生院的成立赋予合作培养必要的组织保障

随着20世纪90年代以后社会发展对应用型人才的需求，以及迫于研究生就业的压力，2003年，日本建立了“专业研究生院”制度，专业学位研究生教育的发展进入了一个迅速发展的时期。2012年，日本有128所大学进行专业学位研究生教育，还有15所大专业学位研究生院大学只设有专业学位课程。共设有专业学位课程20070门。② 日本的专业学位研究生院有自己独立的经费、师资和设施，不再依附于大学部，是一种相对独立的专门性的研究生培养机构。

随着国家政策的改革与激励，此后，专业研究生院发展也呈现出多样化的趋势，联合专业研究生院逐步发展起来，除了大学之间联合培养专业学位研究生，大学也同企业之间联合，成立了联合培养研究生院，共同培养研究生。如，“东京理科大学、一桥大学与社团法人日本能率协会合作；产业技术大学院大学、神户信息大学院大学与富士通公司、日本电气

① 矫怡程：《德国高等教育体系认证：缘起、进展与成效》，《外国教育研究》2016年第2期。

② STATISTICAL ABSTRACT 2012 edition 1.9 Universities and Junior Colleges. ［2016-6-12］. http：//www.mext.go.jp/english/statistics/1302965.htm.

公司的合作等”。[①] 从体制层面确立了大学与企业合作培养的关系及机构。

（二）实务专家导师的比例是专业学位研究生院设立的基本标准

为提升研究生的实践能力，日本专业学位研究生院必须配备有一定比例的实务专家导师。在开设专业学位研究生教育课程的专业学位研究生院实务专家导师的比例是 3 成以上，法科大学院是 2 成以上，教职大学院是 4 成以上。[②]

这种比例要求固定且高，是专业学位研究生院设立的基本条件。其中政府发挥了积极的政策导向作用，从制度上保证了“双导师”制的有效实施，避免了高校自主选择的随意性与松散性。同时，这些实务专家导师大都来自各实务部门，如日本法科大学院的授课教师既包括法学部的老师，也包括法官、检察官、律师等法律工作者。2002 年，早在法科大学院成立之前，日本政府为保障实务型导师担任法科大学院的教员，就出台了《向法科大学院派遣法官、检察官以及其他一般国家公务员的法律》。可见，政府对实务专家导师在专业学位研究生教育中作用的重视程度。

（三）政府投入、合作研究资金、知识产权收入共同提供合作培养的资金保障

日本各类大学的研究生培养经费主要包括学费、财政拨款、竞争性科技经费投入、企业资金投入和社会捐助等。2013 年，日本高等教育财政经费投入共计约 92067.58 亿日元，其中国家投入 37315.22 亿日元，地方财政投入 5981.08 亿日元。[③] 政府资金投入占到了总投入的约 47%。同时，来自第三方的合作研究和捐赠项目经费在高校经费来源中也占据了比较大的比重。2015 年，日本东京大学的财政预算收入为 24459.1 亿日元，其中合作研究和捐赠项目经费为 61691 亿日元，占到了总经费的 25.2%。

① 李昕：《专业化、高质量、重实践——日本专业学位研究生教育发展十年》，《学位与研究生教育》2013 年第 3 期。

② 文部科学省専门职大学院室．専门职大学院．制度の概要．［2016-6-15］．http：//www.mext.go.jp/a_menu/koutou/senmonshoku/gaiyou.htm。

③ 文部科学統計要覧（平成 28 年版）．教育行財政．［2016-6-25］．http：//www.mext.go.jp/b_menu/toukei/002/002b/1368900.htm。

此外，知识产权收益也是日本大学经费来源的重要组成部分，截至 2015 年 3 月，东京大学的知识产权收入（包括国内专利、国际专利和授权专利）已达 54462.1 亿日元，① 这种合作研究经费和知识产权收入既为大学提供了充足的经费来源，也是高校科研竞争力的体现，更是高校合作育人培养工作得以开展的资金与平台保障。

（四）注重“产官学”合作，政府助力促进研究生合作培养

日本十分注重高等教育的“产官学”合作，早在 1983 年，日本文部省就在学术国际局设置了研究协作办公室，许多大学也设立了协作研究中心，负责具体的合作事务。1998 年，日本颁布实施了专门的《大学技术促进转移法》以促进大学与企业的合作；2016 年，经该法批准的日本技术促进机构达 37 个。② 大学通过联合设立人才培养和科学研究基地——“工业试验室”、科技园、共同研究中心等为企业培养高层次人才。与此同时，日本政府还成立了关键技术促进中心等政府机构促进技术转移与合作。2014 年，日本大学与企业的共同研究项目共有 19070 项，企业研究经费投入达 416 亿日元，首次突破 400 亿日元。企业委托项目共计 6953 项，委托研究经费达 111 亿日元。专利申请 10802 件，突破 1 万件。③ 这种自上而下政府牵头、组织机构完备、立法保障完善的合作机制，有效地促进了大学与企业的紧密结合，既为研究生合作育人搭建了最直接的合作平台，也从政府层面巩固了合作培养的现实基础。

（五）政府牵头的第三方专业认证明确了研究生教育的社会合作基准

日本研究生教育的专业认证经历了政府评估到自我评估、认证评估和绩效评估相统一的多元化评估的转变。其中第三方认证机构包括大学评价、学位授予机构、大学基准协会、日本高等教育评价机构（针对私立

---

① Finances. ［2016-6-25］. http：//www. u-tokyo. ac. jp/en/about/finances. html.

② 法律に基づいて承認を受けた技術移転機関（承認 TLO. ［2016-6-25］. http：//www. mext. go. jp/a_ menu/shinkou/sangaku/sangakub/sangakub5. htm。

③ 平成 26 年度大学等における産学連携等実施状況について. ［2016-6-25］. http：//www. mext. go. jp/a_ menu/shinkou/sangaku/1365479. htm。

大学的公益财团法人评价机构）和专业学位研究生教育评价机构等。2015年，日本共有12个专业认证机构负责大学和专业学位研究生院的认证与评估。[①] 当然，第三方评价机构必须获得文部科学大臣的认可才能开展认证工作，这就避免了第三评估公信力不足的问题。

虽然日本的专业认证主要是针对研究生教育水平的院校整体评估，但几大认证机构的主要评价标准在关照大学教学与研究的同时，都涵盖了大学的社会服务功能，即大学的社会联系及其贡献。依据此，研究生院的自我评价指标中一般都会包含社会合作的指标，即社会人员的接收状况、校外委托研究和企业的共同研究等。在科研经费等指标中也会涉及校外资金的引入状况、科研补助金的获得情况等。这些标准也是研究生合作培养的基准与保障。

五　国外研究生合作育人培养实践的启示

（一）依托专业学位研究生教育，重新定位研究生培养目标，形成合作培养的学位设置基础

基于培养目标的趋同性，专业学位研究生教育是研究生合作育人所依托的学位设置基础，研究生合作育人培养方式是专业学位研究生教育人才培养目标实现的有效途径。美国专业学位研究生教育的比重已经占到了整个研究生教育的80%以上，英国的“兼读制＋专业学位教育”，德国的“人才培养项目”研究生院，日本的专业学位研究生院与联合培养专业学位研究生院，都借助合作培养的方式促进了专业学位研究生教育的发展，专业学位研究生教育也是研究生合作培养的学位设置基础，二者相辅相成。

我国专业学位研究生教育起步晚，目标定位不够清晰，摇摆于学术能力培养与职业教育之间。专业型与学术型研究生教育在管理体制、授课方法、教学内容、评价机制等方面同质化严重。从规模上来说，2012年，我国普通高校专业学位硕士研究生毕业生与学术型学位之比为1：4，专

① 第5章新たな知と価値を創造・発信する高等教育に向けて.［2016-6-25］. http：//www. mext. go. jp/b_ menu/hakusho/html/hpab201501/detail/1361896. htm。

业学位硕士研究生毕业生占硕士研究生毕业生总规模的 20.4%。[①] 与世界发达国家相比，差距很明显。在这种学位结构下，研究生合作培养的发展也必然受限。

改变目前研究生合作培养的困境，必然要加快专业学位研究生教育发展。首先，要在分类指导的思想上重新定位我国专业学位研究生的培养目标，形成合作培养的目标导向。以培养研究生的综合能力、创新能力为出发点，培养社会发展所需要的科研能力与实践能力并重的应用型、复合型高层次人才。不能因为注重研究生科研能力的培养而忽视研究生实践能力的培养，与社会脱节；也不能因为注重研究生实践能力的培养而忽视研究生最根本的科学研究能力的养成，降低研究生培养的水准。其次，适应社会发展需求，要加快专业学位研究生教育的发展速度，扩大专业学位研究生教育在整个研究生教育中的比重，形成合作培养的学位设置基础。设置专门性专业学位研究生院和联合培养专业学位研究生院，形成独立的经费、人员、培养、学位管理机制，实现合作育人培养管理的专门化与独立化。

（二）增加政府科研经费投入的总量，积极引入第三方资金投入，通过项目竞选分配资金为合作培养提供资金管理保障

科研经费投入是衡量研究生教育发展的重要指标，是研究生合作培养的主要经费支持。目前，政府投入仍然是各国高校科研经费的主要来源。美国和日本来自政府直接的科研经费投入占到了高校科研经费总投入的约 50%，英国政府通过高等教育基金委员会的项目资助间接为高校注入大量的科研经费与研究生教育专项经费，德国用于支持研究生教育的“精英倡议计划”其资金来源也主要是政府。与此同时，来自第三方的资金投入在高校科研经费投入中的比例也在不断增长，如前所述，慕尼黑大学、海德堡大学、东京大学等的第三方经费投入比例都呈现逐年增长的趋势。

我国政府的资金投入也是高校科研经费的主要来源，但总量与发达国

① 中华人民共和国国家教育委员会计划建设司编：《中国教育统计年鉴（2012）》，人民教育出版社 2013 年版，第 29 页。

家相比仍显不足。仅 2013 年，我国政府高校科研经费投入为 856.7 亿元,[①] 而美国联邦政府高校科研经费投入为 379.23 多亿美元，约 2502.9 亿元人民币（汇率约为 6.6），是中国的近 3 倍。此外，随着我国高校开放程度的不断增强，来自第三方的资金投入比例也在不断增长，但仍然面临总量不足的问题。因此，总体而言，我国研究生合作培养的经费投入仍然不足。

资金投入力度代表了国家对研究生教育的重视程度，研究生合作培养工作的推进更需要资金的支持。因此，首先，要增大政府科研资金投入的总量。一方面，政府应发挥教育投资主体的主导作用，不断增加高校科研经费投入在整个国民收入中的比例，结合我国实际，适当增量，与国际接轨，通过高校科研竞争力的提升为研究生合作培养提供合作平台与经费支持；另一方面，政府应不断增加高校研究生教育专项科研经费投入的总量，凸显研究生教育在整个科技兴国战略中的重要地位。其次，要积极吸引第三方资金注入。第三方资金投入既解决了高校科研经费不足的困境，为研究生提供了各种资助，也为研究生合作培养搭建了合作平台。高校应通过科研、人才培养、咨询等服务积极吸引第三方资金投入，树立自身品牌，赢得合作的主动权，使大学成为优质科研、人才、资源的集中地，成为社会合作的对象。最后，通过项目竞选分配资金。以科研项目合作为基础，注重科研能力培养是研究生合作培养的特点之一，借助项目竞选分配资金，可以通过竞争将有限的资金投入到更有价值的合作项目中，提高资金使用效率，切实促进研究生科研能力和实践能力的提升。

（三）明确校外导师的比例、职责，邀请校外导师参与研究生培养的全过程，落实“双导师”协议制

“双导师”制是目前各国研究生培养的通用模式。美国校外导师参与研究生培养的全过程，英国的校外导师直接参与课程的设计，德国的“多导师协议制”明确规定了第二导师的职责和权益，日本校外导师的比例在研究生院设置基准中有着明确的比例要求。校外导师在研究生合作培养中不仅有一席之地而且发挥着重要的作用。

---

① 2013 年全国科技经费投入统计公报。[2016-7-1]. http://www.gov.cn/xinwen/2014-10/23/content_2769363.htm。

在我国，校外导师在人才培养与研究生院设立标准中的比例并没有明确规定，各高校“双导师”制实行情况各不相同，合作培养的师资队伍并不稳定。校外导师也并非全过程参与研究生的培养，只承担部分课程、讲座、论文的讲授与指导，在研究生教育的规划、设计、管理、评价等环节都缺乏有效参与。校外导师在人才培养过程中仅对学校负责，并未与研究生个体签订相应的指导协议，双方责权利界定模糊。

形成稳定的、高质量的合作培养导师队伍。首先，必须从法规、制度层面明确规定校外导师在研究生导师队伍中的比例，使其成为各高校人才培养及研究生院设立的基本标准。形成稳定的研究生“双导师”合作培养模式。其次，邀请校外导师参与研究生培养的全过程。校外导师在专业设计、过程管理、评价环节参与研究生培养，可以进一步细化研究生培养方案，及时发现研究生合作培养中的不足与问题，密切研究生教育与社会发展的联系，提升研究生培养质量。最后，落实“双导师”协议制。不仅学校与校外导师签订指导协议，校外导师还应与研究生签订相应的指导协议，明确校外导师与研究生在科研训练、专业指导、职业规划等方面的职责与权益。并实行定期检查，实时调整指导协议。

（四）组织社会实践单位参与课程设计，细化实践课程内容，引入“转换/化课程”模块

实践课程建设是研究生合作培养的关键内容。英国研究生课程在设计之时就邀请企业中的实践者参与设计，并加入了职业导向明显的入学前“转换课程”的内容与环节。德国研究生的课程模块中也包含了就业指导模块和毕业前转化技能课程模块。美国、日本也有相应的实践课程帮助学生更好地培养实践能力。

而我国研究生的课程设计主要是在政府指导下，由高校自主设计的，并没有引入社会单位参与其中。课程内容偏向理论探讨，针对性不强，更缺少必要的“转换课程”与“就业指导”模块。整个实践课程缺乏专业的体系化设计。

发挥实践课程在研究生合作培养中的作用。第一，应组织社会单位人员参与课程设计。社会实践部门的人员具有丰富的实践经验，可以为实践课程设计提供更为具体的指导，提升理论与实践的结合度。第二，应细化课程设计，加强针对性。即使是同一学科各专业的特点也不尽相同，实践

课程设计更应以实践应用能力培养为目标，凸显专业特色，体现差异性与针对性。第三，应引入“转换/化课程”模块。首先要在入学前针对不同学科背景的研究生开设相应的转换课程，这些课程应兼顾学术性与实践性，由来自实践部门的人员参与设计和讲授，帮助研究生进一步明确社会需求和专业方向。同时，也要为即将毕业的研究生提供具有职业导向的“转化课程”，这些课程密切联系社会发展实际，兼具职业生涯规划与专业实践能力提升的作用，课程学习主要在校外导师的指导下完成。“转换/化课程”模块既是研究生教育密切联系社会发展实际的需要，也是研究生合作培养的体现。

（五）建立健全法制机制、服务机制、成果转化机制，形成合作培养的外部保障机制

法制建设、服务机制和成果转化机制是促成研究生合作培养的外部保障。美国政府为促进高校与企业的合作前后出台了近15部相关的法律、法规。早在1998年，日本政府就颁布了《大学技术促进转移法》。配合法律、法规的实施，各国政府都建立了相应的服务机制，从组织机构、规章制度、管理规范等方面构建了大学与社会单位合作的线下与线上服务窗口与平台。并制定了相应的技术成果转化机制，通过政府职能部门和中介机构，发现可以转化的科研成果，对其提供资助，帮助申请专利，利用知识产权收入和专利收入提升大学竞争力。

我国于1993年和1996年分别通过并实施了《中华人民共和国科学技术进步法》和《中华人民共和国科技成果转化法》，促进了技术成果的转化，但这些法律法规并非针对高校技术成果转化的专门性法律、法规，实践操作性不强。同时，政府与大学都没有明确的、独立的合作协调中介机构，服务窗口与平台建设滞后，信息交流不畅。成果转化机制更是相对滞后，据有关统计，我国社会科学研究成果仅有5%至6%被转化，只有3%的成果形成产业。①

改变现状，形成研究生合作培养的外部保障机制。首先要加强法制建设，出台相应的专门性的法律、法规，促进大学与企业的合作，促进技术

① 孙士柱、邵通、金起文：《构建社科成果快速转化的促进机制》，《经济导刊》2011年第3期。

成果的转化，明确合作双方的责权划分，利益归属。其次，要健全服务机制。树立服务意识，成立专门、独立的服务机构与中心，协调高校与企业关系，通过服务窗口与平台，形成信息畅通、形式多样的网络型服务机制。最后，要建立成果转化机制。由政府和大学联合成立技术转移机构，通过政策倾斜鼓励成果转化，使成果转化收益成为合作培养的动力与保障。

（六）借助“产官学”合作加强政府、高校与中小企业的合作

“产学研合作”一直是研究生合作培养最直接的途径。随着政府与高校合作力度的提升，日本又形成了“产官学”的合作模式，借助政府的引导与协调，高校与企业的合作更加紧密。与此同时，随着中小企业发展在各国经济中所占比重的增加，各国政府也积极促成高校与中小企业的合作，出台了一系列的合作计划，如英国的知识转移伙伴计划、德国的创新网络计划和中小企业创新技能计划等都极大地促成了高校与中小企业的合作，既解决了中小企业的技术困难，也促进了研究生培养质量与就业率的提升。

我国研究生教育的产学研合作由试点到正式实施起步较晚，2005 年，上海建立了第一个“产学研联合培养基地”，正式开启了研究生教育的合作培养工作。经过十多年的发展，我国研究生合作培养的范围逐步扩大，合作方式与内容呈现多样化与多元化。随着研究生教育改革的深入，国家对研究生教育的“产学研”合作日益重视。但总体而言，政府的参与度并不高，与中小企业的合作相对不足，人才培养并不是“产学研”合作的主要内容。

鉴于现状，我国研究生合作培养在借助“产学研”合作平台的基础上，首先，应积极引入“产官学”合作模式。通过政府的组织、引导、资助、协调，促成高校与企业的协同创新，解决目前“产学研”合作结构松散、成果转化慢、人才培养滞后的弊端。其次，扩大合作范围，突破“产”的限定，加强与中小企业的合作。一方面，要扩大合作范围，政府、研究机构、社会组织等都可以视为合作的对象；另一方面，要重视与中小企业的合作，争取更多的资源投入与合作。

我国目前的专业认证，基本属于第二类，但主要以政府的审核评估为

主，没有凸显第三方评估机构作为社会单位在促进合作培养中的特殊作用。评估指标中涉及社会合作、合作培养的内容比较少，没有与职业资格认证挂钩。

着力发挥专业认证对研究生合作培养的保障作用。其一，必须加强第三方评估的作用与功能。第三方评估机构即具有独立性、专业性，且与行业协会、企事业单位有着密切的联系，可以从第三方的视角客观审视研究生教育质量及合作培养的质量。其二，将专业认证与职业资格认证挂钩。为了取得职业资格，高校必须培养可以通过职业认证的研究生，而合作育人则是促成这一目标的重要手段。反过来，专业认证，又保障了高校合作培养的高质量、高水平。这种认证体系，有效衔接了职业教育与研究生教育的联系，是保障研究生合作培养质量最直接的手段。其三，构建以促进合作培养为目标的指标体系，明确社会合作、合作培养作为一级指标体系在整个专业认证中的地位与作用，指导各校根据本校实际建立相应的指标体系，在自我评价与社会评价的督导下，形成研究生合作培养的专业认证保障体系。

Comparison of Overseas Graduate Students' Cooperative Education

Guo Yanli

Abstract: As one of the most important training methods, the cooperative training of graduate students has been paid more and more attention by many countries. The cooperative training in the United States, Britain, Germany and Japan has both similarities and their own characteristics in the aspects of degree basis, supervision mode, curriculum, funding and professional certification. Taking the reality of our country into consideration and learning from the experiences and lessons of foreign countries, the following aspects should be improved: the degree structure, the total amount and way of capital investment, the proportion, responsibilities and ways of outside tutors participating in the cooperation education, the design of course content and module, the improvement of external guarantee mechanism, "Government and Academic" cooperation, the cooperation with small and medium - sized enterprises and professional certification mechanism. Finally, a practical way of graduate cooperative training is expected to be formed, which is in line with China's educational reality.

Key words: graduate education, cooperative education, overseas

校史钩沉

西北人民革命大学的干部教育：方法、特点与启示*

徐　鹏　赵庆菊**

摘　要：从延安大学发展而来的西北人民革命大学，是一所以政治思想教育为主的短期培训班性质的干部学校。在1949年6月至1953年3月近四年的时间里，学校通过坚持以教学为中心、坚持理论联系实际、重视时事政策的学习教育、强化审查学员历史、借助各种文娱活动形式、注重劳动教育、开展爱校教育等方式方法开展干部教育，取得了很大成绩。这一时期的干部教育呈现出三个特点：继承了陕甘宁边区干部学校教育的优良传统；干部教育与党的中心工作相结合；办学形式灵活多样。这为新时期干部教育提供了重要启示。

关键词：西北人民革命大学；干部教育；方法；特点；启示

1949年5月20日，中国人民解放军第一野战军第六军解放了西安城。为了适应全中国特别是西北地区解放形势的迅猛发展，加快培养新中国政权建设所紧缺的大批干部人才，5月23日，中共中央西北局①发布《关于加强训练大批新区知识分子的决定》，将原西北人民艺术学校、西北财经学校和延安大学合并成立西北人民革命大学，同时从延安迁往西安，并规定该校的主要任务为：大量吸收和短期培训青年知识分子，然后

* 基金项目：西北政法大学校级科研项目“高校红色文化资源开发利用与大学生理想信念教育研究”（项目编号：KT-2018-Q-4）。

** 徐鹏：陕西师范大学马克思主义学院博士研究生，西北政法大学红色文化中心研究员、新闻传播学院讲师，主要研究方向：思想政治教育、中共党史。赵庆菊：西北政法大学校史馆馆长、红色文化研究中心研究员，主要研究方向：西北政法大学校史。

① 为了保持文章语言表达的简洁，后文除直接引用的文献外，再次使用该名称时一概简称为“西北局”。

分配至西北各省工作；还负责训练一部分初解放的旧人员。[①] 任命中共陕西省委书记马明方兼任校长，李敷仁为副校长（次年 4 月，西北局免去马明方的兼职，任命李敷仁为校长）。根据这一决定，6 月 25 日，延安大学原总校与韩城分校合并，正式更名为西北人民革命大学（下文简称“西北民大”）[②]。

经过紧张而短暂的招生宣传和前期准备工作后，9 月 21 日，在学校暂定的校址——西安西关南火巷西原裕秦纱厂旧址举行了第一期学生开学典礼，西北局书记习仲勋等领导到会祝贺，并发表了热情洋溢的讲话，高度评价了举办西北民大的历史意义。[③] 西北民大一期的学员分为五个部，其中一部暂住西北大学，二部住在校部，三部住在西关东北新村和东关的一所中学。五部住在新城东边“群众堂”（西安人民大厦址），1950 年 11 月培训了两期旧公职人员后停办。四部设在山西省解县，为财经干部训练班，属西北军政委员会财政部直接领导。1949 年 8 月兰州城解放后不久，创办了西北人民革命大学兰州分校（后发展为中共甘肃省委党校和西北民族学院）。学校成立时由西北局直接领导，随后由西北军政委员会领导，不久后改由文教委员会领导。后来由于西安城内校舍紧张和粮食供应困难，10 月中旬一部、三部迁往泾阳县的永乐店，校部、二部迁往高陵县通远坊。“1951 年初在五部停办后的干部基础上在高陵通远坊重建四部”，重建后的四部培训了两期共五个班的干部。[④] 随着我国国民经济的初步恢复和第一个五年计划开始建设，西北地区政法系统干部少、质量差的状况亟须改变，西北局于 1953 年 3 月 28 日做出《关于改变西北人民革命大学的性质与加强西北局党校的决定》，将西北民大改为西北政法干部

① 陕西省地方志编纂委员会编：《陕西省志　大事记》第一卷，三秦出版社 1996 年版，第 375 页。

② 1949 年 8 月 20 日，西北人民革命大学召开第一次校务委员会，决定出版校刊，校刊定名为《革大生活》。9 月 7 日，校务委员会“通知各部处，本校简称‘民大’，以后不得乱用”。参见吕夷编写的《西北人民革命大学大事记》，该文收录于吕夷：《日新堂文集》，陕西旅游出版社 1999 年版，第 255—256 页。

③ 参见宋纹演整理的讲话实录《习仲勋书记讲话全文——本校开学典礼大会上》，此文刊于 1949 年 10 月 9 日出刊的《民大生活》第三期。

④ 吕夷：《建国初期的西北人民革命大学》，载于中国人民政治协商会议陕西省委员会文史资料研究委员会编《陕西文史资料》第二十一辑，陕西人民出版社 1988 年版，第 34 页。

学校，并限定当年6月底必须完成西北民大的结束工作。据“一直在校任秘书室主任，亲身经历了这所学校的所有重大活动，并对教学宗旨、教学内容、人事变迁、学校风格等方面比较了解”的吕夷先生统计，西北民大从1949年6月25日正式成立到1953年3月改组（当年6月实际工作才结束）的近4年时间里，“共培训干部12890人（兰州分校与山西四部不计在内）”。

作为一所以政治思想教育为主的短期培训班性质的干部学校，西北人民革命大学尽管历史较短，但却在当时条件艰苦、环境复杂的情况下为新中国的高等干部教育事业做出了卓越的贡献，后来的西北政法学院、中共甘肃省委党校、西北民族学院均与它有着直接的历史渊源。这值得永载史册！但是目前学界对西北民大的研究还停留在粗浅的表层，研究成果一般散见于一些当事人回忆性文章中，或在有关习仲勋的研究中粗略带过①，呈现出明显的“碎片化”特征，更遑论对其干部教育的系统梳理和微观考察，这与西北民大干部教育的历史贡献和历史地位极不相称。鉴于此，笔者拟在前人研究的基础上，系统梳理西北人民革命大学干部教育的方式方法，分析其特点，以期为当下党的干部教育提供历史借鉴，同时求教于方家，共同推进对这一主题的深入研究。

一 西北人民革命大学干部教育方法的历史考察

在系统梳理既有文献的基础上，笔者认为西北人民革命大学在继承陕北公学、延安大学培养青年知识分子成功经验的同时，根据新的历史条件下干部教育内容和教育对象知识结构的变化，其干部教育方法呈现出这一历史时期特有的样态。总的来讲，西北民大的干部教育主要有以下几种方法。

（一）坚持以教学为中心

西北民大“从第一期开始就提出了学校一切工作都要围绕教学，要

① 具有代表性的研究成果有：袁武振：《习仲勋与西北人民革命大学》，《人民论坛—学术前沿》2015年第2期；李政敏：《习仲勋与西北人民革命大学》，载于《西北人文科学评论》2015年卷。

为教学服务的口号”①。这主要体现在三个方面。

一是加强教材建设。西北民大非常重视教材的编写与研究工作，教师编写的教材都要经过教学研究会议集体讨论研究，确定教材的观点、分析与重点，并拟定有重点启发性的课堂讨论题目。1952 年 9 月 19 日，时任副校长刘端棻在全校第七次干部大会上明确提出“要严肃地对待教材问题”，具体提出了“三个要求”和“三个照顾”，即要求教材要简明、正确、实际；教材要照顾知识体系、照顾学习期限、照顾学生水平。②

二是引进教学方法。除了利用一般的教学方法外，西北民大注意改进教学方法，特别是引进苏联的成功经验——习明纳尔教学法。③ 由于强调课程内容要少而精，所以组织领导好学员的课堂讨论就成为教学过程中很重要的一个环节。习明纳尔教学法就是在教师的直接指导下，“有领导、有计划、有重点地进行关于课程内容的讨论，而这种讨论，与会前不经系统的准备、讨论时又缺乏领导下的小组讨论会，是有很大不同的”④。1953 年 2 月 5 日，刘端棻副校长在全校第三次教学研究会议上，不仅总结了三年来课堂讨论的经验，还明确对课堂讨论法提出三点要求，即“四反四要”“三注意三不怕”和课堂讨论的主席（教师）责任。⑤ 对教学方法的引进，使得学生在课堂讨论中质疑问难，气氛活跃。

三是重视教学总结。西北民大非常重视教学经验总结。宏观层面，各部各种专业班次每期都有教学工作总结；微观层面，每门课程学完之后也有学习总结。1949 年 12 月，在第一期开学后仅两个多月，学校就做了《两月半教学工作总结》，第一期培训结束后，对教学工作做了全面总结。后来每年都要召开一次全校性的教学研究会议，重点是研究各部教学中存在的问题，总结教学经验。据统计，在学校存在的三年多时间里共召开了

---

① 王贤主编：《峥嵘岁月：西北政法大学校史资料辑录》，陕西人民出版社 2016 年版，第 52 页。

② 同上书，第 49 页。

③ 习明纳尔是英文单词“seminar”的音译，是一种专题讨论式的课堂教学方式。它最早由德国历史学家利奥波德·冯·兰克发明，流行于苏联，后被中国旅苏留学生引进中国。

④ 王红霞：《建国初期中国共产党干部教育转型研究 1949—1956》，线装书局 2013 年版，第 129 页。

⑤ 王贤主编：《峥嵘岁月：西北政法大学校史资料辑录》，陕西人民出版社 2016 年版，第 51 页。

三次全校性的教学研究会议。这对于改进教学组织领导，贯彻以教学为中心和"一切围绕教学"的方针以及克服教学上的一般化与盲目事务主义现象，加强教员在教学中的主导地位，不断提高教学质量起了极大作用。

（二）坚持理论联系实际

理论联系实际不仅是优良的学风，也是基本的教育教学方法。1950年9月，时任西北民大的教育长刘端棻在《一年来教学工作总结》中将理论联系实际的教育方法总结为三个具体方面。首先，理论要联系理论本身实际。因为理论本身是实践的综合，因此，在说明理论时，一定要结合产生理论的实际说明，不能用抽象的原则去说明原则。"课堂教学中，必须坚持首先讲清理论原理，不要急于联系或胡乱联系各种实际问题。应引导学员首先弄清理论本身实际。只有掌握了'理论武器'，才能应用这个'武器'。"① 教师如果不能体验与领会理论产生的实际，就不能有说服力地去讲授理论。其次，理论要联系革命实际。学习理论的目的在于认识革命实际，也只有联系了革命实际，才能使学生更容易地理解理论，并达到改造思想的目的。最后，理论要联系学生思想历史实际。只有从学生的实际出发去取材、举例讲授问题，才能达到深入浅出的目的。②

（三）重视时事政策的学习教育

重视时事政策的学习，是为了更好地解决理论联系革命实际的问题，更好地加强干部思想改造和教育。刘端棻尖锐地指出："有的干部认为无时间学习时事，而放弃了时事教育，是非常错误的。"③ 针对此现象，当年12月1日，他为西北民大的校刊——《民大生活》撰写了社论《严肃认真对待今天的时事学习》，当月16日，他又以《民大生活》编者的名义撰写了《答同志问》一文，进一步强调理论教学应当与当前政治实际相结合。于是，从次年开始，西北民大各部各期都把时事政策学习列入教

---

① 王贤主编：《峥嵘岁月：西北政法大学校史资料辑录》，陕西人民出版社2016年版，第266—267页。

② 同上，第48—49页。

③ 刘端棻：《一年来教学工作总结》，转引自吕夷编写的《革命熔炉——西北人民革命大学四年生活回顾》，收录于吕夷《日新堂文集》，陕西旅游出版社1999年版，第213页。

育计划与正课一起加以重视，一般都规定每日保证一小时时事政策学习时间，定期做时事报告，定期举行时事测验，并且以教务科为主导，成立由各班学习助理员参加的时事学习指导小组，以加强对同学时事学习的检查与领导。1951 年 10 月 19 日西北民大第二次教务科长联席会议通过校长批准的《关于时事政策学习的决议》，其中要求："时事政策教育应密切与理论联系教学相结合，即一方面注意以当前时事的现实事物丰富理论教学内容；另一方面运用基本理论观点分析说明当前现实事物，把它提高到理论上来认识。这样，既加强了理论的战斗性，也加深了学工人员对当前时代的认识。"① 后来，为了加强对决议精神的贯彻，《民大生活》第三十九期重刊了此决议，强调"希各单位负责同志和全体学工人员注意研究贯彻"。② "通过时事政策学习，使学生及时了解了国内政治动态和经济建设所取得的伟大成就，以及世界风云变幻和各国革命人民争取和平事业的光辉前景，解决了学生在正课学习中没有得到解决的许多思想实际问题，促使教学工作获得更大的效果。"③ 此外，西北民大还积极引导学生对学校周边的居民进行时事宣传教育。

（四）强化审查学员历史

新中国的政权建立前后，西北民大新入学的留用人员和青年知识分子的政治面貌、历史情况比较模糊，学校针对此情况开展了"忠诚老实"运动和利用学习总结的方式，引导学员自觉地向组织说明自己的思想、政治和历史问题，这在改造学员思想中占有重要地位。1950 年 1 月 15 日，《民大生活》发表社论，动员学员"卸下包袱、愉快前进"。1952 年 12 月，西北民大第 23 次校务委员会通过了《关于加强今后了解（审查）学生工作的意见》，明确指出："经常了解（审查）学生的学习、思想以及个人的历史实际，是保证教学理论联系实际并正确分配使用学生的一项重要工作"，"在教学过程中，必须抓住对学生历史情况的审查（不应忽视了解其在解放三年以来的工作与学习中的表现），根据教育要求，着重考

① 《关于时事政策学习的决议》，载于《民大生活》第三十五期，1951 年 11 月 21 日。

② 《关于时事政策学习的决议》，载于《民大生活》第三十九期，1952 年 11 月 12 日。

③ 王贤主编：《峥嵘岁月：西北政法大学校史资料辑录》，陕西人民出版社 2016 年版，第 49—50 页。

察其在当前学习中的思想觉悟变化与学习态度，进行综合的并有重点的研究，以丰富教学的理论联系实际，发挥更大的教育效能，从而最后达到全面掌握其德才、正确分配使用的目的”。[①] 据当时的学员回忆，“学员到校时，都填了简历表、自传。学习将结束时，学校忽然将这些材料当众焚烧，让学员重新填写。后来才知道，初入校时，学员思想有顾虑，填写历史材料难免有不真实之处，学校这样做，也是对党对人民的负责”。[②] 由于很好地继承了延安大学审查学生历史工作的成功经验，而且思想动员工作做得比较细致深入，西北民大各期学生的历史审查都比较成功。

（五）借助各种文娱活动形式

从延安大学文艺工作室发展而来的“民大文工室”，为了配合学校的教学活动和对学员进行政治思想教育，开展了丰富多彩的文娱活动，演出了许多有教育意义的剧目、快板、相声等节目，每逢节假日、开学、毕业都有群众性的文娱晚会、舞会，并对学校所在地的高陵县、泾阳县群众文化活动进行辅导。据统计，西北民大文工室先后为学员演出“各种形式、类型的节目达一百多个，约演出一千多场次（每月最少演出 15 场），观众约八十多万人次”。[③] 此外，学校在物质条件十分困难的情况下，仍然购置了必要的体育用品，开辟了体育运动场地，举办了两届全校体育运动会。开展这些文娱活动，不仅是为了丰富学员的文化生活，更重要的是为了配合当时的政治思想教育，寓教于乐。吕夷观看了话剧《在新事物的面前》后，认为“这个戏是具有相当高的政治水平与艺术水平的”，使他感动的是“薛志钢敢于大胆负责的工作精神”。三部二班的学员周新认为“薛志钢那种刻苦学习不断进取的精神给了我思想上很大的启发”。[④] 而且，文娱活动对于参与演出的学生也是很好的教育与锻炼。在话剧中扮演薛志钢的丁明认为：“在这次扮演薛志钢的过程中，使我在很多地方都受

---

① 《民大生活》，第四十期，1952 年 12 月 12 日出版。

② 李有禄：《回忆我到西北人民革命大学学习的经过》，收录于宁夏回族自治区文史研究馆编：《宁夏文史》第 15 辑，1999 年内部资料，第 226 页。

③ 陕西省戏剧志编纂委员会编：《陕西省戏剧志》省直卷，三秦出版社 2000 年版，第 258—259 页。

④ 吕夷：《看〈在新事物的面前〉后的几点感想》；周新：《〈在新事物的面前〉教育了我》，《民大生活》第三十七期，1952 年 10 月 1 日。

到教育，其中单就学习一项已给了我深刻的启发。……我也下了决心要向他学习，首先要使我的理论学习逐渐做到‘蹋实’（应为：踏实，笔者注）两个字。”①

（六）注重劳动教育

西北民大非常重视劳动教育。每年夏季和秋季都会组织学员帮助学校附近的群众开展夏收和秋收，仅以吕夷先生编写的《西北人民革命大学大事记》统计，就有六次。在理论学习过程中也会组织学员参加一定的生产劳动，“例如第一期结合学习社会发展史中《劳动创造世界》一章，组织全校员工参加迁校建校劳动，不仅为国家节约了大量的资金，而且使学员们真正体会到‘劳动创造世界’的含义，从而建立了劳动观点”。②西北民大一部、三部的办公室、宿舍、教室都是上一期学员动手修建的。当时“国民经济正处在恢复阶段，比较困难，但当时提倡艰苦朴素、干部参加劳动，绝不只是由于经济上的原因，更重要的是只有提倡艰苦朴素，提倡干部劳动，才能使我们的干部保持劳动人民的本色，永不变质，才能使我们的干部永远与劳苦大众保持血肉联系，不脱离群众”。③在短短的近四年办学过程中，逐步形成了“忠诚老实，实事求是，团结互助，艰苦朴素”的校风。

1951年12月7日，在西北区、陕西省、西安市三级党员干部大会上，习仲勋充分肯定了西北民大师生的优良作风。他指出：“学校领导组织学生自己动手，解决困难，两年来训练了一万多人，取得了改造知识分子的丰富经验。西北人民革命大学的办法是目前绝大多数学校必须大大提倡的办法。”④次年4月17日，《人民日报》发表题为“西北人民革命大

① 丁明：《扮演薛志钢给我的教育》，载于《民大生活》第三十七期，1952年10月1日。

② 吕夷：《建国初期的西北人民革命大学》，载于中国人民政治协商会议陕西省委员会文史资料研究委员会编：《陕西文史资料》第二十一辑，陕西人民出版社1988年版，第41页。

③ 赵仰仑：《西北人民革命大学学习生活回忆》，载于中国人民政治协商会议西宁市城中区委员会文史资料研究委员会编：《西宁城中文史资料》第3辑，内部资料1990年版，第90页。

④ 《中共中央西北局召开党员干部大会习书记号召开展增产节约运动》，《群众日报》1951年12月11日第1版。

学是怎样用革命精神建设学校”的文章①，把学校用革命精神办学的经验推广到全国。

（七）开展爱校教育

据当事人吕夷回忆，1950 年 3 月，第一、二、三部一期学员毕业前夕，发起了“爱校运动”。一部同学为了给学校留下临别纪念，大家利用课余时间种了 10 亩菜，他们认为“这种劳动生产的结果，就是将来最好的纪念”。二部学员除了美化校园外，还发起为母校捐书运动。三部学员除了捐书外，还动手修建了一个可供休息的茅草亭，名为“新生园”。园内有花草、假山、水池等，还立了一个纪念塔，可供学员雕刻姓名和题词留念用。《民大生活》编辑室和文工室联合谱写了《毕业歌》。每届毕业学员都高唱《毕业歌》，愉快地走上工作岗位。学员走上工作岗位后，绝大部分都成了工作中的骨干。他们仍然和学校保持着密切的互动联系。毕业生不断给学校写信汇报他们的思想和工作情况。学校指定专人与他们联系，并在《民大生活》开辟专栏刊登毕业生来信来稿。②

此外，除了上述主要的干部教育方法，西北民大还运用加强党团建设、廉政建设、开展居民（群众）工作、批评与自我批评等方法强化干部教育，“基本完成了它的教育改造旧知识分子与轮训旧职人员的历史任务”③。

二　西北人民革命大学干部教育的鲜明特点

从宏观上看，在新中国成立前后革命与建设双重特点兼具的宏大时代背景下，西北民大的干部教育总体上呈现出“过渡性”的鲜明特点。从微观来看，它具有以下几个特点。

---

① 《西北人民革命大学是怎样用革命精神建设学校的》，《人民日报》1952 年 4 月 17 日第 3 版。

② 吕夷：《建国初期的西北人民革命大学》，载于中国人民政治协商会议陕西省委员会文史资料研究委员会编：《陕西文史资料》第二十一辑，陕西人民出版社 1988 年版，第 37 页。

③ 《西北局关于改变西北人民革命大学的性质与加强西北局党校的决定》，1953 年 3 月 28 日。此件复印件现藏于西北政法大学校史馆。

（一）继承了陕甘宁边区干部学校教育的优良传统

历史的发展总是具有一定的继承性。前文已有述及，西北民大是从延安大学发展而来，它继承了陕甘宁边区干部学校教育模式的优良传统。众所周知，陕甘宁边区高等学校众多，经过长期的发展后形成了一个比较稳定、新型、能够适应革命战争与边区建设需要的干部学校教育模式。这种教育模式的本质就是干部教育，为当时的革命和边区建设培养干部。西北民大干部教育中无论是以马克思列宁主义与毛泽东思想为指导、注重理论联系实际、重视时事政策学习教育、强化审查学员历史、坚持教育与生产劳动相结合的方式方法，还是招生方式、招生对象、教学内容和组织管理形式等都深深地打下了陕甘宁边区“干部教育”的历史烙印。

（二）干部教育与党的中心工作相结合

尽管学校只存在了近四年的时间，但这四年（1949 年 6 月至 1953 年 6 月）是当代中国历史上波澜壮阔的重要历史时期，革命形势日新月异、新中国建设百废待兴、各种政治运动接踵而至。这一时期仍然属于新民主主义革命阶段，比较重大的历史事件有新中国成立、抗美援朝战争、土地改革运动、镇压反革命运动、知识分子思想改造运动、增产节约运动、“三反”运动、“五反”运动等。根据《民大生活》的记载和很多学员的回忆，限于篇幅，仅以 1949 年、1950 年为例，笔者简要整理了这两年学校师生的一些重大活动。

<table>
<tr><th colspan="2">活动时间</th><th>活动名称</th><th>活动地点</th><th>参加人员</th></tr>
<tr><td rowspan="4">1949 年</td><td>9 月 3 日</td><td>西安人民庆祝兰州解放大会并举行火炬晚会</td><td>革命公园</td><td>全校学工人员</td></tr>
<tr><td>9 月 16 日—19 日</td><td>为西安市受雨灾难民募捐</td><td>校内</td><td>全校学工人员</td></tr>
<tr><td>10 月 3 日</td><td>庆祝中央人民政府成立和响应世界和平斗争日大会</td><td>西安市</td><td>全校学工人员</td></tr>
<tr><td>11 月 7 日</td><td>庆祝十月革命大会</td><td>通远坊校部</td><td>全校师生</td></tr>
</table>

续表

活动时间		活动名称	活动地点	参加人员
1950 年	1 月 17 日	历史审查运动团员动员大会	二部	二部师生
	1 月 20 日	控诉大会	一部	一部师生
	1 月 21 日—2 月 20 日	认购人民胜利折实公债	校内	全校师生
	1 月 28 日	庆祝中苏友好新约签订大会	校部广场	校部、二部学工人员
	5 月 17 日	第二十四次校部会议，检讨囤积居奇面粉	校内	校部会议成员
	8 月 31 日	全校科长级以上干部整风运动陆续开始	校内	全校科级以上干部
	12 月 9 日	纪念“一二・九”及庆祝朝鲜人民军和中国人民志愿军反攻巨大胜利大会	校内	校部全体干部
	12 月 14 日—16 日	掀起给朝鲜人民军和中国人民志愿军写慰问信捐慰问品的热潮	校内	全校师生

通过上表可以发现，这一时期学校的干部教育紧密地与党的中心工作相结合。学校高度重视时事政策教育，引导广大师生正确认识和积极参与到当时的各项斗争、运动和活动中来，在坚持以教学工作为中心的同时，很好地完成了当时各项具体的中心工作。西北民大的干部教育不仅实现了教育教学目标，提升了干部的素质和能力，反过来也促进了党在各阶段中心工作的顺利完成。

（三）办学形式灵活多样

西北民大的干部教育，办学形式灵活多样，主要表现为学员的学制机动灵活，每期培训时间长短不一，期数多少也不一致，有的部培训任务完成后就停办了。除第一、二、三部第一期为青年知识分子外，后来各部还举办了教师训练班、土改干部训练班、留用人员训练班、政治研究班、建政干部训练班、经建干部训练班、检察干部训练班、集训人员训练班、少数民族干部训练班、电影放映队等班次。同时，教学内容坚持少而精的原则，即学即用，学以致用。教学方法形式多样，讲授、自学、讨论并重。尽管这和现代意义上的高等教育有很大差别，但是在当时特定的时空条件下，仍然具有重要的历史意义。

三　西北人民革命大学干部教育的现实启示

西北民大宝贵的干部教育实践，积淀形成了丰富的办学经验，这为新时期党的干部教育和中国特色社会主义高等学校教育提供了历史借鉴。

（一）干部教育工作要坚持党的领导

西北民大沿袭了延安大学一贯实行的校长负责制，党委的领导主要是通过政治思想教育，贯彻执行上级党组织重大决策和开展校内的重大政治活动。学校工作安排和部署首先在党员中进行动员学习，提高党员的认识，然后再传达、扩大到广大群众中去贯彻落实。在实际的学习、工作和生活中，党员真正起到了模范带头作用，支部起到了战斗堡垒作用，党委起到了监督保证作用。近四年时间中，在上级党组织的领导下，学校党委团结全体学工人员，紧密配合各个时期的中心工作和各项社会改造运动，顺利完成教育教学任务，为西北地区培养了大批急需的干部。

干部教育工作必须坚持中国共产党的领导，这是西北民大教育实践得出的最基本结论。“政治路线确定之后，干部就是决定的因素。”干部教育工作只有坚持中国共产党的领导，才能保证正确的发展方向，才能克服各种困难，长期健康顺利发展。中国的干部学校和高等学校在教育管理方面，特别注重党对高校的领导，注意发挥党的领导作用，确立高校党组织的核心地位。在高等教育的管理制度和行政组织方面强调接受党的统一领导，是一条极为重要的历史经验。中国共产党是社会主义建设事业的领导核心，是中国特色社会主义事业取得最终胜利的根本保证。干部教育工作只有加强党的统一领导，才能保证社会主义的办学方向，才能培养出合格的社会主义接班人，才能使干部教育更有效地为社会主义建设事业服务。在新时期，我们也必须坚持和加强党对高等教育工作的全面领导，坚持党的基本路线，全面贯彻党的教育方针，建设具有中国特色的社会主义干部教育体系。

（二）干部教育要加强和改善思想政治教育

西北民大在干部教育中，不断加强和改善思想政治教育，坚持贯彻民主和自觉的原则，号召学员自觉学习、自我改造、积极开展批评与自我批评。在进行思想改造时，善于区别对待思想认识问题和政治问题。对于不同问题采取不同的思想教育方法。对待不同的学员开展思想教育，要因人制宜，具体结合学员的历史、思想认识和特点进行。思想政治教育是一切工作的生命线，是社会主义教育工作的灵魂。没有思想政治教育，就会失去正确坚定的政治方向，就会看不到光明的未来，就会在艰苦卓绝的社会主义建设过程中失去勇气和信心，受教育者就不可能在思想上获得真正解放，也不可能树立正确的人生观。在新时代，应根据这一历史经验，不断改进和加强高校思想政治建设，以马克思主义和中国化的马克思主义为指导，结合新时代学生的心理和生理特征以及群体特点开展有针对性的思想政治教育，引导学生积极参与到建设中国特色社会主义的伟大事业中去。

（三）干部教育要与劳动实践相结合

西北民大在教育中继承和发扬了延安大学艰苦朴素、吃苦耐劳的革命传统。迁校、修建校舍、帮学校周围群众忙收等生产劳动是广大师生经常性的活动。通过生产劳动，不仅促进了学员的思想改造，还树立了劳动光荣和为人民服务的思想。干部教育应充分重视劳动实践。因为实践的观点是马克思主义辩证唯物论的认识论第一的和基本的观点。中国共产党在长期的干部教育中积累了丰富的经验和优良的传统，其中之一就是把马克思主义的实践观点运用其中，坚持在劳动和实践中培养锻炼干部。这种经验主要来自于生产建设的实践，实践中可以增加知识、增强觉悟、锻炼才干，这是优秀干部成长的基本规律。通过教育与生产劳动相结合，培养既能从事脑力劳动又能从事体力劳动的社会主义劳动者。在 2018 年召开的全国教育大会上，习近平明确要求："要努力构建德智体美劳全面培养的教育体系，形成更高水平的人才培养体系"，"要在学生中弘扬劳动精神，教育引导学生崇尚劳动、尊重劳动，懂得劳动最光荣、劳动最崇高、劳动最伟大、劳动最美丽的道理，长大后能够辛勤劳动、诚实劳动、创造性劳动"。[①] 随着当前科学技术的日新月异，干部教育与劳动实践变得更加密不可分，干部教育要为现代化生产建设服务，社会主义生产建设更要依靠

① 习近平：坚持中国特色社会主义教育发展道路 培养德智体美劳全面发展的社会主义建设者和接班人 - 中华人民共和国教育部政府门户网站，http：//www. moe. gov. cn/jyb_ xwfb/s6052/moe_ 838/201809/t20180910_ 348145. html。

高等教育。科学技术在快速提高社会生产力的同时，亦愈发需要大批的能够掌握、运用和创新现代科学技术的高素质人才。革新教学内容，改进教育方法，增加实践性教学，提高学生解决实际问题的能力，以克服教育脱离社会生产建设实践的弊端。

Cadre Education in Northwest University of People's Revolution: Method, Characteristics and Inspiration

Xu Peng Zhao Qingju

Abstract: Northwest University of People's Revolution (NUPR), developed from Yan'an University, is a school of training cadres, providing short-term training courses with political and ideological education as the main part. During the years from June 1949 to March 1953, the school has made great achievements in cadre education by insisting on such principles as making teaching as the center, integrating theory with practice, attaching importance to the study of current affairs policy, serious examination of students' background, resorting to various forms of recreational activities, and emphasizing labor and school-loving education. The cadre education in this period has three characteristics: inheriting the tradition of school education of cadres in Shaanxi-Gansu-Ningxia Border Region; combining cadre education with the central work of the Party; flexible and diverse forms of running schools, which provide important inspiration for cadre education in new era.

Key words: Northwest University of People's Revolution, cadre education, method, characteristic, inspiration

《西北高教评论》稿约

《西北高教评论》是由西北政法大学主办、中国社会科学出版社出版的以高等教育研究为主的学术刊物，计划每年出版两卷。

宗旨：恪守科学性、实践性、创新性、开放性原则，紧密围绕高等教育发展中的理论和实践问题，努力探索高等教育规律，研究发展趋势，把握难点热点，为提高高等教育质量和水平服务，为繁荣陕西省、西北地区和我国高等教育科学研究服务。

主要栏目：本刊主要面向高校教师、高等教育管理者、高等教育专业研究人员。主要栏目设置：［高教理论］、［高教发展］、［高校教学］、［高教管理］、［比较研究］、［高等教育资讯］等栏目。

本刊致力于搭建高水平的学术探讨平台，所有来稿均以学术价值为用稿标准。

《西北高教评论》稿件规范

（1）中英文题目及作者姓名。标题尽量确切、简洁；

（2）中英文摘要（不超过200字）；

（3）中英文关键词（3—5个）；

（4）作者简介（含姓名、性别、工作单位、职务职称、学历学位、研究方向、通信地址、邮政编码、联系电话、电子邮箱）。如果来稿系作者承担的省级以上科研基金项目，请注明项目名称和编号；

（5）正文；

（6）注释及参考文献。注释：是对文内某一特定内容的进一步解释或补充说明。用圈码标注序号，采用当页脚注整篇连续编号形式。参考文献：指作者引文所注的出处，或者指虽未直接引别人的话、但参考了别人著作和论文的意思所注的出处。采用顺序编码制，用圈码标注序号，一律置于当页脚注。著作类包括序号，著者：《书名》，出版社出版年，起止页码。论文类包括序号，作者："题目"，《报刊名》出版日期或期号，起止页码。

《西北高教评论》编辑部联系方式：

刊社地址：	西安市西长安街558号，西北政法大学长安校区，行政楼A座320室
邮箱：	西安市 西长安街558号西北政法大学长安校区80号邮箱（710122）
联系电话：	029-88182796
联系人：	郭老师 余老师
电子邮箱：	xbgjpl@ 126. com
网址：	http：//nwher. nwupl. cn
微信号	